中国法学会资助出版

Agreement on Trade-Related Aspects of Intellectual Property Rights

与贸易有关的知识产权协定

张乃根　主　编
马忠法　副主编

北京大学出版社
PEKING UNIVERSITY PRESS

图书在版编目(CIP)数据

与贸易有关的知识产权协定/张乃根主编. —北京:北京大学出版社，2018.9
(世界贸易组织法读本)
ISBN 978-7-301-29876-3

Ⅰ. ①与… Ⅱ. ①张… Ⅲ. ①知识产权—国际贸易—贸易协定
Ⅳ. ①F744

中国版本图书馆CIP数据核字(2018)第206943号

书　　名	与贸易有关的知识产权协定 YU MAOYI YOUGUAN DE ZHISHI CHANQUAN XIEDING
著作责任者	张乃根　主编　马忠法　副主编
责任编辑	朱梅全　孙维玲
标准书号	ISBN 978-7-301-29876-3
出版发行	北京大学出版社
地　　址	北京市海淀区成府路205号　100871
网　　址	http://www.pup.cn
电子信箱	sdyy_2005@126.com　　新浪微博　@北京大学出版社
电　　话	邮购部 010-62752015　发行部 010-62750672 编辑部 021-62071998
印 刷 者	北京飞达印刷有限责任公司
经 销 者	新华书店 730毫米×1020毫米　16开本　19.25印张　296千字 2018年9月第1版　2018年9月第1次印刷
定　　价	58.00元

总　　序

世界贸易组织(WTO)是全球范围内唯一一个在多边层面规范国家和地区间贸易规则的国际组织,也是世界上最有影响力的国际组织之一,目前已有一百六十多个成员方。WTO 拥有全面和完善的贸易协定体系,涵盖货物贸易、服务贸易和知识产权三大领域,达成的贸易协定和决定已有六十多个。WTO 旨在通过推动各成员方进行多边谈判、达成多边贸易协定和解决各成员方之间的国际贸易争端,促进贸易自由化,以实现国际贸易流动的稳定性和可预见性,改善和提高各成员方的国民福利。

中国法学会世界贸易组织法研究会是中国法学会所属的专门从事世界贸易组织法研究的全国性学术团体,2001 年 8 月 29 日成立。研究会的宗旨是,推动全国法学工作者和法律工作者结合我国实际开展世界贸易组织法的理论和实务研究,为促进依法治国以及我国参与国际贸易规则的谈判和制定提供服务。研究会的主要活动包括:组织召开世界贸易组织法研究会学术年会、专题研讨会、座谈会和其他学术会议;向相关部门提供政策建议和咨询意见;设立世界贸易组织法科研项目;组织评选世界贸易组织法优秀学术论文;编辑和出版《WTO 法与中国论丛》以及与世界贸易组织法有关的其他学术成果;组织和参与世界贸易组织法模拟竞赛;促进和推动世界贸易组织法教学和人才培养;根据需要开展相关法律服务等。

为加快构建开放型经济新体制,坚持世界贸易体制规则,国务院办公厅在 2014 年发布了《关于进一步加强贸易政策合规工作的通知》,要求国务院各部门、地方各级人民政府及其部门建立贸易政策合规工作审查机制,确保制定的有关或影响货物贸易、服务贸易以及与贸易有关的知识产权的规章、规范性文件和其他政策措施符合《世界贸易组织协定》及其附件和后续协定、《中华人民共和国加入议定书》和《中国加入工作组报告书》的规定。2015 年,国家发展改革委、外交部、商务部联合发布了《推动共建丝绸之路经济带和 21 世纪海上丝绸之路的愿景与行动》,贸易自由化是其重要组成部分,而在 WTO 多边规则基础上进一步推动“一带一路”建设是我国政府尊重和恪守国际规则的必然选择。此外,自 2001 年我国加入 WTO 以来,世界贸易组织法成为我国法学研究和法律教育的重要组成部分,在将其纳入国际经济法教学内容的同时,许多高校还专门开设了独立的“世界贸易组织法”课程。

为服务“一带一路”建设,满足贸易政策合规工作的需要,加强 WTO 人才培养工作,让更多的人了解和掌握 WTO 多边贸易规则,中国法学会世界贸易组织法研究会组织从事 WTO 研究和实务工作的专家学者,编写了世界贸易组织法读本系列,供政府、企业、高校和有志于多边贸易规则和“一带一路”规则体系研究的人士选用。

本读本系列的编写集中了全国各地的专家力量,分别由我国长期从事 WTO 研究的权威人士担任主编,力求在理论联系实际、以案说法的基础上,全面和准确地阐述世界贸易组织法规则、多边贸易规则与区域贸易规则的关系、世界贸易组织的作用,充分反映 WTO 谈判和发展的动向。尽管各位主编为本读本系列的编写倾注了很多精力,但是错误在所难免,欢迎广大读者提出宝贵意见,以便再版时加以完善。

中国法学会世界贸易组织法读本指导委员会

2018 年 1 月 18 日

前　　言

1995年1月1日，随着世界贸易组织的正式运行而生效实施的《与贸易有关的知识产权协定》（以下简称"TRIPS协定"）是肇启于1883年《保护工业产权巴黎公约》的国际知识产权协调运动的集大成者。尽管该协定本身只有73条，但是它将迄今主要的知识产权公约予以援引、纳入或直接规定有关条款，成为一部至少在实体法规范意义上的国际知识产权法典。之后二十多年间，在美国主导的《反假冒贸易协定》和《跨太平洋伙伴关系协定》中虽设有知识产权条款，各方试图进一步推进知识产权国际保护及其协调的水平，但均因未生效或被后续协定冻结而成为一纸空文。可见，当初TRIPS协定之达成和生效是多么不容易。作为世界贸易组织管辖的所有协定中唯一经修改程序而通过的条款，该协定第31条之二历经12年才最终生效。国际知识产权协调，尤其是与贸易相关的知识产权保护协调之艰难，由此可窥见一斑。

当前，世界贸易组织的多边体系受到前所未有的挑战。然而，人类对于新的科学与技术的追求，比以往任何时代都来得强烈；知识产权与国际贸易有着天然的联系，因而TRIPS协定依然是现行多边贸易体制中维系各国和地区之间正常贸易关系的重要保障。中国坚定支持多边贸易体制，也始终身体力行地促进该协定的实施。结合新形势下的新情况、新问题，不断深入地研究TRIPS协定，是专业理论工作者的任务，更是实践的召唤。本着这样的认识，我与本书其他作者一起，携手努力，尝试为此贡献绵薄之力。

我从1993年底开始研究当时刚刚草签的《与贸易有关的知识产权协定》，1996年发表了拙文《TRIPS协定专利条款比较研究》，1997年出版了拙著《国际贸易的知识产权法》。2002年以来，我一直指导国际贸易与知识产权方向的博士生，教学相长，受益匪浅。如今，我接受中国法学会世界贸易组织法读本指导委员会委员杨国华教授的邀请，与几位已毕业的博士生合作撰写本书，旨在进一步共同努力，在中国普及 TRIPS 协定有关知识，吸引更多在校学子的兴趣，也为从事有关实务的人员提供一点参考。

本书各章分工（按撰写顺序）如下：

张乃根（复旦大学法学院）：第一章至第四章

张　鹏（中国社会科学院法学研究所）：第五章

曹　阳（上海政法学院）：第六章

马忠法（复旦大学法学院）：第七章

吕炳斌（南京大学法学院）：第八章

孙益武（杭州师范大学沈钧儒法学院）：第九章

杨建峰（上海市人民检察院）：第九章

我负责全书统稿，马忠法协助统稿。

张乃根

2018 年 4 月 26 日

目　　录

总　论

分 论

总论

第一章　与贸易有关的知识产权以及TRIPS协定的由来

鉴于世界贸易组织(WTO)管辖的《与贸易有关的知识产权协定》(以下简称“TRIPS协定”)[①]的特点,本章首先扼要阐明国际贸易与知识产权的内在关联性,包括国际贸易中技术因素增长的规律和国际贸易中知识产权保护的必要性等,然后概述TRIPS协定的由来。

第一节　与贸易有关的知识产权

一、国际贸易中的技术因素增长

TRIPS协定虽是20世纪90年代的产物,但至今仍是有关知识产权国际保护的协调水平最高、涵盖面最广的一项多边条约,尤其是该协定第一次明确地、全面地将知识产权保护与国际贸易挂钩。

TRIPS协定所说的“贸易”指的是国际贸易,包括货物、服务和技术贸易。国际贸易与知识产权保护相结合是国际贸易中技术因素增长的内在要求,“技术进步以及对贸易的开放这两个如今经济发展变化最重要的

---

① Agreement on Trade-Related Aspects of Intellectual Property Rights, 1994. See *WTO: The Legal Texts, The Results of the Uruguay Rounds of Multilateral Trade Negotiations* (first published by the GATT Secretariat in 1994), 8th printing, Cambridge University Press, 2011. 中文译本参见李仲周等主编:《世界贸易组织乌拉圭回合多边贸易谈判结果法律文本》(中英文对照),法律出版社2000年版,第321—353页;张乃根:《国际贸易的知识产权法》,复旦大学出版社2007年版,第364—387页。下文凡援引该协定,出处均略。

动力具有内在联系”[①]。国际贸易的发展表明，国际贸易中的技术因素越多、越复杂，对知识产权保护所要求的范围就越广、水平就越高。这是一个不以人的主观意志为转移的客观规律。

根据《国际贸易标准分类》[②]，国际贸易中的货物可分为：(1) 初级产品，如农产品、矿产品等；(2) 制成品，如钢铁、化学制品、其他半成品、动力机械与设备、其他非电力机械与设备、办公机械与电信设备、电子机械设备、汽车产品、其他交通设备、纺织品和服装、其他消费品等；(3) 不属于上述分类的其他货物，如首饰、艺术品等。诚然，任何产品的生产都需要一定的技术。但是，一般而言，制成品的技术含量高于初级产品。近年来，国际贸易中制成品出口总量平均每年增长 5%，其中增长较快的货物为办公机械与电信设备，具体包括计算机、手机等信息技术产品和汽车等。[③]这也意味着国际贸易中技术因素的增长。

国际服务贸易是指跨国的商业服务提供，包括运输服务、旅游服务和其他服务（如通信服务、工程建筑服务、保险和金融服务、计算机和信息服务、使用知识产权的服务等）。近年来，商业服务贸易量显著增加，其中通信服务、计算机和信息服务 2016 年的增长率在各类服务贸易中独占鳌头。[④]这显然表明了技术因素的增长，因为此类服务贸易往往以高科技为交易手段。

国际技术贸易即国际技术转让，广义上包括专利、专有技术（know-how）、商业秘密、工业设计、商标、版权及相关权等转让和许可使用交易，其内在的技术因素不言而喻。

国际贸易中技术因素的增长不仅有上述贸易发展趋势或情况为证，而且与国际贸易理论相吻合。从经济学的角度看，无论货物贸易、服务贸易还是技术贸易，都需要一定的实物资本（产品生产的原料和设备、服务提供的手段、技术取得的条件）、货币资本以及人力资本的投入。从根本上说，任何技术都离不开人的创造，技术进步是提高经济效益的根本途径。经济效率取决于生产或服务的投入量（成本）与产出量（收益）之比，

---

① World Trade Report 2017, Geneva, 2017, p. 5.

② 联合国经济和社会事务部统计司：《国际贸易标准分类》（修订 4），2008 年。

③ See World Trade Statistics Review 2017, Geneva, 2017, Chapter IV.

④ Ibid.

以最小投入成本获取最大产出收益，即利润最大化，是生产者、服务提供者追求的经济目的。利润最大化最终要通过市场实现，因而厂商们千方百计地抢占市场。国际市场是国内市场的延伸，国际贸易中技术因素的增长是市场竞争的必然结果和客观规律。

二、国际贸易中的知识产权保护

国际贸易中技术因素的增长，必然要求各国或地区加强对相关知识产权的保护。知识产权是人们对自己创造的无形产品所拥有的排他性所有权，包括版权（或著作权）及相关权（或邻接权）、商标专用权、专利权和地理标志、外观设计、集成电路布图设计（拓扑图）、未披露信息等其他知识产权。[①]

货物贸易就是物的财产所有权转让。在古代社会，人们对自己思维创造并包含在货物中的无形财产权（知识产权）缺乏认识。随着现代社会的技术发展，以及知识产权对于货物价值的提升作用逐步得到人们的理解，对知识产权的保护意识也相应而生。

15 世纪的意大利威尼斯城作为当时欧洲的商业中心之一，产生了最初的专利保护制度。[②]

进入 17 世纪后，随着以技术创新为动力的工业革命在英国兴起并扩展到欧美各国，英国专利法（1624 年《垄断法》第 6 条）、美国专利法（1790 年）、法国专利法（1791 年）和德国专利法（1877 年）相继问世。[③]商标专用权与贸易的关系显而易见。但是，真正以系统的商标法形式保护商标专用权是 19 世纪中叶以后的事。[④]正是在这样的制度背景下，国际贸易的客观需要催生了 1883 年《保护工业产权巴黎公约》（以下简称《巴黎公

---

① 现行国际条约中没有知识产权的定义。本书根据 TRIPS 协定的主要内容归纳了知识产权的含义。

② See Harold C. Wegner, *Patent Harmonization*, Sweet & Maxwell, 1993, p. 3.

③ See *Patent Harmonization*, pp. 1-15.

④ See Robert A. Choate., etc., *Cases and Materials on Patent Law Including Trade Secret-Copyrights-Trademarks*, 3rd edition, West Publishing Co., 1987, pp. 893-896.

约》)。[①]

《巴黎公约》的诞生充分说明当时国际贸易的发展迫切需要通过多边条约对知识产权的国际保护进行必要的协调。知识产权,尤其是专利权和商标专用权,既是个人智慧创造的无形财产权,又是通过国家授予专利、注册商标或司法保护(如美国普通法保护基于使用的商标权)等而受到一国主权或地区行政权管辖的权利。在一国或地区得到保护的知识产权,到另一国或地区可能就得不到保护。然而,国际贸易中的货物、服务及技术本身所含知识产权又要求得到保护,否则,正常的国际贸易就会受到严重影响。由《巴黎公约》开启的知识产权保护的国际协调,为国际贸易中的知识产权保护提供了强有力的国际法保障。

"版权"的英文原意是"复制权"(the right to copy)。[②] 文艺复兴之后,在欧洲最初产生的版权制度就是为了保护商业复制,具有鲜明的贸易特性。例如,英国版权法——1710 年《安妮法》授予作者和出版商为期"21 年印刷其作品的独占权"。[③]版权与工业产权的不同之处在于,作者除了对作品的复制所带来的经济利益拥有一定期限的财产权利外,还对作品所包含的署名权、作品的完整权等精神权利或道德权利(moral rights)享有无期限的人格权。在这个意义上,作者对其作品的版权是不可转让和交易的,因而应与可转让给出版商的复制权分离,永远归属作者本人所有。国际贸易中,作为复制品的作品或版权贸易都不包括精神权利。1886 年《保护文学艺术作品伯尔尼公约》(以下简称《伯尔尼公约》)[④]第 6 条之二规定的保护作者的精神权利包括:"请求作者身份的权利;反对某些修改与其他诋毁行为"。由于此类权利的不可交易性,TRIPS 协定第 9

---

① Paris Convention for the Protection of Industrial Property, March 20, 1883. 中文文本《巴黎公约》(1967 年)由世界知识产权组织按照《巴黎公约》第 29 条第 1 款(b)项的英语正式文本翻译。另可参见张乃根:《国际贸易的知识产权法》,附录一,第 337—350 页。下文凡援引该公约,出处均略。

② See The First Twenty-five Years of the World Intellectual Property Organization from 1967 to 1992, The International Bureau of Intellectual Property, 1992, p. 21.

③ See *Cases and Materials on Patent Law Including Trade Secret-Copyrights-Trademarks*, p. 799.

④ Berne Convention for the Protection of Literary and Artistic Works, September 9,1886. 中文版《伯尔尼公约》(1971 年文本)由世界知识产权组织提供,亦可参见张乃根:《国际贸易的知识产权法》,第 351—363 页。下文凡援引该公约,出处均略。

条第 1 款规定："在该公约第 6 条之二所指的权利或由此派生的权利方面，成员们依本协定没有权利或义务。"但是，根据该协定第 2 条第 2 款的规定，成员们根据《伯尔尼公约》已经承担的义务，包括对作者精神权利的保护义务"不得减损"。

国际贸易中的版权保护，除了以上涉及精神权利而不同于工业产权的保护外，还有版权是随作品而自动产生的特点。即使没有经出版或发表而为世人所知，作品一旦产生，其作者就拥有版权而无须经一国或地区的政府授予或注册。有些国家或地区实行自愿的版权登记，美国甚至规定版权登记的证书为请求司法保护的初步证据，[①]但这些都不影响作品本身版权的自动产生。

根据《伯尔尼公约》和 TRIPS 协定，版权与相关权的保护对象包括文学作品、音乐作品、实用艺术作品、历法作品、地图与工程作品、摄影作品、影视作品以及表演者、录音制品制作者和广播组织的有关权利，还包括计算机软件和数据汇编等。所有这些保护对象，除了作者对其作品的精神权利外，均是国际贸易的载体。随着作品复制技术的日新月异，信息传播技术极大地推动了版权作品的国际贸易，反过来，国际贸易又促进了相关技术的不断更新换代。这也进一步印证了国际贸易中的技术因素增长原理。[②]

第二节　TRIPS 协定的由来

一、TRIPS 协定生效之前国际贸易与知识产权保护的体制

如上节所述，随着国际贸易中的技术因素增长，国际贸易与知识产权的内在联系愈加凸显，知识产权的地域性也要求国际协调。事实上，尽管早在 19 世纪 80 年代就产生了以《巴黎公约》和《伯尔尼公约》为代表的多边条约，致力于知识产权保护的国际协调，但是在 TRIPS 协定生效之前，

---

① 参见美国 1976 年《版权法》(United States Code Title 17-Copyrights) 第 410 节(c)款。英文文本载于 *Patent*, *Trademark and Copyright Laws*, The Bureau of National Affairs, Inc., 2007, Part 4 Copyrights。

② 有关国际贸易中的技术因素增长原理，详见张乃根：《国际贸易的知识产权法》，第一章第一节。

国际贸易规制与知识产权保护的国际协调一直分别属于不同的国际法体制。

（一）原有的国际贸易体制下的知识产权保护

就国际贸易规制而言，二战后，由美国主导的，包括中国在内的23个初始缔约方于1947年10月30日签署的《关税与贸易总协定》（以下简称“GATT”）是有史以来第一部全面规制国际货物贸易的多边条约。原定由国际贸易组织（ITO）管辖GATT的实施，但是该组织最终未能成立。自1948年1月1日起临时生效的GATT在实践中逐步演变为事实上的国际贸易组织。[①]作为国际贸易协定的GATT第9条第6款规定：“各缔约方应互相合作，以期防止使用商品名称假冒产品的真实原产地……”第12条第3款(c)(iii)项规定，缔约方承诺“不实施可阻止商业样品进口或阻止遵守专利、商标、版权或类似程序的限制”。第20条一般例外(d)款规定：“为保证与本协定规定不相抵触的法律或法规得到遵守所必需的措施，包括海关执法……保护专利权、商标和版权以及防止欺诈行为有关的措施。”[②]除此以外，没有其他与贸易有关的知识产权保护规定。作为事实上的国际贸易组织的GATT，在1979年东京回合贸易谈判之后开始酝酿新一轮贸易谈判时，以欧美发达国家为主的缔约方认为“应规定有关知识产权规则的体制性结构，因为许多厂商和政策制定者都感到世界知识产权组织难以担当制定新的知识产权协议的任务”[③]。其主要原因在于，经过二战后五六十年代各国或地区的经济恢复和发展，以及非殖民化下产生了众多发展中国家，包括货物和服务的国际贸易获得前所未有的发展；随着新技术的不断涌现，对与贸易有关的知识产权保护提出了更高要求；正常的国际贸易中充斥着形形色色的假冒货物，海关执法以及各国或地区的知识产权执法面临严峻的挑战。因此，原有的知识产权保护的国际协调体制难以应对上述形势和挑战。

---

① 参见〔美〕约翰·H.杰克逊：《世界贸易体制——国际经济关系的法律与政策》，张乃根译，复旦大学出版社2001年版，第45—48页。

② 《关税与贸易总协定》（GATT1947）在1994年文本中（GATT1994）继续有效。参见《世界贸易组织乌拉圭回合多边贸易谈判结果法律文本》，第455页。下文凡援引该协定，出处均略。

③ 《世界贸易体制——国际经济关系的法律与政策》，第48页。

（二）原有的国际知识产权体制下与贸易有关的知识产权保护

《巴黎公约》对国际贸易相关知识产权保护有所规定。比如，该公约第 9 条规定：“（1）一切非法标有商标或厂商名称的商品，在进口到该项商标或厂商名称受到法律保护的本联盟国家时，应予以扣押。（2）在发生非法黏附上述标记的国家或在该商品已进口进去的国家，扣押应同样予以执行。”《伯尔尼公约》第 16 条也规定：“1. 对作品的侵权复制品，在作品受法律保护的本联盟成员国应予扣押……2. 扣押应按各国法律实行。” 同时，两公约均以类似用语规定缔约国之间“关于本公约的解释或适用问题的争端”可提交国际法院解决。[①]但是，自签署两公约之后，知识产权保护的国际协调之规制范围及实施手段都存在不适应国际贸易发展的诸多问题，尤其是各国均无意通过国际法院解决条约的适用与解释的相关争端，容易陷入基于条约义务履行的国际法治中“有法不依”的困境。在此，有必要简要回顾《巴黎公约》签署之后至 GATT 乌拉圭回合谈判的一百多年间，知识产权保护的国际协调之历程。

从 1883 年《巴黎公约》签署至 1967 年世界知识产权组织（以下简称“WIPO”）成立，该国际协调处于起步阶段。1891 年，作为《巴黎公约》的后续条约之一，《减少虚假或欺骗性商品来源标志马德里协定》签署；1893 年，原先根据《巴黎公约》和《伯尔尼公约》规定而分别建立的执行机构合并为联合国际局；20 世纪上半叶，在两次世界大战阴霾的笼罩下，国际贸易严重受阻，知识产权保护的国际协调举步维艰，仅有 1925 年《外观设计国际保存海牙协定》等少数相关条约问世；二战后的五六十年代，随着西方工业国家经济与贸易的逐渐恢复，1957 年《旨在商标注册的商品与服务国际分类尼斯协定》、1958 年《保护原产地名称及其国际注册里斯本协定》（以下简称《里斯本协定》）、1961 年《保护表演者和录音制作者与广播组织罗马公约》（以下简称《罗马公约》）等一系列国际知识产权保护条约相继签署生效。

1967 年 7 月 14 日，《建立 WIPO 公约》签署，WIPO 随之成立，并设立知识产权国际局，代替原先《巴黎公约》和《伯尔尼公约》的联合国际局，

---

① 参见《巴黎公约》第 28 条和《伯尔尼公约》第 33 条。

作为 WIPO 的秘书处。[①] 此后二十多年时间,在 WIPO 的主持下制定并经签署生效的国际知识产权条约包括:1968 年《建立工业品外观设计国际分类洛迦诺协定》、1970 年《专利合作条约》、1971 年《关于国际专利分类斯特拉斯堡协定》、1971 年《保护录音制品制作者免遭未经授权复制其制品日内瓦公约》(以下简称《日内瓦公约》)、1973 年《建立商标图形国际分类维也纳协定》、1974 年《有关卫星传播节目信号布鲁塞尔公约》(以下简称《布鲁塞尔公约》)、1977 年《国际承认用于专利程序的微生物存放之布达佩斯协定》(以下简称《布达佩斯协定》)、1989 年《商标国际注册马德里协定》和《集成电路知识产权条约》等,可谓硕果累累。

然而,美国等西方发达国家为了最大限度地保护其经济与贸易利益,力图尽快地提高与国际贸易有关的知识产权保护水平,仍抱怨 WIPO 未按其要求提高知识产权保护的国际水平和强化实施力度。

二、TRIPS 协定的谈判与签署生效

在 GATT 框架内,最初明确提出需要解决的与贸易有关的知识产权问题是,如何制止国际贸易中的假冒商标商品。在 1973 年 9 月至 1979 年 11 月的东京回合谈判中,以发达国家为主的一部分 GATT 缔约方提出了加强知识产权保护的议题,但是没有达成任何协议。紧接着,在 1984 年,即乌拉圭回合谈判启动之前,GATT 设立了"关于假冒商品贸易的专家组"。假冒商品包括假冒商标、假冒原产地或地理标志等。显然,这超出了上述 GATT 有关条款的范围,因而在 1986 年 9 月 15 日正式开始的乌拉圭回合谈判中,包括制止假冒商品贸易在内的与贸易有关的知识产权保护被列为新的议题之一。[②]

《乌拉圭回合部长级宣言》对这一新议题的谈判规定了三项基本原则:第一,加强与贸易有关的知识产权保护是为了减少国际贸易中的扭曲与障碍,但又要防止实施保护知识产权的措施或程序本身妨碍合法贸易。

---

① See The First Twenty-five Years of the World Intellectual Property Organization from 1967 to 1992, p. 21.

② See Daniel Gerviais, *The TRIPS Agreement: Drafting History and Analysis*, Sweet & Maxwell, 1998, p. 11. 关于 TRIPS 协定的谈判过程,详见联合国贸易与发展会议、国际贸易与可持续发展中心编:《TRIPS 协定与发展:资料读本》,商务部条法司译,中国商务出版社 2013 年版,第 5—11 页。

这正是 GATT 第 20 条(d)款的立法宗旨。根据该条款,为了保护知识产权,可以限制贸易。但是,GATT 第 20 条的小序言要求在采取这种与贸易有关的知识产权保护措施时,必须遵守“不在情形相同的国家之间构成任意的或不合理歧视的手段或构成对国际贸易的变相限制的要求”这一前提。第二,力求在多边协议的框架内解决国际贸易中的假冒商品问题。GATT 第 9 条第 6 款已就制止假冒原产地或地理名称作出规定,这是实施原产地标贴的必要条件,否则,原产地被假冒,原产地标贴就失去了原来的意义。同样的道理,如果商标被假冒,就失去了其区别不同商品的本意。由于国际贸易的缘故,只有在多边协议的框架下才能更有效地解决假冒商品问题。第三,任何与贸易有关的知识产权保护不应损害 WIPO 已有的基础性公约或条约。在原有的 GATT 框架内促进知识产权保护,与 WIPO 的相关公约或条约基本是一致的。但是,有必要加大实施力度,以弥补 WIPO 体制的缺陷。

TRIPS 协定于 1994 年 4 月 16 日正式签署,并自 1995 年 1 月 1 日起生效。作为乌拉圭回合多边贸易谈判最后成果的一揽子协定之一,TRIPS 协定完全秉承了上述三项原则,并且在《巴黎公约》和《伯尔尼公约》等 WIPO 的基础性公约或条约的基础上,第一次将各类知识产权保护及其实施标准纳入单一的国际条约。这是知识产权保护的国际协调史上的一个重大里程碑。

第二章　TRIPS 协定的基本内容及其发展

在第一章扼要阐述国际贸易与知识产权的内在关系以及 TRIPS 协定由来的基础上，本章将深入、全面地阐述 TRIPS 协定的结构、基本内容及其生效之后的新发展，以便为分论各章对 TRIPS 协定的具体分析提供宏观的制度背景。

第一节　TRIPS 协定的基本内容

一、TRIPS 协定的结构及知识产权的国际保护新标准

"TRIPS 协定是一项有关知识产权的全面性多边协定。它涉及每一项主要的知识产权范畴，建立了保护的标准与管理及实施知识产权的规则，并规定适用 WTO 争端解决机制解决成员间关于履行标准的争端。"①

TRIPS 协定由序言和 7 个部分(总则与基本原则，关于知识产权的可获得性、范围和利用的标准，知识产权的实施，知识产权的取得与维持以及相关当事人之间的程序，争端的防止与解决，过渡安排，机构安排：最后条款)，共 73 条组成。其条款数量明显超过《巴黎公约》(1967 年文本为 30 条加 16 条补充款项)和《伯尔尼公约》(1971 年文本为 36 条加 9 条补充款项及 3 条附条款)。尤其是该协定将《巴黎公约》和《伯尔尼公约》

---

① Antony Taubman, Hannu Wager and Jayashree Watal (eds.), *A Handbook on The WTO TRIPS Agreement*, Cambridge University Press, 2012, p. 10.

的实体性条款一并纳入，实质上成为一部“两部公约递增”（Paris/Berne-plus）[①]的国际知识产权法典，包括 WTO 成员承担知识产权国际保护的实体性义务和在其国内或地区内实施知识产权保护的程序性义务，并规定由 WTO 下属 TRIPS 理事会和争端解决机构分别负责监督该协定的执行，解决有关适用、解释该协定的争端。

在知识产权国际保护的实体性义务方面，TRIPS 协定确立了一系列新标准，具体包括：在版权与相邻权领域，根据《伯尔尼公约》，将计算机软件和数据汇编作为文学作品加以保护，新增出租权；在商标领域，特别规定了对驰名商标的保护；在原产地标志领域，成员负有禁止混淆原产地标志（尤其是酒类与酒精类商品）的义务；在外观设计领域，受保护的设计所有人有权在 10 年内禁止他人制造、销售或进口含有该设计的产品；在专利领域，对任何技术方面新颖的、具有创造性步骤和工业实用性的产品与方法都应给予至少 20 年的专利权，植物品种专利也可作为专利给予保护，并详细地限定了强制许可或政府利用专利的条件；在集成电路布图设计领域，其知识产权保护期限至少为 10 年；在商业秘密和专有技术等未披露信息领域，规定对此类信息的知识产权保护应延及药品与农化品的未披露试验数据。

分论各章将具体阐述 TRIPS 协定第二部分的版权及相关权、商标、专利和其他知识产权，第三部分的知识产权的实施等。下文仅简述 TRIPS 协定的序言、第一部分总则与基本原则及目标，并从基本义务角度概述该协定的主要内容。

二、TRIPS 协定的序言

第一，明确 TRIPS 协定的宗旨（第 1 至 3 段）。首先，重申了乌拉圭回合谈判有关设立“与贸易有关的知识产权包括假冒货贸易”议题的决定所言：“期望减少国际贸易中的扭曲与阻碍，考虑到有必要促进对知识产权的有效和充分的保护，并且确保实施知识产权的措施和程序本身不成为合法贸易的障碍”。其次，为此目的，需要制定新的与贸易有关的知识

---

① See *The TRIPS Agreement: Drafting History and Analysis*, p. 15; Peter-Tobias Stoll, Jan Busche and Katrin Arend (eds.), *WTO-Trade-Related Aspects of Intellectual Property Rights*, Martinus Nijhoff Publishers, 2009, p. 13.

产权保护的规则和准则，并将上述议题包含的四大原则[①]进一步扩展为五项指导原则："① 1994 年 GATT 的基本原则和有关国际知识产权的协定或公约的可适用性；② 关于与贸易有关的知识产权的效力、范围和利用的适当标准和原则的规定；③ 实施与贸易有关的知识产权的有效和合适的方式规定，同时考虑各国法律制度的差异；④ 多边的防止和解决政府间争端的有效及快速的程序规定；⑤ 旨在使谈判成果具有最充分的参与性而规定的过渡安排。"这些原则框定了 TRIPS 协定的基本内容。

第二，第一次以多边条约的方式明确"知识产权是私权"（第 4 段），同时强调"各国知识产权保护制度所含公共政策目标，包括发展及技术上的目标"（第 5 段）。这表明，知识产权是个人智慧创造的无形财产权，具有私权和公权相结合的特殊性质。如前所述，除了版权所涉作者对其作品的精神权利不可交易外，包括版权的财产权利在内的其他所有知识产权都可以通过货物、服务和技术交易进入市场，与贸易相关。虽然包括 1804 年《法国民法典》和 1900 年《德国民法典》在内的各国民法典都没有设置"知识产权篇"，但是各国多在民法典之外单独立法，如制定专利法、商标法、版权（著作权）法等予以专门保护。例如，法国《知识产权法典》是各单行知识产权法的汇编。[②] 中国 1986 年《民法通则》第五章第三节和 2017 年《民法总则》第 123 条均原则上规定了作为民事权利（私权）保护的知识产权。但是，知识产权因其"所含公共政策目标"，又具有公权的性质，即均为通过国家授予特权的方式加以确立、保护的法定权利。专利授予、商标注册都离不开国家行政程序，所产生的权利都带有特殊的行政权力烙印。即便是无须经过特定行政程序而自动产生的版权，从一开始也离不开国家的特别法律规定。因此，TRIPS 协定的序言肯定了知识产权具有私权与公权相结合的特殊性，并由此为该协定有关知识产权的可获得性、范围和利用的标准提供了指导原则。

第三，对最不发达国家成员的特殊规定（第 6 段）、通过 WTO 多边争

---

① 这四大原则是：(1) GATT 和相关国际知识产权协定或公约的基本原则的可适用性；(2) 与贸易有关的知识产权的可获得性、范围和利用的充分标准、原则条款；(3) 对于多边防止与解决政府间争端而言有效、便捷的程序，包括适用 GATT 程序；(4) 旨在最充分地参与谈判结果的过渡安排。参见 *A Handbook on The WTO TRIPS Agreement*, p. 7，脚注④。

② 参见黄晖译：《法国知识产权法典》（法律部分），商务印书馆 1999 年版。该法典的最新版本为：Code de la propriété intellectuelle (version consolidée au 1 janvier 2018)。

端解决机制的必要性(第 7 段)以及与 WIPO 合作的原则(第 8 段)。这些原则性规定体现于 TRIPS 协定第五部分“争端解决”和第六部分“过渡安排”。至于与 WIPO 的合作,主要体现于 1995 年 12 月 22 日 WTO 与 WIPO 的合作协议。① 就该协议的内容而言,主要是关于两者合作解决各自的成员获得所需法律与规则的必要支持问题,帮助 WTO 的发展中国家或地区成员更好地实施 TRIPS 协定。支持发展中国家或地区建立与完善知识产权制度,一向是 WIPO 的工作重点。这方面合作的范例是,从 2004 年起,两组织每年合作举办面向发展中国家或地区的知识产权教师研讨班,推动知识产权的教育与传播。②

三、TRIPS 协定的总则及其基本义务

TRIPS 协定的总则包括:第 1 条义务的性质与范围、第 2 条知识产权公约,是该协定最重要的两条规定。前者确定了在 WTO 的整体法律框架下,各成员应履行的国际法义务之性质,并由此统辖该协定的所有义务;后者规定了“Paris/Berne-plus”的方式,从而为 TRIPS 协定成为国际知识产权保护的法典奠定了条约法的基础。下文侧重评述第 1 条,第三章将进一步阐述第 2 条。

根据《建立 WTO 协定》第 2 条第 2 款,作为其附件 1C 的 TRIPS 协定“对所有成员具有约束力”。又据《建立 WTO 协定》第 12 条第 1 款,WTO 成员包括国家和单独关税区。在国际法上,国家是拟制的国际人格者,通常由一定的政府行使国家主权或条约规定的其他权利,承担相应的义务以及由此可能产生的国家责任。作为国际条约的 TRIPS 协定对成员所具有的约束力,就是指该成员政府必须履行协定的国际义务。单独关税区虽然不享有主权,但是在 WTO 内根据多边贸易协定,享有与国家同样的权利,承担同样的义务,其政府也必须履行 TRIPS 协定规定的义务。③

---

① Agreement between WIPO and WTO, 22 December 1995.

② See WIPO-WTO Colloquium for IP Teachers and Scholars. 本书主编张乃根教授和副主编马忠法教授先后于 2013、2015 年参加该研讨班。

③ 在 WTO 中,有四个单独关税区,即欧盟(前身为欧共体)、中国香港、中国澳门和中国台北。根据 TRIPS 协定第 1 条第 3 款,该协定所指“国民”,对于单独关税区而言,为居民或拥有真实、有效的工商业机构的自然人或法人。

(一) TRIPS 协定第 1 条第 1 款下的义务

根据 TRIPS 协定第 1 条第 1 款第 1 句,成员应有效地实施 TRIPS 协定的各项规定。这是 TRIPS 协定对 WTO 成员政府规定的第一项也是最重要的国际法义务,即各成员政府必须无保留地(包括 TRIPS 协定在内的 WTO 一揽子协定都不允许保留)在其国内或地区内,通过立法、行政和司法,使 TRIPS 协定的各项规定成为有效的法律制度。这种国际法义务的性质,意味着各成员自加入 WTO 之日起,除过渡期安排外,应使其相关知识产权制度与 TRIPS 协定相一致。通过对 TRIPS 协定的起草与谈判过程的研究可以发现,"应有效"(shall give effect)这一宽泛的术语表述,旨在强调成员政府实施该协定的义务性质,即不局限于通过立法改变其知识产权法律制度与 TRIPS 协定的任何抵触之处,而且要求其行政和司法的实施与 TRIPS 协定具有一致性。[①]基于此,可以说,TRIPS 协定规定的第一项国际法义务就是"有效实施"的义务。

TRIPS 协定第 1 条第 1 款第 2 句规定:"成员们可以,但没有义务通过法律实施比本协定要求更广泛的保护,只要这种保护与本协定规定不抵触。"这被认为是"最低义务"(minimum obligations)[②],即该条款第 2 句规定所有成员"有效实施"的义务限于 TRIPS 协定规定的范围。任何成员提供超出这一义务范围的知识产权保护,反而应承担"不抵触义务"。

TRIPS 协定第 1 条第 1 款第 3 句规定的不是义务,而是权利表述,即"成员们应有权决定在其法律制度与实践中实施本协定之适当方法"。这包括立法、行政与司法的方法。行使这种"自行"(be free)决定权的限制条件是"适当"(appropriate)性。可以说,这是"适当义务"。

综上,TRIPS 协定第 1 条第 1 款下的义务就是,WTO 成员应以适当的方法,有效地实施该协定项下起码的知识产权保护。

(二) TRIPS 协定第 1 条第 2 款下的义务

根据 TRIPS 协定第 1 条第 2 款,上述最低义务的实体义务包括

---

① 1994 年 4 月 16 日正式签署的 TRIPS 协定文本第 1 条第 1 款第 1 句删除了 1990 年布鲁塞尔文本的脚注(a):"当某缔约方通过某政府间安排来有效实施本协定的诸规定,应该采取所有合理的措施,以确保本协定与该安排的一致性。"这样,有助于避免产生"政府间安排"的歧义,并以"有效实施"的规定本身,强调 WTO 成员应不折不扣地履行该协定的国际法义务。See *The TRIPS Agreement: Drafting History and Analysis*, pp. 40-42.

② See *The TRIPS Agreement: Drafting History and Analysis*, p. 42.

WTO成员对该协定第二部分第1节至第7节所有类别的知识产权保护义务。根据该协定第2条,WTO成员不论是否加入《巴黎公约》,都应遵守该公约第1条至第12条和第19条。比较TRIPS协定与《巴黎公约》的保护对象及范围(表2-1)可知,前者新增保护集成电路布图设计和未披露信息,而后者的保护范围较广,“Paris-plus”显而易见。同样,TRIPS协定第9条第1款规定,WTO成员不论是否加入《伯尔尼公约》,都应遵守该公约第1条至第21条和附录的规定(精神权利除外)。比较TRIPS协定与《伯尔尼公约》(表2-2),前者在后者的基础上新增了计算机软件和数据汇编、出租权等保护内容,而从总体上看,后者的保护范围更广,这体现了“Berne-plus”。因此,该条款下的实体义务是两公约的实体义务加TRIPS协定第二部分的实体义务。

表 2-1

TRIPS协定	《巴黎公约》
商标,包括对商品商标、服务商标、驰名商标的保护	保护对象相同,但是在商标注册的禁例、商标的转让、集体商标、商号等方面规定更多
地理标志,包括对葡萄酒和烈酒的地理标志的特别保护	保护对象类同,禁止虚假原产地或生产者标志,范围大于地理标志
外观设计,包括纺织品外观设计	保护对象相同
专利,包括对植物新品种的专门保护	保护对象相同,包括实用新型、发明人证书
集成电路布图设计	无该保护对象
未披露信息,包括药品、农化品的市场销售、审批所需试验数据	无该保护对象,但是反不公平竞争的主题包括保护未披露信息

表 2-2

TRIPS协定	《伯尔尼公约》
计算机软件和数据汇编	无该保护对象
出租权	无该权利
保护期限为有生之年加身后50年	相同
限制与例外	相同
表演者、录音制品制作者、广播组织的权利	无该保护对象(《罗马公约》保护对象)

根据TRIPS协定第1条第1款第1句,WTO成员应有效地实施该协定的规定还涵盖其第3条国民待遇和第4条最惠国待遇所体现的非歧视待遇义务,这留待下文进一步分析。同样,根据该条款第1句,成员还应履行第三部分关于从司法、行政两方面实施知识产权保护的程序义务,这留待第九章具体论述。

此外,根据该条款第1句,各成员应履行第四部分(第62条)的知识产权的取得和维持以及当事方之间相关程序方面的义务、第五部分(第63条)的透明度义务。前者是为了保证知识产权的申请人或所有人避免因相关程序而无法及时或有效取得、行使其合法权益;后者是为了防止或减少争端而要求各成员履行的重要义务,包括各成员以本国或地区语言公布其有效实施的所有涉及知识产权的可获得性、范围、取得、实施与防止滥用的法律法规、司法终审裁决以及具有普遍适用性的行政决定,并且各成员有义务向TRIPS理事会通报这类法律法规。根据该条款第1句,各成员依TRIPS协定第70条第2款、第4款、第8款、第9款的规定,在TRIPS协定对其生效之日仍有效的知识产权,有义务对其提供一定的保护。该所谓"对既有权利的保护义务"曾先后引发"印度专利案"①和"加拿大专利期限案"争端。②

综上,根据TRIPS协定的总则,尤其是第1条第2款,WTO成员政府应向各类知识产权提供实体性保护的最低义务;而依据该协定第2条和第9条第1款,这些最低义务具有"Paris/Berne-plus"的义务性质。同时,依据TRIPS协定第1条第1款第1句的有效实施义务,除该协定第六部分的过渡性安排外,各成员应在该协定对其生效之日起,建立健全符合非歧视待遇、透明度和保护既有权利的原则,从实体法到程序法的一整套保护知识产权的制度。

四、TRIPS协定的基本原则及目标

(一)知识产权保护的非歧视待遇原则

如上所述,TRIPS协定第3条国民待遇和第4条最惠国待遇体现了

---

① India-Patents (US)(DS50), Indian-Patents (EC)(DS79),两案分别由专家组审理,前案经上诉机构复审裁决。

② Canada-Patent Term (DS170),经专家组审理和上诉机构复审裁决。

非歧视待遇的基本原则。在 WTO 的货物贸易体制下,GATT 第 1 条、第 3 条分别规定了 WTO 成员在货物进出口方面的关税及相关措施的普遍最惠国待遇原则、对待进口产品的国内税及国内法规相关的国民待遇原则。其中,“国内法规”包括知识产权法。WTO 成立之前发生的美国 1930 年关税法第 337 节案(以下简称“美国第 337 节案”)专家组就认定:系争的美国旨在保障其专利法实施的海关保护知识产权程序,属于 GATT 第 3 条第 4 款项下“法律、法规和规定”,并且未满足 GATT 第 20 条(d)款“海关实施……对专利、商标和版权的保护”一般例外之要求。① 尽管原先的贸易体制涉及知识产权,但是条款有限,有关实践也极少。在国际贸易的知识产权保护问题日益突出的情况下,TRIPS 协定应运而生。

知识产权保护的国民待遇原则是《巴黎公约》和《伯尔尼公约》的最基本原则。本书第三章将依据 TRIPS 协定第 2 条和第 9 条第 1 款的规定,在论述与该协定有关的知识产权条约时,具体阐述两公约项下的国民待遇原则。但是,两公约本身以及以此为基础的国际知识产权保护体制并无最惠国待遇原则,而与贸易有关的 TRIPS 协定则秉承了国际贸易中的普遍最惠国待遇原则。只不过,TRIPS 协定不同于货物贸易或服务贸易协定,基于知识产权的地域性特点,非歧视待遇以国民待遇为首要原则,以最惠国待遇为次要原则。下文从贯穿整个 WTO 体制的非歧视待遇原则角度,初步论述 TRIPS 协定第 3 条、第 4 条的国民待遇和最惠国待遇原则。

1. 国民待遇原则

TRIPS 协定第 3 条第 1 款第 1 句规定:“在知识产权保护方面,各成员应给予其他成员国民不低于本国国民的待遇,除非在《巴黎公约》(1967 年)、《伯尔尼公约》(1971 年)、《罗马公约》或《集成电路知识产权条约》中已规定的例外。”

首先,该第 3 条第 1 款第 1 句的前半句“在知识产权方面,各成员应给予其他成员国民不低于本国国民的待遇”,其用语实质上类同于

---

① See US-Section 337 of the Tariff Act of 1930, GATT Panel Report Adopted on 7 November 1989, 36th Supp. BISD 345 1990, paras. 5.9, 6.3.

GATT 第 3 条第 4 款第 1 句:“任何缔约方领土的产品进口至任何其他缔约方领土时,在有关影响其国内销售……的所有法律、法规和规定方面,所享受的待遇不得低于同类国内产品所享受的待遇。”其中,关键用词“不低于”(no less)完全相同,其要求远高于《巴黎公约》第 3 条国民待遇原则采用的“同样方式”(same manner)。在这个意义上,可以说 TRIPS 协定的国民待遇是 GATT 有关“国内法律、法规和规定方面”国民待遇之延伸。所不同的是,前者一视同仁的对象是人(国民)及其享有的知识产权,后者是物(产品)。

在 WTO 成立后第一个涉及 TRIPS 协定下国民待遇的美国综合拨款法 211 节案(以下简称“美国商标案”)中,争端解决上诉机构明确将 GATT 第 3 条第 4 款与 TRIPS 协定第 3 条相结合加以阐述:“正如我们所看到的,国民待遇义务是 TRIPS 协定包含的基本原则,恰如这早已在 GATT 中所规定的。本案专家组正确地得出结论,如 TRIPS 协定第 3 条第 1 款的语言所表示的,尤其是与 GATT 第 3 条第 4 款的规定类似,因此 GATT 第 3 条第 4 款的判理可能有助于解释 TRIPS 协定的国民待遇义务。”①但是,专家组认定,美国管制由古巴政府没收的美国公司所拥有商标的有关立法未违反 TRIPS 协定第 3 条,因为实际上美国国民几乎不可能由此获得更多优惠。上诉机构推翻了专家组的这一认定,认为根据 GATT 时期专家组就欧共体诉美国第 337 节案对国民待遇原则所作的解释,哪怕根据某一项立法产生非国民待遇的可能性很小,该可能性存在的事实就足以构成违反 GATT,也违反 TRIPS 协定的国民待遇原则。上诉机构强调:“美国也许认为越过联邦条例汇编第 33 编第 515.201 节和第 211 节(a)(2)款设置的障碍,就像在美国第 337 节案中那样,可能性很小。但是,如美国第 337 节案所说明的,即便很小,只要有这种可能性,即非美国的利益继承人面临两大障碍,而美国的利益继承人只面临一大障碍,这一无可争议的事实就说明,前者的待遇肯定就低于后者。”②这一判理表明,TRIPS 协定的国民待遇原则的适用是非常严格的。

其次,该第 3 条第 1 款第 1 句的后半句涉及 TRIPS 协定有关知识产

---

① US-Section 211 Appropriations Act, DS176/AB/R, para. 242. “判理”(jurisprudence)是指判例所含澄清所涉条约的解释或其他法理。

② US-Section 211 Appropriations Act, DS176/AB/R, para. 265.

权条约本身的例外，这将在第三章论述这些条约时，尤其是在论述《巴黎公约》和《伯尔尼公约》的国民待遇原则时予以阐述。

TRIPS 协定第 3 条第 2 款规定："各成员可利用第 1 款下允许的在司法和行政程序方面的例外，包括在一成员管辖范围内指定送达地址或委托代理人，但是这些例外应是实施与本协定规定不相抵触之法律法规所必不可少的，并且这种做法不以将构成伪装限制贸易的方式实施。"该规定类似于 GATT 第 20 条(d)款的例外条款。

参照美国商标案上诉机构报告中有关"GATT 第 3 条第 4 款的判理可能有助于解释 TRIPS 协定的国民待遇义务"的提示，可以推导发生 TRIPS 协定第 3 条第 2 款的例外(既不是 TRIPS 协定第 3 条第 1 款第 1 句的后半句相关知识产权条约本身的例外，也不是 TRIPS 协定的版权、商标或专利条款中的例外)时应满足的基本要求。

美国第 337 节案专家组认为，美国如欲根据 GATT 第 20 条(d)款证明其第 337 节的条款与 GATT 第 3 条第 4 款的国民待遇原则相抵触为合理，必须满足三项条件：(1) 得到保障实施的法律或规则本身与 GATT 不相冲突；(2) 保障实施的措施对于这些法律或规则"切实贯彻是必要的"；(3) 该措施"不是采取这种方式，即有可能导致专断的或不能证明为合理的，在同样条件下的国别歧视，或国际贸易中的伪装性限制"。①由此推导，论证 TRIPS 协定第 3 条第 2 款的例外成立，也应该满足：(1) 所实施的知识产权法律法规本身符合前述 TRIPS 协定下最低义务；(2) 该例外措施对于此类知识产权法律法规的实施"必不可少"；(3) 该例外措施的实施方式不存在"构成伪装限制贸易"。

迄今为止，尚无此类例外案件，在此不再赘述。至于 TRIPS 协定的版权、商标或专利条款中的例外，本书第五章至第八章将分别予以分析。

2. 最惠国待遇原则

TRIPS 协定第 4 条第 1 句规定："在知识产权保护方面，一成员给予任何其他成员国民的任何利益、优惠、特权或豁免，都应立即和无条件地给予所有其他成员的国民。"该规定类似于 GATT 第 1 条第 1 款。在普遍最惠国待遇的意义上，二者的精神一致。不同的是，前者一视同仁的对

① See US-Section 337 of the Tariff Act of 1930, para. 5.22.

象是任何其他成员的国民(人)及其享有的知识产权,后者则是任何其他国家的任何产品(物)及其征税、收费或有关规则、手续。TRIPS协定将货物贸易的最惠国待遇原则适用于知识产权保护,不仅改变了传统的知识产权国际保护制度,而且使该原则的适用超出了一般的国际贸易范围。在最惠国待遇原则的发展史上,这是一个重要的里程碑。

如同GATT的国民待遇相关判理可适用于TRIPS协定,有关GATT第1条第1款的判理对TRIPS协定的最惠国待遇原则的适用亦具有指导作用。美国已故著名WTO法专家杰克逊教授在谈到最惠国待遇原则时指出:"有三个定义性问题需要明确。第一,什么是与进出口有关的规则与形式?什么是进出口的费用?第二,什么是利益?第三,什么是相同产品?"[①]以更通俗的语言表达,即包括TRIPS协定在内,WTO的最惠国待遇原则涉及三个基本问题:其一,适用的规则范围。比如,TRIPS协定第1条第1款第1句规定:"成员们应有权决定在其法律制度与实践中实施本协定之适当方法。"与知识产权保护有关的这种"法律制度与实践"是什么?这是适用最惠国待遇原则时须解决的问题。其二,适用的内容范围。在TRIPS协定中,同样存在"什么是利益"的问题。其三,适用的对象范围。比如,TRIPS协定适用的对象是"成员的国民"。那么,在什么条件下才能确认为"成员的国民"?这些问题都有待于实践的解答,尤其是争端解决的条约解释判理之澄清。

在美国商标案中,上诉机构第一次对TRIPS协定的最惠国待遇原则作出如下阐述:"如同国民待遇义务,提供最惠国待遇的义务早已是世界贸易体制的基石之一。半个多世纪来,根据GATT第1条提供最惠国待遇的义务对于确保全球以规则为基础的货物贸易体制一直具有核心和重大的作用。与国民待遇不同,《巴黎公约》未规定商标与其他工业产权的最惠国待遇。然而,TRIPS协定的制定者决定将最惠国待遇扩展到该协定保护的知识产权义务方面。作为世界贸易体制的基石,在TRIPS协定下的知识产权方面,与GATT的货物贸易一样,最惠国待遇义务必须被赋予同样的意义。也就是说,这是根本性的。"[②]该案系争的美国拨款法

---

① John H. Jackson, etc., *Legal Problems of International Economic Relations*, 5th edition, Thomas West, 2008, p. 475.

② US-Section 211 Appropriations Act, DS176/AB/R, para. 265.

第 211 节在商标注册方面对古巴国民与其他外国国民给予不同待遇，因而违反 TRIPS 协定第 4 条最惠国待遇原则。美国辩解，这一不同待遇在实践中并未产生对不同国家国民的歧视待遇。上诉机构予以驳回，认为各成员在知识产权保护方面应严格履行最惠国待遇原则，不允许存在哪怕是极少数的、形式上的对不同国民的差别待遇。可见，与国民待遇原则一样，在与贸易有关的知识产权保护方面，WTO 成员应严格履行给予其他任何成员的国民及其知识产权"一视同仁"的保护义务，不得有任何歧视待遇。

在"欧共体地理标志案"中，系争的欧共体理事会关于地理标志保护的条例第 12 条规定："在不损害有关国际协定的前提下，本条例可适用于来自第三国的农业产品或食品，只要该第三国给予对等与互惠的保护。"比如，欧共体给予美国的地理标志专门的行政保护，美国也应给予欧共体的地理标志对等与互惠的保护。美国认为，这违反 TRIPS 协定第 3 条、第 4 条的国民待遇和最惠国待遇原则，第 4 条没有允许对地理标志的保护实行互惠的最惠国待遇例外。专家组认为，根据 TRIPS 协定第 4 条，证明违反最惠国待遇原则，须满足两个要求：(1) 系争的措施必须适用于知识产权保护；(2) 一成员给予其他成员的国民的任何利益、优惠、特权或豁免没有"立即和无条件地给予所有其他成员的国民"。根据系争的欧共体理事会的条例，如果地理标志所在的第三国加入某国际协定或符合其条例规定，也许可获得该条例的地理标志保护。但是，如果欧共体根据其条例不承认该第三国可享有互惠(如本案中的美国)，则地理区域位于该第三国的地理标志仍然不能获得保护。这就构成了欧共体关于知识产权保护所授予的利益、优惠、特权或豁免，只有遵守对等与互惠条件或缔结有关国际协定，或两者皆符合，才能授予，即没有"立即和无条件地给予所有其他成员的国民"。[①]

TRIPS 协定第 4 条第 2 句规定："一成员给予任何这种利益、优待、特权或豁免的义务之例外是：(a) 派生有关司法协助的国际协定或一般性质的法律实施，并且不是特定限于知识产权保护；(b) 根据《伯尔尼公约》(1971 年)或《罗马公约》有关规定授予的，此类规定授权的待遇不属于国

---

① See EC-Trademarks and Geographical Indications, DS174/290/R, paras. 7.703-7.704.

民待遇性质，而属于在另一国家给予的待遇；(c) 有关本协定未规定的表演者、录音制品制作者和广播组织的权利；(d) 派生于在 WTO 协定生效前业已生效的知识产权保护国际协定，如果已将这种协定通知 TRIPS 理事会，并且不构成对其他成员国民的专断或无法证明为正当的歧视。”该规定类似于 GATT 第 20 条的小序言及其(a)项至(j)项的条款结构。

与上述 TRIPS 协定第 3 条第 1 款第 1 句的后半句、第 4 条第 2 句及其(a)项至(b)项有关例外相联系，TRIPS 协定第 5 条进一步规定：“上述第 3 条和第 4 条不适用于 WIPO 主持下达成的有关取得或维持知识产权的多边协定所规定的程序。”

迄今为止，尚未发生过有关上述条款的争端解决案件。对有关问题，本章暂且存而不论，留待第三章一并加以分析。

综合以上关于 TRIPS 协定第 3 条、第 4 条的分析可见，一方面，与贸易相关的知识产权保护的国民待遇和最惠国待遇原则是 GATT 有关非歧视待遇条款的延伸；另一方面，必须认识到知识产权本身具有地域性特点。正如 TRIPS 协定第 1 条第 1 款第 3 句规定的，各成员有权(但没有义务)在其实施的法律中规定超过该协定的保护范围，只要不与该协定相抵触。换言之，各成员可以在不与该协定抵触的前提下，制定其保护知识产权的国内法。这充分体现了知识产权保护的地域性。在尊重这一传统原则的前提下，TRIPS 协定首先规定知识产权保护的国民待遇原则，而不是最惠国待遇原则。WTO 成员据此应首先根据国民待遇原则，给予其他成员的国民与其国民同样的知识产权保护，然后根据普遍最惠国待遇原则，立即、无条件地将这种知识产权保护待遇平等地给予所有其他成员的国民。

(二) TRIPS 协定的基本义务以及非歧视待遇原则视野下的权利穷竭问题

如上所述，根据 TRIPS 协定第 1 条第 1 款第 1 句，WTO 成员均应有效地实施该协定的各项规定，包括诸如第 28 条第 1 款(a)项规定的专利权人对其专利产品的“制造、使用、许诺销售、销售，或为这些目的而进口该产品”等知识产权。同时，各成员均应给予其他任何成员的国民及其知识产权严格的国民待遇和普遍的最惠国待遇。但是，TRIPS 协定第 6 条规定：“就本协定项下解决争端而言，在遵循上述第 3 条、第 4 条的前提下，本协定任何条款不应用于处理知识产权穷竭的问题。”显然，此条与上述基本义务以及非歧视待遇原则密切相关；同时，这也是出于对知识产权地域性的尊重。

知识产权领域的“权利穷竭”(exhaustion of rights)是一个有争议的术语。在 TRIPS 协定的谈判过程中，1990 年 12 月的布鲁塞尔文本第 6 条曾为该术语下过一个定义：“一旦由权利持有人或经其同意，已将货物投入市场，在该货物的利用、销售、进口或其他批发方面所涉及的任何知识产权穷竭。”[①]但是，由于谈判各方基于本国或地区不同的知识产权法，对究竟是“国内穷竭”(national exhaustion)还是“国际穷竭”(international exhaustion)以及“平行进口”(parallel importation)等问题[②]分歧颇大，难以弥合。因此，最终签署的正式文本回避了对“权利穷竭”的界定，干脆将这一问题彻底排除出 WTO 争端解决的范围，由此产生如今的 TRIPS 协定第 6 条。

根据 TRIPS 协定第 6 条“在遵循上述第 3 条、第 4 条的前提下”这一规定，在涉及知识产权的商品或作品销售方面，WTO 成员可自行决定权利穷竭的相关知识产权制度，且不得通过 WTO 争端解决机制解决由此引发的任何知识产权穷竭问题。也就是说，TRIPS 协定的基本义务在权利穷竭方面存在一定的例外。但是，该前提性规定表明：各成员在其权利穷竭方面，均应同样地给予其他任何成员的国民及其知识产权国民待遇和普遍最惠国待遇；否则，由此产生的争端还将交由 WTO 解决。换言之，TRIPS 协定项下的非歧视待遇原则不存在权利穷竭的任何例外。

（三）公共政策目标以及知识产权所有人的权利与义务平衡原则

基于知识产权具有私权与公权结合的特点，TRIPS 协定第 7 条、第 8 条规定了知识产权保护的国际协调应实现的公共政策目标以及知识产权

---

① See *The TRIPS Agreement: Drafting History and Analysis*, p. 60. 同时参见《TRIPS 协定与发展：资料读本》，第 119 页。

② 国内穷竭是指权利人的销售权仅仅在其将受保护物投入该国市场后即告穷竭。但是，对于该受保护物被投入另一国家而言，其销售权不被认为是穷竭的，因此该权利人仍可控制此类物品在首次销售国的销售或进口。如果某一国奉行国际穷竭体制，则意味着无论首次销售在何地发生，权利所有人在该国的销售权均告穷竭。See *A Handbook on The WTO TRIPS Agreement*, p. 19. 平行进口通常指货物的知识产权在境外发生权利穷竭后再进口。参见《TRIPS 协定与发展：资料读本》，第 109—110 页。

所有人的权利与义务平衡原则。其中,第 7 条侧重于与技术相关的公共政策目标:“知识产权的保护和实施应当有助于促进技术更新和技术转让及传播,有助于技术知识的创造者与使用者之间的互利并采取有益于社会和经济福利的方式,有助于平衡权利与义务。”第 8 条则从公共健康与竞争政策角度强调:“1. 成员们在制定或修改其法律法规时,可采取必要措施保护公共健康和营养,促进对于其社会经济和技术发展至关重要的各领域公共利益,只要这类措施与本协定规定相一致。2. 只要与本协定规定相一致,可视需要采取适当措施防止权利持有人滥用知识产权,或防止其不合理地限制贸易或对国际技术转让产生不利影响。”

上述两条涉及的一个共同方面是技术转让,尤其是国际技术转让。从第 7 条的用语“应当”(should)看,其义务性质介乎于强制性义务用语“应”(shall)与任择性义务用语“可”(may)之间,具有指导性。也就是说,作为各国或地区知识产权制度的共同目标,其中之一是应当有助于促进技术转让。这也是发展中国家的强烈要求。

早在乌拉圭回合谈判之前,联合国第六次特别大会就曾通过《建立国际经济新秩序宣言》,要求发达国家“给予发展中国家利用现代科学技术的机会,以使发展中国家受益的方式和适合其经济发展特点的途径,促进技术转让和发展中国家本国技术的创造。”①根据联合国的有关法律文件,在发展中国家的要求下,由联合国贸易和发展会议主持,历经十年完成了《国际技术转让行动守则(草案)》最后文本。② 但是,在一些关键问题上,发达国家与发展中国家始终无法达成一致,草案未能成为正式文本。比如,发展中国家希望通过政府干预,保护技术受让人的利益,促进发展中国家的经济沿着健康的轨道更快发展;而发达国家则认为,促进技术转让是鼓励技术发明的必要手段,对技术转让的过分干预或限制会抑制人们发明创造的动力,其实质是保护作为技术转让人的大型跨国公司

① Declaration on the Establishment of a New International Economic Order, 4 (p), UNGA Res. A 3201 (S-VI), 28 Y. U. N. (1974) 324.

② See Draft International Code of Conduct on the Technology as at the Close of the 6th Session of the Conference on 5 June 1985: note/by the UNCTAD Secretariat, TD/CODE TOT/47.

的知识产权利益。[1]

上述分歧继续存在于由欧美发达国家主导的乌拉圭回合多边贸易谈判中。作为该谈判最终成果的一揽子协定，TRIPS 协定更多地体现了发达国家成员的利益，没有对技术转让作出任何实体性、强制性的义务规定，仅在第 7 条将国际技术转让作为一项指导性目标或原则。此外，该协定在第二部分不属于“最低义务”范围的第 8 节和过渡安排的第八部分第 66 条第 2 款，分别规定由各成员自行立法限制“妨碍技术转让和传播”的限制竞争做法。“发达国家成员应激励其境内企业和机构，促进和鼓励向最不发达国家成员的技术转让，以使它们创建一合理可行的技术基础。”由于这些规定所包含的任择性义务或诸如“激励”一类的用语，对于发达国家成员缺乏约束力，因而很难落实。

上述两条还有一个共同点是保护公共健康和营养，这是社会和经济福利的重要组成部分。但是，这只是“建议各成员可享有自主决定权”，采用其认为有利于保护公共健康和营养、增进社会和经济福利的国内措施，“其约束条件是它们所采取的措施不应违反该协定的条款”。[2]相较于促进国际技术转让的目标与原则，保护公共健康和营养的措施增加了不抵触 TRIPS 协定的基本义务，亦即应与该协定有关规定相一致的强制性要求。

综上，TRIPS 协定第 7 条和第 8 条有关平衡知识产权持有人的权利与义务，乃至发达国家与发展中国家成员之间利益的目标设定及原则要求，显然存在缺陷。这也是继 TRIPS 协定生效之后，在一定程度上旨在纠正该缺陷的 2001 年《关于 TRIPS 协定与公共健康多哈宣言》(以下简称《多哈宣言》)[3]和《多哈宣言第 6 段的实施决定》[4]、2005 年《TRIPS 协定修正案》[5]产生的原因。

---

① See P. Roffe, Transfer of Technology: UNCTAD's Draft International Code of Conduct, *The International Lawyer*, 1985, Vol. 19, No. 2, pp. 689-707.

② 《TRIPS 协定与发展：资料读本》，第 150 页。

③ Declaration on the TRIPS Agreement and Public Health (Adopted on 14 November 2001), WT/MIN (01)/DEC /2. 下文凡援引该宣言，出处略。

④ Implementation of Paragraph 6 of the Doha Declaration on the TRIPS Agreement and Public Health, Document WT/L/540. 下文凡援引该决定，出处略。

⑤ Amendment of the TRIPS Agreement, Document WT/L/641. 下文凡援引该修正案，出处略。

第二节 TRIPS协定生效之后的发展

一、TRIPS协定的立法性发展

(一)《多哈宣言》

2001年11月14日由WTO第四次部长级会议通过的《多哈宣言》,是TRIPS协定生效后的第一份后续法律文件。

根据TRIPS协定第65条第2款和第4款,WTO发展中国家成员适用TRIPS协定的过渡期截至2000年1月1日,至迟在2005年1月1日之前结束过渡期;最不发达国家的过渡期如不延长,则到2006年1月1日为止。随着过渡期的流逝,关于药品专利保护的问题在发展中国家和最不发达国家成员,尤其在众多非洲最不发达国家成员中日益突出。由于药品专利保护的缘故,发达国家的专利持有人垄断的新药价格昂贵,使最不发达国家大量流行病患者得不到急需的药品,公共健康问题日益恶化,引起了世界卫生组织(WHO)等联合国系统的国际组织和各国政府的高度关注。人们激烈地批评TRIPS协定的实施加剧了发展中国家和最不发达国家的公共健康危机。为此,WTO不得不考虑,如何"适当平衡"主要是发达国家成员的药品专利或发明利益与发展中国家特别是最不发达国家成员的公共健康问题之间日趋尖锐的矛盾。①

由于WTO第三次部长级会议(1999年,西雅图)失败,预定的"新千年回合"多边贸易谈判搁浅。在第四次部长级会议召开之前,与TRIPS协定实施中"适当平衡"(appropriate balance)问题相关的是:WTO内发达国家成员与发展中国家和最不发达国家成员之间,围绕如何在该组织内协调双方矛盾,如何启动新一轮谈判以保证WTO继续发展,进行了一系列紧锣密鼓的磋商,达成了一定的共识,尤其是同意确保TRIPS协定

---

① See An "Appropriate Balance" for Public Health WTO NEWS, 11 October 2000. WTO时任副总干事曼多查在欧盟委员会与WHO等组织的会议上承认:"这确实是我们面临的主要挑战之一。"

的“灵活性”(flexibility)原则的贯彻。[1]实质上,这也是保证多哈会议不“重蹈(西雅图)覆辙”之重要步骤。在这样的背景下,经过成员们反复磋商,《多哈宣言》问世。

《多哈宣言》通过的依据是多哈会议发布的《部长宣言》第 17 段[2]的指示:“我们强调,恪守以支持公共健康的方式,通过同时促进获得现有药品与新药品研究开发,实施和解释与贸易有关的知识产权协定的重要性,为此将通过一份单独宣言。”这一指示表明,WTO 全体成员充分认识到公共健康问题以及平衡公共利益与专利权利人利益的重要性。同时,该指示所采用的“实施”(implementation)、“解释”(interpretation)这两个词也表明,《多哈宣言》以及其他后续法律文件是为了实施和解释 TRIPS 协定。《多哈宣言》包括七点(段):

第一,强调 TRIPS 协定与公共健康的关系对于实施该协定的重大影响,“承认在许多发展中国家和最不发达国家中肆虐的流行疾病,尤其是艾滋病、肺结核病、疟疾等流行病所导致的公共健康问题的严重性”。由于治疗这些疾病的药品价格昂贵,因此发展中国家和最不发达国家的公共健康问题日益严重。

第二,认为实施 TRIPS 协定与解决上述公共健康问题并不矛盾,“强调使 WTO 的 TRIPS 协定成为解决这些问题的广泛的国内与国际行动之组成部分”。

第三,重申知识产权保护有利于解决发展中国家和最不发达国家的公共健康问题,“承认知识产权保护对于新药开发具有的重要性”,同时

---

① See Yes, Drug for the Poor and Patents as Well WTO NEWS, 22 February 2001. 这是 WTO 前任总干事莫尔撰写的阐述如何解决“适当平衡”问题的文章。2001 年 4 月召开的 WTO 与 WHO 的联合研讨会讨论了药品价格问题。See Final Report of Essential Drug Pricing Workshop; released WTO NEWS, 30 May 2001, Moore: Countries Must Feel Secure that They Can Use TRIPS' Flexibility WTO NEWS, 20 June 2001. 此外,围绕“南非药业协会诉南非共和国总统案”(涉及强制许可争议)引发的 TRIPS 协定实施问题,在多哈会议之前也得到妥协解决。See Moore, Welcomes News of Settlement of South Africa Drug Lawsuit WTO NEWS, 19 April 2001.

② Ministerial Declaration (Adopted on 14 November 2001) WT/MIN (01)/DEC/1, para. 17. 该宣言第 18 段、第 19 段分别就 TRIPS 协定第 23 条第 4 款规定通过谈判建立通报和注册可受保护地理标志的多边体制事项、根据 TRIPS 协定第 27 条第 3 款关于植物品种保护制度的审议以及第 71 条第 1 款对 TRIPS 协定进行审议的规定,指示进行有关谈判。

“承认需要关注知识产权保护对于(药品)价格带来的影响”。

第四,全体成员表示,“同意 TRIPS 协定没有也不应阻碍各成员采取措施保护公共健康”。在强调承担 TRIPS 协定规定的义务的同时,全体成员也确认,“该协定可以且应以支持 WTO 成员享有保护公共健康,特别是促进所有人可获得药品的权利这样的方式来加以解释和实施”。为此目的,该宣言提出了 TRIPS 协定实施的灵活性原则,即“WTO 成员有权在保护公共健康方面,根据 TRIPS 协定诸条款为此目的所提供的灵活性,为全体人而加以运用”。

第五,根据上述目的,在不改变承担 TRIPS 协定规定的义务的情况下,全体成员承认该灵活性包括:(1) 在适用国际公法的解释惯例时,TRIPS 协定诸条款应依据其明确规定的目标与目的,特别是各项目标与原则,加以解读。(2) 每个成员都有权授予强制许可,并自行决定授予此类许可的根据。(3) 每个成员都有权决定什么是构成公共健康危机的国家紧急状态或其他极端紧急情况,包括与艾滋病、肺结核病、疟疾等流行病有关的情况可以构成国家紧急状态或其他极端紧急情况。(4) TRIPS 协定与知识产权穷竭有关的条款效果,由各成员自行决定建立其制度予以处理而不受任何质疑,只要符合该协定第 3 条、第 4 条规定的最惠国待遇和国民待遇原则。

第六,由于发展中国家和最不发达国家的制药产业很薄弱,甚至一无所有,因此上述灵活性所包括的强制许可权也难以实现。为此,该宣言指示 TRIPS 理事会,在 2002 年年底之前向总理事会报告解决该问题的便捷途径。

第七,重申发达国家应承担的义务:根据 TRIPS 协定第 66 条第 2 款,促进和鼓励其企业、机构向最不发达国家转让技术。各方同意,在 2016 年 1 月 1 日之前,最不发达国家成员在药品生产方面没有义务实施或适用 TRIPS 协定第二部分第 5 节和第 7 节的规定,或者实施根据这些节和项所规定的权利。同时,这不影响最不发达国家寻求延长 TRIPS 协定第 66 条第 1 款规定的过渡期。

作为 TRIPS 协定的第一份后续法律文件,《多哈宣言》的法律意义在于,根据 TRIPS 协定第 7 条和第 8 条,强调“以支持公共健康的方式,通过同时促进获得现有药品与新药品研究开发”这一适当平衡原则,实施与公共健康有关的TRIPS协定条款；同时，更重要的是，在TRIPS协定第66条第1款适用于最不发达国家成员的灵活性规定的基础上，进一步提出了首先适用(但不限)于公共健康领域的灵活性原则。

(二)《多哈宣言第6段的实施决定》

如上所述，TRIPS协定第8条原则上规定，“成员们在制定或修改其法律法规时，可采取必要措施保护公共健康和营养，促进对于其社会经济和技术发展至关重要的各领域公共利益，只要这类措施与本协定规定相一致”。该协定第31条规定了“其他未经权利持有人授权的使用”(包括强制许可)，其中除了因“已努力根据合理的商业条款和条件”在合理时间内未获许可使用而允许强制许可，还包括“在国家紧急状态或其他极端紧急状态”和“公共非商业性的强制许可”两种情况下的强制许可。根据第31条，强制许可根据个案酌情处理，其使用系非专有、不可转让、有偿的，仅限授权强制许可的成员国内市场供应所需，并应建立司法审查制度。

TRIPS协定实施后，出现了不少新问题。比如，WTO成员能否自主决定“国家紧急状态”？什么情况才构成“国家紧急状态”？大多数成员，包括美国、欧盟和日本等发达国家或地区成员都认为，类似非洲一些国家艾滋病严重流行之类的公共健康危机可以构成“国家紧急状态”。又如，缺乏本地生产能力的最不发达国家成员能否授予强制许可？可否进口低价药品？发达国家成员担心通过WTO无法解决权利穷竭引发的争端，从而导致这些低价药品回流到发达国家成员的国内市场。

针对这些新问题，《多哈宣言》明确规定：“TRIPS协定没有也不应该妨碍各成员采取措施保护公共健康”；“每个成员都有权授予强制许可，并自行决定授予此类许可的根据”；“每个成员都有权决定什么是构成公共健康危机的国家紧急状态或其他极端紧急状态”；“各成员自行决定有关权利穷竭的制度”。该宣言对于保护WTO的发展中国家和最不发达国家成员的利益具有重大意义。但是，正如该宣言第6段所承认的，有些成员缺乏足够的或根本就没有实施药品强制许可的生产条件，因此迫切需要专门的解决办法。只有这样，才能全面建立起TRIPS协定框架下的药品强制许可制度。这正是《多哈宣言第6段的实施决定》(以下简称《实施决定》)的意义所在。

2003年8月30日，WTO总理事会通过了《实施决定》，包括如下制度：

第一，“药品”“符合条件的进口成员”“出口成员”的法律界定。药品强制许可制度下的“药品”，是指《多哈宣言》承认的解决公共健康问题（艾滋病、肺结核、疟疾等流行病）所需的药品领域中任何专利药品或通过专利方法生产的药品，以及药品生产所需的活性成分与药品使用所需的诊断工具。只有这种药品的专利强制许可才允许适用该制度。“符合条件的进口成员”，是指任何最不发达国家成员和任何其他通知 TRIPS 理事会要使用该制度作为进口方的成员。这种通知可在任何时候提出，这种使用可以是全面的或部分的，比如仅使用于国家紧急状态或其他极端紧急状态下，或公共的非商业使用。但是，包括美、英、法、德等在内的发达国家不适用该制度。“出口成员”，是指根据《实施决定》为符合条件的进口成员生产并出口药品的成员。根据《实施决定》的附件，除了最不发达国家成员，其他成员只有在证明其没有药品生产能力或其生产能力尚难以满足需要时，方可适用《实施决定》“符合条件的进口成员”的条款；一旦这类成员具有生产能力，就不再适用。这是对适用《实施决定》“符合条件的进口成员”条款的严格限定。

第二，授予药品强制许可的“出口成员”的义务豁免。根据 TRIPS 协定第 31 条(f)项，强制许可使用的授权应主要为了供应授权该使用的成员的国内市场，不允许将强制许可生产的产品出口。但是，根据《实施决定》，如果将强制许可生产的药品出口至“符合条件的进口成员”，则可豁免其上述义务。《实施决定》同时明确了适用豁免条款的条件，包括：(1)“符合条件的进口成员”已通知 TRIPS 理事会如下事项：所需进口的药品名称和数量；确认不属于最不发达国家的“符合条件的进口成员”缺乏或无生产所需药品的能力；如果该药品专利是在该“符合条件的进口成员”域内获得，则该成员应已经或准备根据 TRIPS 协定第 31 条以及《实施决定》第 6 条授予强制许可。(2) 由“出口成员”根据《实施决定》授予的强制许可应包含如下内容：只有“符合条件的进口成员”所必需的限定数量药品才可根据许可证生产，并全部出口到已通知 TRIPS 理事会其需求的成员；根据该许可证生产的药品应与《实施决定》所允许的药品一致，并贴有特别标签或记号；在船运前，应在网上公告强制许可。(3) 该“出口成员”应通知 TRIPS 理事会所授予的强制许可，包括如下内容：被许可人的名称和地址；授予许可生产的药品及其数量；得到供应的国家以及供应期限。

第三，药品强制许可的报酬支付及其豁免。“出口成员”授予的强制许可，应根据 TRIPS 协定第 31 条（h）项向专利权人支付适当报酬，并考虑对于进口成员的经济价值。但是，向“符合条件的进口成员”授予同样药品的强制许可使用，则可被豁免支付报酬的义务。

第四，有关权利穷竭的合作。为了确保根据《实施决定》进口到“符合条件的进口成员”域内的药品用于公共健康目的，“符合条件的进口成员”应采取力所能及的合理措施，防止已经进口的药品被再出口。如果“符合条件的进口成员”系发展中国家或最不发达国家，缺乏防止这类再出口的经验，发达国家成员可根据请求和互相同意的条件给予技术与资金支持。

第五，WTO 其他成员有义务防止这类药品的进口及在其域内的销售。这具体包括：制定有效的法律制度，利用 TRIPS 协定所要求的边境措施，防止这类药品在其域内的进口和销售。

第六，增强“符合条件的进口成员”的购买力和本地药品生产能力。具体包括：根据 1994 年 GATT 第 24 条和 1979 年《关于有区别和更优惠的互惠待遇以及发展中国家更充分参与的决定》，区域贸易协定的发展中国家或最不发达国家成员可以被豁免 TRIPS 协定第 31 条（f）项规定的义务，将在该成员域内根据强制许可生产或进口的药品出口到区域贸易协定中其他存在公共健康危机的发展中国家或最不发达国家成员，只要这不损害专利权的地域性；根据 TRIPS 协定第 67 条，发达国家成员应提供技术合作，帮助发展中国家和最不发达国家成员建立区域性专利制度。

第七，促进药品技术转让和能力建设，以克服公共健康危机问题。根据 TRIPS 协定第 66 条第 2 款和《多哈宣言》将最不发达国家成员适用独占行销权的期限推迟至 2016 年 1 月 1 日的规定，“符合条件的进口成员”与“出口成员”应开展合作，特别关注药品技术转让和能力建设。

第八，义务豁免的年度审议。根据《建立 WTO 协定》第 9 条第 4 款，TRIPS 理事会每年审议上述义务的豁免情况，并向 WTO 总理事会报告，以保障有效的合作。

第九，《实施决定》与 TRIPS 协定第 31 条的关系。《实施决定》不损害各成员依据 TRIPS 协定第 31 条（f）项和（h）项之外的规定已有的权利、义务和灵活性，也不损害各成员根据第 31 条(f)项的规定，依据强制许可已经生产的药品以及可以出口的范围。

第十，《实施决定》与争端解决的关系。根据 GATT 第 23 条第 1 款(b)项和(c)项，各成员均不得就根据《实施决定》包含的豁免规定所采取的任何措施启动争端解决程序。

第十一，《实施决定》的终止。一旦 TRIPS 协定修正案得以通过，《实施决定》便终止适用。

综上所述，《实施决定》主要是为了解决与药品强制许可密切相关的本地生产能力缺乏或不足问题，以及可能伴随的平行进口问题，是 WTO 发达国家成员向发展中国家和最不发达国家成员作出的重大妥协，是完善 TRIPS 协定框架的重大进步。值得重视的是，《实施决定》实质上是先期达成的一项初步的 TRIPS 协定修正案，以便嗣后达成正式的修正案。

（三）TRIPS 协定第 31 条修正案

2005 年 12 月 6 日，WTO 于中国香港举行的第六次部长级会议上，总理事会通过了《修正 TRIPS 协定的议定书》①，正式修改了 TRIPS 协定第 31 条，即新增第 31 条之二(共 5 项)、关于第 31 条之二的 TRIPS 协定附件(共 7 条)以及该附件关于评估药品生产能力的附录(统称为"TRIPS 协定第 31 条修正案")。12 月 18 日，此次部长级会议结束时发表的《多哈工作进程：部长宣言》第 40 段②重申了 TRIPS 协定与公共健康问题的重要性以及对该协定有关条款的正式修改。该修正案历经近 12 年，得到 WTO 成员 2/3 的批准，于 2017 年 1 月 23 日正式生效。③《实施决定》自动终止，其主要内容成为该修正案的附件。新的 TRIPS 协定第 31 条之二的内容如下：

(1)"第 31 条(f)项下出口成员的义务不适用于为了药品生产目的所必需的范围内授予的强制许可，以及出口至根据本协定附件第 2 款确定

---

① Protocol Amending the TRIPS Agreement. 该议定书是 2005 年的 TRIPS 协定修正案(Document WT/L /641)的附件。

② Doha Work Programme: Ministerial Declaration, WT/MN(05)/W/3/Rev. 2 (18 December 2005), para. 40.

③ 已批准加入 TRIPS 协定修正案的 WTO 成员共 124 个(含欧盟及其成员国)，参见 WTO 官网：https://www.wto.org/english/tratop_e/trips_e/amendment_e.htm，2018 年 2 月 10 日访问。

的术语所说的合格进口成员。”TRIPS 协定第 31 条(f)项规定，专利强制许可生产的产品应主要供应获得授权此类许可的成员国内市场。修改后的第 31 条之二第 1 项允许为公共健康目的，授予该强制许可的出口成员将该许可生产药品出口到合格进口成员。实质上，这是由 WTO 发达国家成员颁布药品专利强制许可证，并将被许可人生产的特定药品出口到发生公共健康危机且缺乏或无药品生产能力的最不发达国家或某些发展中国家成员。

(2)“根据本条及本协定附录确定的制度，在合格进口成员境内授予相同产品的强制许可，第 31 条(h)项下该成员的义务不应适用依据本项前一句话由出口成员支付这些产品的报酬。”TRIPS 协定第 31 条(h)项规定，应根据专利强制许可的个案情况，并考虑到授权的经济价值，支付给权利持有人足够的报酬。虽然修改后的第 31 条之二第 2 款规定出口成员仍应支付给其境内专利权人足够报酬，但是在合格进口成员境内授予相同产品的强制许可，不必支付报酬。这是豁免最不发达国家或发展中国家成员义务的特别规定。

(3)“基于利用旨在增强药品购买力的规模经济，促进该药品的本地生产，当一发展中或最不发达的 WTO 成员是 1994 年 GATT 第 24 条和 1979 年 11 月 28 日《关于有区别和更优惠的互惠待遇以及发展中国家更充分参与的决定》意义上的区域贸易协定成员，且该协定现成员中至少一半以上为联合国所列最不发达国家时，该成员的第 31 条(f)项下义务不适用于以下范围：为了能够使在该成员域内依照一强制许可生产或进口一药品而出口至具有相同健康问题的区域贸易协定缔约方的发展中国家或最不发达国家。可理解为这不损害有关专利权利的地域性。”TRIPS 协定第 31 条(f)项规定，专利强制许可生产的产品应主要供应获得授权此类许可的成员国内市场；而修改后的 TRIPS 协定第 31 条之二第 3 款允许区域贸易协定(其中一半以上成员为最不发达国家成员)的发展中国家或最不发达国家成员依照强制许可生产或进口该药品，再出口到有相同公共健康危机的区域贸易协定内其他发展中国家或最不发达国家成员境内。其目的是促进该药品本地生产的规模增长。

(4)“各成员不应对符合本条规定与本协定附录的任何措施依 1994 年 GATT 第 23 条第 1 款(b)(c)项提出申诉。”修改后的 TRIPS 协定第

31 条之二不适用 WTO 争端解决的“非违约之诉”和“情势之诉”。[①] 即根据 TRIPS 协定第 64 条第 2 款，2000 年 1 月 1 日以前(嗣后继续推迟至今)，该协定项下的争端解决不适用“非违约之诉”和“情势之诉”。新修改的该协定第 31 条之二则不受该期限约束，即无限期地不适用“非违约之诉”和“情势之诉”。

(5)“本条与本协定附录不损害各成员依据本协定第 31 条(f)(h)项以外各规定已享有或承担的诸权利、义务及灵活性，包括《多哈宣言》所重申及解释的诸权利、义务及灵活性，也不损及根据第 31 条(f)项的规定可出口一强制许可生产的药品。”修改后的 TRIPS 协定第 31 条之一具有相对独立的适用性，旨在允许将某些为解决公共健康危机而授予专利强制许可生产的药品，出口至最不发达国家成员和部分缺乏足够药品生产能力的发展中国家成员境内，并由作为出口方的发达国家成员政府支付本地的权利持有人足够的报酬。它与该协定第 31 条(f)(h)项以外的其他专利强制许可规定是分开的，各成员依据其他条款具有的权利、义务及享有的灵活性不受该修改条款的影响；同时，根据该协定第 31 条(f)项允许出口一强制许可生产的非应对公共健康危机的药品，也不受其影响。

综上，新的 TRIPS 协定第 31 条之二旨在解决发展中国家尤其是最不发达国家成员发生公共健康危机时相关药品可获得性的问题，包括实施特殊的药品专利强制许可制度及进出口安排，充分体现 TRIPS 协定第 7 条、第 8 条包含的知识产权持有人的权利与义务平衡、发达国家与发展中国家之间的利益平衡原则以及《多哈宣言》规定的灵活性原则。值得指出的是，该修正案仍未从根本上解决 TRIPS 协定第 66 条第 2 款项下发达国家成员向最不发达国家成员的技术转让问题。该协定第 66 条第 2 款设置了发达国家成员应履行的义务，但是发达国家成员并没有采取切实可行的措施履行其义务，致使最不发达国家成员吸收技术转让的环境远未得到根本改善。从某种意义上说，这比 TRIPS 协定第 31 条的修改更为重要，因为只有通过发达国家成员提供类似第 31 条之二的灵活条件

① GATT 第 23 条第 1 款(b)项规定：“另一缔约方实施任何措施，无论该措施是否与本协定产生抵触”(依据该款项提起的争端解决为“非违约之诉”)；(c)项规定：“存在任何其他情况”(依据该款项提起的争端解决为“情势之诉”)。参见张乃根：《WTO 争端解决机制论——以 TRIPS 协定为例》，上海人民出版社 2008 年版，第 83 页。

的技术转让，从根本上改善发展中国家和最不发达国家成员的生产性基础，才能逐步使其具备应对公共健康危机的能力。推而言之，只有全面贯彻对发展中国家和最不发达国家成员的灵活性原则，才能真正改善其贸易地位。

二、TRIPS 协定的解释性发展

TRIPS 协定第 64 条规定，由 WTO《关于争端解决规则与程序的谅解》(以下简称“DSU”)[①]“阐明及适用的 1994 年 GATT 第 22 条和第 23 条的规定适用于本协定项下产生的磋商和争端解决，除非本协定另有规定。”该“另有规定”是指自 WTO 成立起 5 年内(嗣后继续延期至今)，DSU 不适用于前述“非违约之诉”和“情势之诉”。根据 DSU 第 3 条第 2 款，“依照国际公法解释惯例澄清适用协定的现有规定”。涉及 TRIPS 协定有关案件的争端解决旨在澄清该协定条款的解释，已形成丰富的判理。相对于上述 TRIPS 协定的立法性发展而言，这些判理是 TRIPS 协定的解释性发展。下文将概述迄今涉及 TRIPS 协定的争端解决以及具有一般意义的重要判理，对有关案件的具体分析留待分论各章展开。

(一) TRIPS 协定有关的争端解决概况

迄今为止，提交争端解决机构的 TRIPS 协定有关的案件共 37 起，其中 10 起完全是关于 TRIPS 协定并由专家组审理的案件(DS50、DS79、DS114、DS153、DS160、DS170、DS174、DS176、DS290、DS362)，个别案件(DS59)虽经专家组审结，但主要争端不与 TRIPS 协定相关。上述案件中，DS50 和 DS79 的案由相同，应欧共体要求分案审理，通常将这两案统称为“印度专利案”；DS174 和 DS290 并案审理，统称为“欧共体地理标志案”；印度专利案(美国 DS50)、加拿大专利期限案(DS170)和美国商标案(DS176)后又经上诉机构复审解决。

近年来，TRIPS 协定项下提交争端解决机构的案件相对较少，印度就欧盟及其成员国对过境仿制药的没收提起磋商(DS408、409)，因欧盟出台改进措施而停留在磋商阶段，只是一直未撤销该案而已；澳大利亚烟

---

① Understanding on Rules and Procedures Governing the Settlement of Disputes (DSU)，中文译本参见《世界贸易组织乌拉圭回合多边贸易谈判结果法律文本》，第 354—379 页。下文凡援引 DSU，出处均略。

草案自 2012 年至今未审结(DS435、DS441、DS458、DS467 由专家组并案审理);卡塔尔于 2017 年提起涉及 TRIPS 协定案(DS526、DS527、DS528),实际上与被告三成员对其采取贸易制裁有关,已应要求成立专家组审理。[①] 详见表 2-3:

表 2-3

序号	案号	案名	结果或现状
1	DS28	美国诉日本录音制品措施案	和解
2	DS36	美国诉巴基斯坦药品与农化品专利保护案	和解
3	DS37	美国诉葡萄牙工业产权法的专利保护期案	和解
4	DS42	欧共体诉日本录音制品措施案	和解
5	DS50	美国诉印度药品与农化品专利保护案(印度专利案)	印度败诉
6	DS59	美国诉印尼影响汽车产业措施案(部分涉及 TRIPS 协定)	印尼败诉
7	DS79	欧共体诉印度药品与农化品专利保护案	印度败诉
8	DS82	美国诉爱尔兰影响授予版权与相邻权的措施案	和解
9	DS83	美国诉丹麦影响实施知识产权的措施案	和解
10	DS86	美国诉瑞典影响实施知识产权的措施案	和解
11	DS114	欧共体诉加拿大药品专利保护案(加拿大药品专利案)	加拿大部分败诉
12	DS115	美国诉欧共体影响授予版权与相邻权的措施案	和解
13	DS124	美国诉欧共体实施对电影与电视节目知识产权案	和解
14	DS125	美国诉希腊实施对电影与电视节目知识产权案	和解
15	DS153	加拿大诉欧共体对药品与农化品专利保护案	磋商中(未撤销)
16	DS160	欧共体诉美国版权法第 110 节第 5 款案(美国版权案)	美国部分败诉
17	DS170	美国诉加拿大专利期限案(加拿大专利期限案)	加拿大败诉
18	DS171	美国诉阿根廷对药品专利及农化产品试验数据保护案	和解

① 有关 TRIPS 协定争端解决的情况,参见 WTO 官网:https://www.wto.org/english/tratop_e/dispu_e/dispu_agreements_index_e.htm.,2018 年 2 月 12 日访问。澳大利亚烟草案已于 2018 年 6 月 28 日公布专家组报告(本书已完稿,未予评析)。

（续表）

序号	案号	案名	结果或现状
19	DS174	美国诉欧共体农产品与食料的商标与地理标志案（欧共体地理标志案）	欧共体败诉
20	DS176	欧共体诉美国综合拨款法第 221 节案（美国商标案）	美国部分败诉
21	DS186	欧共体诉美国 1930 年关税法第 337 节案	磋商中（未撤销）
22	DS196	美国诉阿根廷某些专利与试验数据保护案	和解
23	DS199	美国诉巴西影响专利保护的措施案	和解
24	DS224	巴西诉美国专利法案	磋商中（未撤销）
25	DS290	澳大利亚诉欧共体农产品与食料的商标与地理标志案	欧共体败诉
26	DS362	美国诉中国影响知识产权保护和实施措施案（中国知识产权案）	中国部分败诉
27	DS372	美国诉中国影响金融信息服务及外国金融信息服务案	和解
28	DS408	印度诉欧盟及其成员国过境仿制药没收案	磋商中（未撤销）
29	DS409	印度诉欧盟及其成员国过境仿制药没收案	磋商中（未撤销）
30	DS434	乌克兰诉澳大利亚对烟草产品及包装的商标及平装要求措施案	未要求专家组审理
31	DS435	洪都拉斯诉澳大利亚对烟草产品及包装的商标及平装要求措施案（澳大利亚烟草平装案）	专家组审理
32	DS441	多米尼加诉澳大利亚对烟草产品及包装的商标及平装要求措施案	专家组审理
33	DS458	古巴诉澳大利亚对烟草产品及包装的商标及平装要求措施案	专家组审理
34	DS467	印尼诉澳大利亚对烟草产品及包装的商标及平装要求措施案	专家组审理
35	DS526	卡塔尔诉阿联酋货物及服务贸易、TRIPS 有关措施案	成立专家组
36	DS527	卡塔尔诉巴林货物及服务贸易、TRIPS 有关措施案	成立专家组
37	DS528	卡塔尔诉沙特阿拉伯货物及服务贸易、TRIPS 有关措施案	成立专家组

上述与 TRIPS 协定有关的案件的争端解决具有若干显著特点：第一，近半数（18 起）争端解决是由美国提起的，同期美国没有援引其“特殊 301 条款”[①]对其他 WTO 成员采取单边措施，尽管并没有撤销该条款。这说明，WTO 成立至今，美国主要利用多边机制解决国家或地区间关于知识产权保护的争端。第二，近半数（18 起）争端解决发生在发达国家或地区之间。这说明，即便在知识产权保护水平相对较高的发达国家或地区，有效地实施 TRIPS 协定也并非轻而易举。第三，以知识产权保护“世界警察”自居的美国也频频被诉违反 TRIPS 协定，包括版权（美国版权案）、商标（美国商标案）、专利（巴西诉美国专利法案）和知识产权实施程序（欧共体诉美国 1930 年关税法第 337 节案）方面的争端。这说明，美国在有效实施 TRIPS 协定方面问题也不少，亟待自我检点。同时，这也说明，在多边争端解决机制中，“法律面前人人平等”，任何成员都必须有效实施 TRIPS 协定，否则就可能成为被告。第四，美国对发展中国家提起的有关知识产权争端的诉讼，重点在于药品与农业化学产品专利。美国起诉发展中国家（印度、巴基斯坦、阿根廷、巴西）的 TRIPS 协定争端均在于此。尤其是印度专利案，以印度败诉终结，美国专利药品由此大量进入世界人口第二大国印度的市场。第五，上述 37 起争端均仅适用“磋商解决”和“违约之诉”两类解决程序。其中，经过准司法程序，由 WTO 争端解决机构采纳报告的 9 起（其中 2 起案由相同），被告均败诉或部分败诉（美国、欧共体、加拿大、印度各 2 起，中国 1 起），并不得不修改其国内法或地区法律。这说明，凡经专家组及上诉程序解决者，起诉方皆有备而来，可谓胜券在握。

（二）TRIPS 协定有关的争端解决判理

下文仅限于概述 TRIPS 协定有关的争端解决中若干具有一般意义的重要判理，具体的案例评析留待分论各章结合有关知识产权条款展开。

1. 澄清 TRIPS 协定保护的知识产权范围

TRIPS 协定第二部分未包括商号（trade name，亦译作“厂商名称”），但是该协定第 2 条 1 款将《巴黎公约》第 1 条至第 12 条、第 19 条纳入其

① “特殊 301 条款”是指美国《1974 年贸易法》第 182 节，被纳入《美国法典》19USC，§ 2242。

中。《巴黎公约》第 8 条明文规定："商号应在本联盟一切国家受到保护，没有申请或注册的义务，也不论其是否为商标的一部分。"但是，美国商标案专家组却以 TRIPS 协定无明确规定为由，否认商号在该协定涵盖范围之内。

上诉机构认为，为了解释清楚 TRIPS 协定有关条款及其与《巴黎公约》的关系，首先要明确对该协定第 1 条第 2 款的解释。该条款规定："就本协定的宗旨而言，'知识产权'这一用语指第二部分第 1 节至第 7 节的主题所含全部知识产权类别。"上诉机构指出："在我们看来，专家组的解释忽略了第 1 条第 2 款显明的用语，因为他们未考虑第二部分第 1 节至第 7 节的主题不仅涵盖每一节标题所指的知识产权类别，而且也涉及其他类别的知识产权。比如第二部分第 5 节标题'专利'，专家组认为，根据第 27 条第 3 款(b)项的规定，成员们可任择以专门的权利(如种植者的权利)而非通过专利保护植物品种发明。按照专家组的理论，这一专门权利不属于 TRIPS 协定涵盖的知识产权。如此解读，第 27 条第 3 款(b)项规定的任择就不属于 TRIPS 协定的范围了。"[①]这显然有悖于该协定的原意。

其次是对 TRIPS 协定第 2 条第 1 款的解释。该条款明确将《巴黎公约》第 8 条纳入 TRIPS 协定。上诉机构解释："《巴黎公约》第 8 条只涉及商号的保护，除此以外没有其他主题。如果 TRIPS 协定谈判者的意图是排除商号保护，就不会再具体列明纳入 TRIPS 协定的《巴黎公约》条款包括第 8 条。如果肯定专家组的做法，就会将 TRIPS 协定第 2 条第 1 款纳入的《巴黎公约》第 8 条排除。"[②]专家组的解释不符合国际公法解释惯例中的有效规则，即条约解释者必须给予条约用语应有的意义并使其有效，而不应随意采纳将导致条约的整个条款或某些款项多余或无用的结果。

根据这一条约解释的判理，TRIPS 协定第二部分第 1 节至第 5 节应与第一部分第 1 条第 2 款、第 2 条第 1 款作整体解释，从而得出该协定保护的知识产权包括商号的结论。这种对 TRIPS 协定有关条款的澄清构成该协定之后的解释性发展之一。

---

① US-Section 211 Appropriations Act, DS176/AB/R, para. 335.

② Ibid. , para. 338.

2. 澄清“对既有权利的保护义务”

印度专利案和加拿大专利期限案均涉及 TRIPS 协定第七部分第 70 条“现有主题的保护”(protection of existing subject matter),即“对既有权利的保护”。

印度专利案涉及对 TRIPS 协定第 70 条第 8 款(a)项和第 70 条第 9 款的解释。前者规定,如截至《建立 WTO 协定》生效之日,某成员仍未按照其在第 27 条项下的义务对药品与农化品专利提供保护,则尽管有第六部分的过渡期安排,该成员仍应自《建立 WTO 协定》生效之日起提供据以提出此类发明的专利申请的方法;后者规定:“如按照第 8 款(a)项,某产品在一成员中属于专利申请之主题,则应授予其独占经销权,期限或为在该成员中获得经销许可后 5 年,或为至该产品专利在该成员中被授予或被拒绝时为止,以时间短者为准,只要在《建立 WTO 协定》生效之后,已在另一成员中提出专利申请、该产品已获得专利以及已在该另一成员中获得经销许可。”

首先,根据 TRIPS 协定第 70 条第 8 款(a)项,究竟什么是该款项所设计并要求的提交“邮箱”(mailbox)申请[①]的方法?“根据《维也纳条约法公约》第 31 条所确立的条约解释一般规则,为了辨别第 70 条第 8 款(a)项措辞的特定含义,我们也必须根据该条文的上下文,以及 TRIPS 协定的目标及宗旨来解读该条文。”[②]在如此一番解释之后,上诉机构认为,“印度提供的‘行政指南’缺乏为有关申请时确定申请及优先权日以维持发明的新颖性及申请优先权提供合理的法律基础,因而不符合第 70 条第 8 款(a)项的要求。”换言之,只有具备合理的法律基础之方法才符合该款项的要求。其次,根据第 70 条第 9 款,印度应从何时起建立适当机制,授予已在该国提出“邮箱”申请的药品专利独占经销权?上诉机构解释:“依据第 70 条第 9 款的措辞,该款仅适用于第 70 条第 8 款(a)项下申请专利产品的情况。如同第 70 条第 8 款(a)项,第 70 条第 9 款也适用于‘尽管有第六部分的规定’。第 70 条第 9 款特别援引了第 70 条第 8 款(a)项,

---

① “邮箱”申请,是指 WTO 成员对于其尚未保护的专利(如药品专利),应提供给此类专利申请人提交申请的方法(类似将信件放入信箱),等以后该成员提供保护时审查此类专利申请(类似收信人收取信件)。参见《TRIPS 协定与发展:资料读本》,第 880 页。

② India-Patents (US), para. 55.

并以串联方式提供一揽子权利与义务，以适用于第65条规定的过渡期。因此，第70条第8款(a)项和第70条第9款都是意图在《建立WTO协定》生效之日起适用。"[①]印度未从1995年1月1日起为已提出"邮箱"申请的药品专利提供独占经销权，因此违反"既有权利的保护义务"。

加拿大专利期限案涉及TRIPS协定第70条第1款和第2款。第1款规定："就本协定对于有关成员生效之日前发生的行为而言，本协定不产生义务。"第2款规定："除本协定另行规定，就本协定对有关成员适用之日现存且在该日期受该成员保护，或符合及随后符合依据本协定保护要求之所有主题而言，适用本协定之义务……"其中，该第70条第1款的解释尤为重要，即涉案加拿大专利法规定在TRIPS协定生效前授权的所谓"旧法专利"之授权行为是否属于该条款规定的"行为"。

上诉机构指出，根据《维也纳条约法公约》的解释规则，"我们的任务是澄清'生效之日前发生的行为'这一短语之含义，以及结合第70条其他规定对第70条第1款进行前后协调的解释。我们认为，第70条采用的'行为'这一术语，就其通常的意义而言，是指'所做的事''作为''行动'或'运作'。在知识产权领域的'行为'上下文中，第70条第1款的'行为'一词可能包含公共机关(即政府及其管理与行政机关)的'行为'和私人或第三方的'行为'。其中，在专利领域，公共机关'行为'的范例可能包括专利申请的审查、强制许可的授予、海关没收被指控侵犯知识产权持有人权利的货物等；私人或第三方的范例可能包括诸如专利申请、侵权或其他未授权地利用专利、不公平竞争或滥用专利权等'行为'。"[②]

问题在于：如果公共机关依据旧法的"行为"所创设的专利在TRIPS协定生效之日继续有效，可否以此为该日期之前"发生的行为"为由，将这些专利排除在TRIPS协定的范围之外？上诉机构进一步解释："某'行为'往往是'已做的'，并且'发生的行为'这一短语也表明所做的事已经完成或结束。这就排除了尚未结束的情况，包括既存的权利与义务。"[③]因此，该第70条第1款不包括在TRIPS协定生效之日前旧法专利的授权"行为"，因为该"行为"仅限于在该日期不再有效的专利，而在该日期仍为

---

① India-Patents (US), para. 55.

② Canada-Patent Term, DS170/AB/R, para. 54.

③ Canada-Patent Term, para. 58.

有效专利的“既有权利”之授权“行为”还未完成或结束。

根据上述解释，加拿大在 TRIPS 协定对其生效之日没有将其旧法的专利保护期限从原先的自授权之日起 17 年全部转变为自申请之日起 20 年，违反了 TRIPS 协定第 33 条规定的至少 20 年专利期的义务。

综上，有关澄清“对既有权利的保护义务”的判理为，凡是在 WTO 成立之日尚未保护药品专利的成员，一旦此类专利持有人提交该专利的“邮箱”申请，并持有在其他成员中的有效专利及药品销售许可，该成员均应提供授予其药品独占经销权之适当机制，而不论过渡期安排如何；凡在该日期继续有效的专利，均应得到 TRIPS 协定第 33 条项下至少 20 年的保护期，即便该专利的授予“行为”发生在该日期之前。上述两起案件均由美国提起，前案实质上是美国要求保护其药品专利权利人在处于过渡期的发展中国家成员中的“既有权利”，后案则体现在加拿大的美国专利权人的“既有权利”诉求。

3. 澄清知识产权的限制和例外

TRIPS 协定的例外条款，狭义上是指该协定中明示知识产权保护的限制或例外条款，即第 13 条（版权和相关权的限制和例外）、第 17 条（商标权的例外）、第 26 条第 2 款（外观设计保护的例外）和第 30 条（授予专利权的例外）；广义上则包括该协定的所有适用例外，如第 3 条第 2 款（国民待遇例外）、第 4 条第 2 句以及(a)项和(b)项（最惠国待遇例外）、第 24 条（有关地理标志谈判的例外）、第 64 条第 2 款（非违约之诉和情势之诉的争端解决例外）、第 65 条（过渡性安排的例外）、第 66 条（最不发达国家成员的适用例外），以及被纳入 TRIPS 协定的《巴黎公约》和《伯尔尼公约》本身的例外等。在迄今已审结的与 TRIPS 协定有关的案件中，加拿大药品专利案和美国版权案包含对狭义上该协定例外条款的澄清，下文将略加评析。澳大利亚烟草平装案涉及商标例外条款，因尚在审理中，故暂不评析。

在加拿大药品专利案中，加拿大承认其违反了 TRIPS 协定第 28 条项下义务，但试图援引 TRIPS 协定第 30 条的例外作为其违约的法律根据。专家组对适用 TRIPS 协定第 30 条的例外之条件阐明如下：“第 30 条确定了符合例外所必须满足的三项条件：(1) 该例外必须是‘有限的’；(2) 该例外必须没有‘不合理地与专利的正常利用相冲突’；(3) 该例外必须没有'不合理地损害专利所有人的合法利益,并顾及第三方的合法利益'。该三项条件是递进的,每项都是须分开的、独立满足的要求,不符合其中任何一项条件都会导致第30条所不允许的例外。当然,这三项条件必须在互相联系中加以解释。三项条件中的每一项都被假定必须意味着包含与其他两项有所不同的意义,否则就是多余的。该三项条件按其罗列顺序通常可解读为,符合第一项条件的例外可能违反第二项或第三项条件,并且符合第一项和第二项条件也可能违反第三项条件。TRIPS协定第30条的语法结构证实了上述解读,即一例外也许是'有限的',但是仍无法满足其他两项条件或其中之一。该罗列顺序还进一步说明,一例外没有'不合理地与专利的正常利用相冲突',却可能'不合理地损害专利所有人的合法利益'。"[①]这一"累积或递进(cumulative)标准"解释的判理对TRIPS协定第30条的例外规定,乃至对该协定第13条、第17条和第26条第2款的例外条款的澄清,均具有重要的指导意义。

美国版权案涉及更加复杂的条约解释问题。该案专家组决定:"首先审查TRIPS协定下'较小例外原则'(源于1948年修订《伯尔尼公约》时的总报告)的法律地位和范围,然后审查TRIPS协定第13条对于被纳入该协定的《伯尔尼公约》的相关条款,尤其是第11条之二第1款和第11条第1款是否适用的问题。此后,再考察《伯尔尼公约》(1971年)第11条之二第2款与本案的关联性。"[②]其中,对于TRIPS协定第13条版权的限制和例外,专家组进一步解释:"该条明确规定只有满足了三项条件,才能设定限制或例外:(1)限制或例外仅限于某些特殊情况;(2)与作品的正常利用不相冲突;(3)对权利持有人的正当利益不会造成不合理的损害。正如争端双方一致认为的,这三项条件属于累积适用。也就是说,只有在同时满足上述三项条件之后,某一限制或例外才符合第13条的规定。"[③]这就是被称为"三步检验标准"(three-step test)[④]的主要判理。

显然,TRIPS协定的例外条款本身没有清晰地规定"累积或递进标

① Canada-Pharmaceutical Patents, DS114/R, paras. 7.20-7.21.

② US-Section 110 (5) Copyright Act, DS160/R, para. 6.40.

③ US-Section 110 (5) Copyright Act, para. 6.74.

④ See *A Handbook on The WTO TRIPS Agreement*, p.48.

准”或“三步检验标准”，它们都是在有关争端解决中通过澄清有关例外条款而得出的，属于 TRIPS 协定之后的解释性发展。

综上，TRIPS 协定生效之后，经 WTO 部长级会议通过的《多哈宣言》及《实施决定》，以及经 WTO 的 2/3 多数成员批准而生效的 TRIPS 协定第 31 条之二及其附件等立法性发展，加上在 TRIPS 协定有关的争端解决中通过专家组和上诉机构澄清涉案的有关该协定条款而形成的判理，构成了该协定的解释性发展。两者都是整个 TRIPS 协定体系不可缺少的组成部分。

第三章　与 TRIPS 协定有关的知识产权条约

如前所述，TRIPS 协定通过“Paris/Berne-plus”将《巴黎公约》和《伯尔尼公约》的实体性条款纳入，并且直接将《罗马公约》和《集成电路知识产权条约》的主要规定纳入其相关权和集成电路知识产权的条款，成为迄今为止最全面的国际知识产权条约。同时，该协定与 GATT 和《服务贸易总协定》(以下简称“GATS”)组成“三足鼎立”的 WTO 法律体系，并通过 WTO 统一的争端解决机制处理与该协定有关的争端，即实际上将 DSU 作为其争端解决的程序法，从而成为一部兼具实体法与程序法的知识产权国际保护法典。本章将在第二章的基础上，进一步论述与 TRIPS 协定密不可分的相关知识产权条约。

第一节　纳入 TRIPS 协定的《巴黎公约》和《伯尔尼公约》

一、纳入 TRIPS 协定的《巴黎公约》的实体性条款

《巴黎公约》于 1883 年签署，后经多次修改和补充，包括 1891 年的马德里解释性协定书，1900 年(布鲁塞尔)、1911 年(华盛顿)、1925 年(海牙)、1934 年(伦敦)、1958 年(里斯本)和 1967 年(斯德哥尔摩)的修改，以及 1979 年的修订。TRIPS 协定所纳入的《巴黎公约》为 1967 年修改本[①]。该公约实体性条款(第 1 条至第 12 条和第 19 条)包括如下基本内容：

(一) 保护工业产权的国民待遇原则

《巴黎公约》第 2 条第 1 款规定：“本联盟任何国家的国民，在保护工

---

① 如无说明，下文所援引的均为 1967 年修改本。

业产权方面，在本联盟所有其他国家应享有各该国法律现在授予或今后可能授予国民的各种权益，一切都不应损害本公约特别规定的权利。因此，他们应和各该国国民享受同样的保护，对侵害他们的权利享有同样的法律上的救济手段，但是以他们遵守各该国国民应遵守的条件和手续为限。”

首先，根据这一规定，保护工业产权的国民待遇，是指《巴黎公约》各成员国负有义务，使其他成员国国民在该国与本国国民享受同样待遇。这样，既尊重了知识产权保护的地域性原则，又在成员国范围内最大限度地缩小了各国工业产权保护的差异，使得所有成员国的国民在某一特定成员国内与该国国民享受同样的工业产权保护待遇。为了尽可能地扩大《巴黎公约》的适用范围，该公约第 3 条规定：“本联盟以外各国的国民，在本联盟一个国家的领土内设有住所或有真实和有效的工商营业所的，应享受与本联盟成员国国民同样的待遇。”但是，这并不要求该联盟成员国国民在请求保护的国家内设有住所或工商营业所才能享受工业产权。

其次，保护工业产权的国民待遇，是指各成员国的有关法律规定本国国民已经或可能享受的待遇。因此，工业产权保护的国际协调仍以各国国内法为前提。各成员国只要在国内法规定范围内给予其他成员国国民以本国国民享受的工业产权保护待遇，都被视为履行了《巴黎公约》规定的国际法义务。同时，各成员国国民在某一成员国请求法律救济时，只要符合该国法律规定本国国民须满足的条件与手续，就应得到同样的保护。应该注意，各成员国在给予其他成员国国民以本国国民享受的工业产权保护待遇时，必须保障《巴黎公约》特别规定的权利（如专利申请、商标与工业外观设计注册的优先权、特别规定的专利权与商标权等）不受任何侵害。这说明，各成员国的国内法不得与这些特别规定相抵触。在这一意义上，《巴黎公约》协调了各成员国必须给予的基本国民待遇。

比较《巴黎公约》与 TRIPS 协定的国民待遇原则可以发现，两者的基本精神一致，即将根据本国或地区法律给予本国国民的工业产权保护待遇，同样地给予在该国的其他国家的国民。两者的最大不同是，TRIPS 协定秉承 GATT 第 3 条第 4 款，其国民待遇的要求更加严格，即其他国家的国民享受“不低于”本国国民的待遇。按照前述美国商标案的判理，即使此类“低于”的可能性很小，也构成歧视性的非国民待遇。

美国商标案专家组报告披露了依据 WTO 与 WIPO 的合作协议，

WIPO 应 WTO 的请求所提供的《巴黎公约》第 2 条第 1 款的起草文件以及该公约生效之后的修改文件。这其中包括在 1880 年工业产权保护国际会议上，已经准备该公约初步草案的法国代表提出，为使该公约被接受，必须尽可能地尊重所有成员国的国内法，各该成员国的义务限于给予外国国民以本国国民待遇。在讨论草案时，为澄清国民待遇原则，删除了初步草案中的“对等地”(法文 réciproquement)。①这说明，《巴黎公约》第 2 条第 1 款的国民待遇原则不以对等为前提。这对于理解或解释 TRIPS 协定的国民待遇原则也是完全适用的，即各该成员承担其他任何成员国民享受“不低于”其国民享受的国内或地区的知识产权保护待遇之义务，但不得要求其他任何成员“对等地”给予其国民此类知识产权保护待遇。为此，欧共体地理标志案中明确：欧共体地理标志保护条例“以平等与互惠的条件，对希望根据该条例获得其地理标志保护的人修改了实际的机会平等，对那些希望获得保护但地理区域位于包括 WTO 成员在内第三国的人造成了损害。这就是较少优惠待遇。”②

值得关注的是，美国商标案上诉报告对《巴黎公约》第 2 条第 1 款进行了一定的阐释：“第 2 条第 1 款在 1883 年的《巴黎公约》中已经存在。自那时以来，它一直是所有《巴黎公约》成员国所应遵守的条约义务。”③上诉机构回顾了该案当事双方——欧共体、美国与《巴黎公约》的关系：欧共体多数成员国自 19 世纪 80 年代起就是该公约的成员国，且绝大多数在 1925 年之前加入该公约；美国在 1887 年加入该公约。因此，双方“不会不了解《巴黎公约》规定的对商标及其他工业产权提供国民待遇以及其他保护义务……因此，对于此次争端直接涉及的国家，以及更多像此次争端当事国一样既是巴黎联盟成员国也是 WTO 成员的国家而言，给予国民待遇是国际法中的一项长期存在的义务。即使没有 TRIPS 协定，没有 WTO，此次争端各方也应受到《巴黎公约》第 2 条第 1 款的约束，给予其他巴黎联盟成员国的国民以国民待遇……作为乌拉圭回合的谈判结果，《巴黎公约》第 2 条第 1 款成为《建立 WTO 协定》的一部分。同时，正如前文所说，通过 TRIPS 协定第 2 条第 1 款，《巴黎公约》第 2 条第 1 款

① See US-Section 211 Appropriations Act, DS176/R, para. 6. 5.

② EC-Trademarks and Geographical Indications, DS174/290/R, para. 7. 140.

③ US-Section 211 Appropriations Act, DS176/AB/R, para. 235.

以及该公约其他一些条款都被纳入 TRIPS 协定,因而也被纳入《建立 WTO 协定》。因此,巴黎联盟成员国根据《巴黎公约》所承担的这些义务现在也是 WTO 所有成员应承担的义务(无论其是否为巴黎联盟成员国)。根据《建立 WTO 协定》,这些义务也是根据 DSU 可实施的义务。”①该上诉报告着重强调国民待遇是一项自《巴黎公约》生效以来的国际法义务,以及它与 TRIPS 协定融为一体的关系,但并没有作出更多的含义解释。如前所述,该案的重点是依据 GATT 第 3 条第 4 款的判理,解释 TRIPS 协定第 3 条第 1 款项下严格的国民待遇。

欧共体地理标志案也涉及《巴黎公约》的国民待遇条款解释。该案专家组指出:“《巴黎公约》第 2 条第 1 款规定了国民待遇义务。第 2 款禁止将在当地有住所或公司的要求作为享有任何工业产权的条件。这两段通过‘但是’一词紧密连接,表明第 2 款是对第 1 款的限制。第 2 款有效地规定,即使已将某些条件强加给了本国国民,也不能将其强加给外国国民。第 3 款通过陈述可能会强加给外国国民的某些条件,指出不能因为这些条件可强加给设定条件的国家的国民,而从国民待遇义务中保留或排除这些条件。通读上下文,这三款设定一种单一的义务,并且密切相关:第 1 款设定提供国民待遇的义务,第 2 款、第 3 款对这项义务加以限制。”②显然,这是对《巴黎公约》第 2 条的结构性解释。

欧共体地理标志案对《巴黎公约》第 2 条和第 3 条的“国民”以及与 TRIPS 协定第 3 条的关系作了一定的解释:“《巴黎公约》(1967 年)第 2 条和第 3 条提到了‘国民’,但是未对其下定义。该第 3 条规定:‘本联盟以外各国的国民,在本联盟一个国家的领土内设有住所或有真实和有效的工商营业所的,应享受与本联盟成员国国民同样的待遇。’该第 3 条仅仅适用于巴黎联盟之外国家的国民。根据 TRIPS 协定第 1 条第 3 款,这些标准应当被理解为‘所有的 WTO 成员均为《巴黎公约》的成员’……根据 TRIPS 协定的宗旨,就‘其他成员的国民’的含义,WTO 成员根据其对《巴黎公约》以及国际公法中‘国民’含义的理解,在 TRIPS 协定第 1 条第 3 款中纳入‘国民’的含义。就自然人而言,首先参照提起诉讼的国家或

① US-Section 211 Appropriations Act, DS176/AB/R, paras. 236-238.

② EC-Trademarks and Geographical Indications, para. 7.26.

地区的法律。就法人而言,每个成员首先运用其标准来确定国籍。"[①]这是对知识产权国际保护语境下的"国民"(含自然人、法人)的首次解释,具有重要的判理意义。

如前所述,根据 TRIPS 协定第 3 条第 1 款第 1 句的规定,该协定项下国民待遇受到《巴黎公约》等相关知识产权条约本身的例外限制。《巴黎公约》的国民待遇例外包括其第 2 条第 3 款:"本联盟每一国家法律中关于司法和行政程序管辖权,以及指定送达地址或委派代理人的规定,工业产权法律中可能有要求的,均明确地予以保留。"TRIPS 协定第 3 条第 2 款前半句"各成员可以在司法和行政程序方面,包括某成员的管辖范围内指定服务地址或代理人,适用上述第 1 款所规定的例外",显然是《巴黎公约》第 2 条第 3 款的翻版。同时,TRIPS 协定第 3 条第 1 款后半句"但书"规定:"这种例外是实施与本协定规定不相抵触之法律法规所必不可少的,并且这种做法不以将构成伪装限制贸易的方式实施。"该规定秉承了 GATT 第 20 条(d)项的例外限制条件,因而使得 TRIPS 协定项下适用该例外的条件高于《巴黎公约》。这也体现了"Paris-plus"。

(二)专利申请、商标与外观设计注册的优先权原则

在保护工业产权的国际协调方面,《巴黎公约》的重大贡献之一是确立了专利(如果某成员国规定实用新型,则也包括在内)申请、商标与外观设计注册的优先权原则。TRIPS 协定脚注 3 说明:"在第 3 条和第 4 条中,'保护'一词应包括影响知识产权的效力、取得、范围、维持和实施的事项,以及本协定专门处理的影响知识产权的使用的事项。"其中,知识产权的取得与《巴黎公约》的优先权原则密不可分。按照将该公约有关优先权原则的第 4 条纳入 TRIPS 协定的规定,该优先权原则也在 WTO 成员应履行的最低义务范围内。虽然优先权原则同专利申请、商标与外观设计注册有关,但是该原则本身并不是申请与注册规定,而是确立这些申请与注册规定的基本原则,因此与国民待遇原则一样,属于实体性义务范畴。

所谓"优先权"(right of priority),是指以在某一成员国的首次申请为基础,申请人在一定的时期内(专利或实用新型为 12 个月,商标与外观设计为 6 个月),可以在其他任何成员国提出同样的申请。这些后来的申

---

① EC-Trademarks and Geographical Indications, paras. 7.143-147.

请将被视为与首次申请的日期相同。换言之，这些后来的申请“优先于”该时期内其他人就同样的专利或实用新型、商标或外观设计提出的申请，因而被称为“优先权”。同时，这些后来的申请建立在首次申请的基础上，不受该时期内可能发生的任何事件（比如，发明的公开，标有该商标的货物或以该外观设计制作的货物被销售）之影响。

《巴黎公约》第 4 条对优先权原则进行了详细的规定，其中包括：

（1）在本联盟的一个成员国内已经正式提出一项专利、实用新型申请或商标、外观设计注册的个人，或者其权利继承人，均可在本公约规定的期限内，享受在其他成员国提出同一申请的优先权。

（2）在上述期限过期之前，在本联盟任何其他成员国内提出的申请，不因期限内任何其他行为，特别是另一个申请、发明的公开或利用、外观设计的复制品销售、商标的使用而失效，并且这类行为不产生任何第三人权利或任何个人占有权。在首次申请之前，如将第三人获得的权利作为优先权的基础，则由本联盟成员国国内立法决定。

（3）上述优先权期限，对专利和实用新型为 12 个月，对外观设计与商标为 6 个月。

（4）任何人希望利用先前申请的优先权好处，都应声明这种申请的日期与申请国。每个成员国都可以决定提出这种声明的最后期限。

优先权原则的最大好处在于，当某一申请人希望在数个国家取得工业产权的保护时，不必同时提出所有的申请，而只需在 6 个月或 12 个月内根据其需要，决定在那些希望获得保护的国家提出申请。

显然，这与国际贸易的知识产权保护有着密切的联系。在国际贸易领域，专利和实用新型申请、商标与外观设计注册往往基于销售相关产品的需要。只有在权衡其商业利益与申请成本之后，人们才可能作出合理的决定。优先权原则的规定有利于促进与保障国际贸易的发展。

（三）保护工业产权的基本规则

《巴黎公约》规定了所有成员国都必须遵守的若干基本规则，这些规则也被纳入 TRIPS 协定，属于 WTO 成员们应履行的最低义务范围。

1. 专利方面

《巴黎公约》第 4 条之二规定，在本联盟，不同成员国就同一发明授予的专利是各自独立的。这就是“专利独立性”（independence of patent）原则。这种独立性根源于知识产权保护的地域性。根据该原则，一个成员国授予的一项专利，对其他成员国授予专利没有任何约束力；任何专利均是特定国家的专利，如美国专利、中国专利，并且只在该国领域内具有法律效力；每个成员国都根据本国专利法规定的条件，审查、批准专利申请。此外，根据第 4 条之三的规定，发明人享有在专利中被载明的权利。根据第 4 条之四的规定，不得以专利产品的销售，或通过专利方法获得的产品销售为由拒绝授予专利，或使专利失效。但是，成员国可以通过国内法对这种销售予以限制。

《巴黎公约》第 5 条规定，每个成员国都可通过国内立法规定授予专利的强制许可，以防止滥用专利授予的独占权，但是只能在一定的限制下才能授予。因此，由于专利发明未被利用而授予的强制许可（不是由专利人，而是由有关国家机构授予的许可），只有在该专利发明已经 3—4 年未被利用或未被充分利用的情况下才能允许；同时，当专利人提出合法的理由时，有关国家机构必须拒绝强制许可。

2. 商标方面

根据《巴黎公约》第 6 条，商标的申请与注册条件均由各成员国国内法予以规定。同时，在任何一个成员国提出的商标注册申请，不应以该商标在原属国的注册而无效，或以未提出申请、注册、续展为由而被拒绝。一旦在某成员国进行了商标注册，该商标将独立于在任何其他国家，包括在原属国可能进行的注册。换言之，与专利一样，任何注册商标都是特定国家的商标。随后，某商标在某成员国的过期或失效亦不影响它在其他成员国的注册。这就是“商标独立性”原则，即同一商标在不同成员国所受的保护是相互独立的。

但是，与专利独立性有所不同，根据《巴黎公约》第 6 条之五的规定，一旦某商标在原属国已经注册，如该商标持有人在其他成员国申请注册，该成员国应当批准并保护其始初形式，除非存在如该商标将侵犯第三人已获得的权利或与道德和公共秩序相抵触等情况。对于各成员国而言，这是一项重要的国际义务。即在通常情况下，各成员国应当批准已在某一原属国注册的商标申请。所谓“原属国”(the country of origin)，是指申请人设有真实和有效的工商企业，或设有住所，或为其国籍所属的成员国。由于国际贸易中的货物与商标往往密不可分，因此尽可能地保障原属国注册商标在其他成员国获得同样的保护显得非常重要。

《巴黎公约》第 6 条之二对驰名商标作了特别规定。每个成员国都必须拒绝注册或禁止使用那些构成复制、摹仿、译制或标有引起人们误认被该成员国权威机构认定为在该国已注册或使用的驰名商标之商标。在该国被认定为驰名商标的所有人已有权享受本公约规定的权益，且该商标已被用于相同或类似商品。可见，如同商标本身是一定国家的商标，驰名商标也是对一定国家而言的，不存在法律意义上的“世界驰名”商标。根据该规定，所谓“驰名商标”(well-known marks)，应当具备三项条件：(1) 该商标已被该成员国权威机构认定；(2) 该商标已在该成员国注册或使用，并已被用于一定的商品；(3) 该商标所有人已有权享受包括优先权在内的权益。对驰名商标的特别保护在于，其保护范围被扩大到禁止摹仿或译制该商标。

同样，第 6 条之三规定，每个成员国都必须拒绝注册或禁止使用那些未经授权而包含本联盟成员国国家标志和官方标志的商标，只要这种标志已通知了 WIPO 国际局。这一规定亦适用于某些国际组织的标志或名称等。第 6 条之六规定，各成员国应保护服务标志。这种商标可以不经注册。第 7 条之二规定，各成员国应保护由社团持有的集体商标，只要该社团的存在与原属国法律不相抵触，尽管这种社团不从事工商业活动。

此外，只有在一定的合理时间之后，并且商标所有人无法证明其不使用属合理的情况下，某成员国国家机构才能授予商标的强制许可。

3. 其他工业产权保护方面

《巴黎公约》第 5 条 B 款规定，每个成员国都必须保护外观设计，不得以利用该外观设计的产品不在本国制造为由而拒绝给予保护。这就是说，外观设计的保护仅就该设计本身而言，不论利用该外观设计的产品在哪国制作。第 8 条规定，本联盟所有成员国都应保护商号，但是不必规定申请或注册，无论这种商号是否构成某商标的一部分。第 10 条规定，各成员国都必须采取措施，制止直接或间接地虚假标注商品原产地、生产者、制造者或经商者。第 10 条之二规定，各成员国必须提供反不正当竞争的有效保护。

以上各项保护工业产权的基本规则，构成了国际贸易中知识产权保护起码的标准。如上所述，WTO 所有成员在实施 TRIPS 协定时，都必须适用这些基本规则。

二、纳入 TRIPS 协定的《伯尔尼公约》的实体性条款

如前所述，根据《伯尔尼公约》第 9 条第 1 款，除第 6 条之二的精神权利，该公约第 1 条至第 21 条及其附件的规定均被纳入 TRIPS 协定，成为 WTO 成员应履行的最低义务之不可缺少的组成部分。

《伯尔尼公约》于 1886 年签署生效，历经 1896 年（巴黎）、1908 年（柏林）、1914 年（伯尔尼）、1928 年（罗马）、1948 年（布鲁塞尔）、1967 年（斯德哥尔摩）、1971 年和 1979 年（均为巴黎）修改。其中，1971 年修改本被 TRIPS 协定纳入（如无说明，下文所援引的均为 1971 年修改本）。

（一）版权保护的范围

根据《伯尔尼公约》第 2 条，版权保护的对象主要可分为两类：

第一，文学与艺术作品。这是指文学、科学和艺术领域里的任何原作品，无论其表现方式如何，这包括书籍、小册子等书面作品，讲演等口述作品，戏剧或歌剧作品，音乐作品，电影作品，曲艺作品，绘画、雕塑等美术作品，摄影作品，实用艺术作品，图片说明、地图与地理、建筑或科学等有关的平面或三维图。

第二，对原作品进行翻译、改编、汇编等而产生的演绎作品。就内容或表现形式而言，上述版权保护的对象可分为文字作品、音乐作品、曲艺作品、艺术作品、地图及技术制图、摄影作品、音像作品。

这是开放式的版权保护对象，表明版权保护的范围随着科学技术的发展而扩大。如今，与文字或图像等信息处理及传播相关的计算机与通信技术飞速发展，版权保护的对象已超出了《伯尔尼公约》的范围。但是，“万变不离其宗”，新的版权保护对象，如 TRIPS 协定新增的计算机软件和数据汇编，本质上仍属于文字作品。因此，如同《巴黎公约》为所有关于保护工业产权的国际条约奠定了基础，《伯尔尼公约》是保护版权与相邻权的国际协调之基础。上述版权保护的对象也属于 TRIPS 协定项下最低义务的范围。

（二）版权保护国际协调的基本原则

1. 国民待遇原则

《伯尔尼公约》第 3 条第 1 款规定：“（1）根据本公约：（a）作者为本联

盟任何成员国的国民者，其作品无论是否已经出版，都受到保护。(b) 作者为非本联盟任何成员国的国民者，其作品在本联盟一个成员国出版，或在一个非本联盟成员国和一个联盟成员国内同时出版的，都受到保护；(2) 非本联盟成员国的国民但其惯常住所在一个成员国国内的作者，为实施本公约享有该成员国国民待遇。”该公约第 5 条第 1 款规定：“就享有本公约保护的作品而论，作者在作品起源国以外的本联盟成员国中享有各该国法律现在给予和今后可能给予其国民的权利，以及本公约特别授予的权利。”

根据上述规定，在任何一个成员国产生的作品，即作者为(或被视为)任何一个成员国国民的作品，或在任何一个成员国首次发表的作品，在其他任何成员国内将受到与该成员国给予其本国国民的作品同样保护。一方面，版权保护的国民待遇原则以“国民作品”为基础，尽可能地扩大了版权保护的范围；另一方面，以“国民作品”的保护待遇为标准，要求各成员国给予其他成员国国民的作品以本国国民享受的保护待遇，因而在尊重各国不同的版权保护制度这一前提下，尽量缩小了相互间的差异。

2. 自动(automatic)保护原则

《伯尔尼公约》第 5 条第 2 款第 1 句规定：“本公约保护的作品作者所享受的权利及其行使，没有任何形式的要求。”这就是说，与取得专利、商标、地理标志或原产地名称、外观设计等工业产权的保护有所不同，版权保护是随作品的产生或在首次发表的同时自动获得，无须国家授予版权证书。

3. 独立(independent)保护原则

《伯尔尼公约》第 5 条第 2 款第 2 句规定：“在作品产生或首次发表的国家，作者所享受的权利及其行使是独立的。”因此，除了由该公约规定之外，版权保护的范围及其方式均由提供保护的国家法律予以规定。

从相互关联性角度看，这三项基本原则可以概述为：凡是成员国国民的作品一经产生，或者是非成员国国民的作品在某成员国首次发表，即应在各成员国根据其国内版权法，与其国民享受同样的版权保护待遇。上述版权保护的基本原则随着《伯尔尼公约》的上述实体性条款被纳入 TRIPS 协定，成为该协定项下的最低义务。

（三）版权保护的起码标准

由于各国历史文化传统和政治经济的发展不一，因此版权保护制度也必然有所不同。《伯尔尼公约》规定了三方面的起码标准，以便协调各国对版权的保护。

第一，在版权保护的作品方面。根据《伯尔尼公约》第 2 条第 1 款的规定，各成员国的版权保护必须包括文学、科学和艺术领域里所有作品，不论其表示的方式或形式如何。

第二，在版权保护的内容方面。《伯尔尼公约》规定，除了某些允许的保留、限制或除外，各成员国必须承认如下权利为独占权：翻译权（第 8 条），即文学与艺术作品的作者在原作品的版权保护期内，应享受翻译和授权翻译其作品的独占权；改编权（第 12 条），即文学与艺术作品的作者应享受授权改编其作品的独占权；公开演出戏剧、歌剧和音乐作品的权利（第 11 条），即戏剧、歌剧和音乐作品的作者应享受公演或授权公演其作品的独占权；公开引用文学作品的权利（第 11 条之三），即文学作品的作者应享有授权公开引用其作品的独占权；广播权（第 11 条之二），即文学与艺术作品的作者应享有授权广播其作品的独占权，但是各成员国可以规定广播权仅仅是可获得公平酬金的权利；复制权（第 9 条），即文学与艺术作品的作者应享有授权以任何方式复制其作品的独占权，但是，各成员国可以规定在某些特殊情况下，不需要作者的授权进行复制，只要这种复制与作品的正常利用不相冲突，也不影响作者的合法利益，在复制有声音乐作品的情况下，作者应获得公平酬金；将作品作为音像制品的基础利用的权利（第 14 条），即文学与艺术作品的作者享有授权将其作品改编为影视作品的独占权。值得指出的是，作为 TRIPS 协定的一部分，《伯尔尼公约》关于对发展中国家特别规定的附件规定，凡符合联合国大会所确定的发展中国家标准的任何国家，作为该公约成员国，可在翻译权和复制权方面采取低于上述起码标准的版权保护制度。具体地说，发展中国家有关机构可以授予旨在进行教学、学术研究的翻译或复制许可证。

第三，在版权保护的期限方面。《伯尔尼公约》第 7 条规定："本公约给予保护的期限为作者有生之年及其死后 50 年内。"但是，在匿名或化名作品的情况下，版权保护期为该作品公开后的 50 年，除非在这期间，作品的作者被确认，作者披露了其真名；影视作品的保护期为自公开后的

50 年;应用艺术和摄影作品的保护期为创作之日起的 25 年。

所有上述起码标准均已被纳入 TRIPS 协定而成为 WTO 成员应履行的最低义务。但是,发展中国家成员可在翻译权和复制权方面采取低于上述起码标准的版权保护制度。

(四) 版权保护的限制和例外

《伯尔尼公约》第 9 条规定:"1. 受本公约保护的文学艺术作品的作者,享有授权以任何方式和采取任何形式复制这些作品的专有权利。2. 本联盟成员国法律允许在某些特殊情况下复制上述作品,只要这种复制不损害作品的正常使用也不致无故侵害作者的合法利益。"如前所述,TRIPS 协定第二部分有关知识产权的限制和例外条款与该公约第 9 条第 2 款相似。加拿大药品专利案和美国版权案的专家组在解释相关专利、版权的例外条款时,均追溯到该第 9 条第 2 款。因此,可以说,该第 9 条第 2 款是知识产权的国际保护中有关例外条款的始初条款,具有十分重要的地位。在前文已评述上述两案有关判理的基础上,对于该第 9 条第 2 款,后文将进一步结合有关判理作适当概述,具体的评析留待分论有关章节展开。

加拿大药品专利案专家组报告指出,本案所涉 TRIPS 协定第 30 条关于授予专利权利的例外"显然源自《伯尔尼公约》第 9 条第 2 款文本。《伯尔尼公约》第 9 条第 2 款规定了对版权持有人排除他人未经许可复制其版权作品的权利例外……但是,《伯尔尼公约》第 9 条第 2 款原文并非原封不动地被 TRIPS 协定第 30 条采纳。《伯尔尼公约》第 9 条第 2 款规定的最后一个条件(合法利益)仅指作者的合法利益,而 TRIPS 协定谈判者在第 30 条中增加了必须考虑'第三方的合法利益'的规定。由于缺少关于 TRIPS 协定谈判过程的进一步说明,专家组认为,只能依据原文的变化而赋予其实质意义,即只有在'合法利益'一词比之法律的利益具有更为广泛的利益时,'第三方的合法利益'的规定才有意义。"[①]这一判理表明,《伯尔尼公约》第 9 条第 2 款要求版权例外不应"无故侵害作者的合法利益",不涉及任何第三方的合法利益。但是,TRIPS 协定第 30 条关于专利的例外要求"同时考虑第三方的合法利益",如专利被许可方的合

① Canada-Pharmaceutical Patents, para. 7.71.

法利益，门槛更高。

值得注意的是，该案专家组报告为进一步说明《伯尔尼公约》第 9 条第 2 款本身的意义，还援引了该公约起草委员会的报告。“该报告通常被认为是对《伯尔尼公约》第 9 条第 2 款意义的最权威解释。”[①]该报告的有关内容如下：

> 如果认为复制行为与作品的正常利用冲突，那么就不应允许任何复制行为。如果认为复制行为与作品的正常利用不冲突，那么就应考虑复制行为是否不合理地歧视作者的合法利益。只有在没有不合理地歧视作者利益的情况下，才可以在一定情况下实施强制许可制度或提供不付费的使用。一个实际例子是为各种目的而进行的影印。如果这包含大量复制品，那么不能允许这种影印行为，因为它影响作品的正常利用。如果涉及为企业使用而大量复制，只要根据国内立法支付相当费用，就不属于不合理地歧视作者的合法利益。如果只进行少量复制，则允许为了个人或科学使用目的不付费地使用作品进行影印。[②]

尽管该报告仅涉及版权，与 TRIPS 协定第 30 条专利权利的例外有所不同，但是专家组还是认为：“起草委员会使用的三个例子所暗含的‘正常利用’和‘合法利益’的意义与专家组对当前案件中这些词语的定义相同。”[③]因此，该报告对于解释 TRIPS 协定第 30 条仍具有一定参考价值。

美国版权案是迄今为止唯一经 WTO 争端解决专家组审结的版权例外案件，其中包含更多对《伯尔尼公约》第 9 条第 2 款的说明或解释。该案专家组在详细分析体现《伯尔尼公约》第 9 条第 2 款版权例外的“较小例外”(minor exception)原则在《伯尔尼公约》中的法律地位及范围后，认为：“既然 TRIPS 协定第 9 条第 1 款没有作出明示的排除性规定，那么《伯尔尼公约》(1971 年)第 11 条和第 11 条之二被纳入到 TRIPS 协定中的内容，包括与这些条款有关的全部资料，也应当包括对相关专有权规定

---

① Canada-Pharmaceutical Patents, para. 7.72.

② Ibid.

③ Ibid.

较小例外的可能性。"[①]在确认版权保护的"较小例外"属于被纳入 TRIPS 协定的《伯尔尼公约》的组成部分之后，专家组通过"三步检验法"分析涉案 TRIPS 协定第 13 条的适用条件，审查涉案有关版权适用的"较小例外"之范围，最终得出美国版权法有关小型商业例外不符合"较小例外"，而家庭式例外符合"较小例外"的结论。

由上可知，TRIPS 协定所纳入的《伯尔尼公约》，不仅有该公约的实体性条款，而且包括诸如有关版权例外的"较小例外"一类体现于该公约修改报告中的立法性解释。

第二节　其他与 TRIPS 协定有关的知识产权条约

一、TRIPS 协定直接规定的《罗马公约》的主要条款

《罗马公约》是第一个保护相关权（邻接权）的国际公约。该公约第 1 条规定："本公约给予之保护将不更动也决不影响文学与艺术作品的版权保护。因此，本公约的条款不得作损害此种保护的解释。"[②]这是版权与相邻权的基本关系准则。由此可以理解：其一，《罗马公约》以《伯尔尼公约》为基础，并不得与之相抵触；其二，表演权、录音制品制作者权利和广播者权利离开了用于表演、录音和广播的文学与艺术作品，就成了无源之水、无本之木。任何对相关权的保护，首先应满足对相应版权的保护。因此，根据《伯尔尼公约》和其他版权保护国际公约，保护文学与艺术作品的版权是保护相关权的前提。

TRIPS 协定第 2 条第 2 款规定："本协定第一部分至第四部分的任何规定不得背离各成员可能在《巴黎公约》《伯尔尼公约》《罗马公约》和《集成电路知识产权条约》项下相互承担的现有义务。"因此，凡是《罗马公约》缔约国的 WTO 成员，均应继续履行其在该公约项下义务。但是，不同于《巴黎公约》和《伯尔尼公约》的实体性条款被纳入 TRIPS 协定，形成对所

---

① US-Section 110 (5) Copyright Act, para. 6. 63.

② 《保护表演者、录音制品制作者和广播组织国际公约》(《罗马公约》,1961 年)，中文文本(正式翻译)来源于 WIPO 官网：www. wipo. int/wipolex/en/details. jsp? id=12656，2018 年 2 月 15 日访问。下文凡援引该公约，出处均略。

有 WTO 成员适用的“Paris/Berne-plus”最低义务(除过渡期安排),《罗马公约》缔约国以外的 WTO 成员所承担的保护相关权之义务,限于 TRIPS 协定第 14 条直接规定的《罗马公约》对表演者、录音制品(唱片)制作者和广播组织的相关权。

TRIPS 协定第 14 条规定了如下相关权的保护标准:

第一,在录制表演者表演的音像作品方面,未经表演者的授权,不得录制、复制或通过无线通信向公众广播。这与《罗马公约》第 7 条第 1 款(乙)项和(丙)项①基本一致。但是,TRIPS 协定新增未经表演者的授权,也不得“以无线广播方式播出和向大众传播其现场表演”。据此,表演者的相关权就是表演者(演员、歌唱家、音乐家、舞蹈家和其他表演文学或艺术作品的人)有权保护其表演。未经表演者许可,他人不能广播和公开其表演或录制其表演,或者未经其许可复制原制品,或复制的目的与许可的目的相抵触。由于表演受到表演地点的限制,因此根据《罗马公约》第 4 条(甲)项,只要表演是在另一缔约国进行的,该缔约国就应给予表演者以国民待遇,而不论表演者的国籍为何。此条款可以理解为,表演者的相关权是指对表演(行为)的权利,因而适用行为地法。

第二,在录音制品方面,音像作品的制作者可以授权或禁止他人直接或间接地复制其作品。这与《罗马公约》第 10 条②的规定相似。《罗马公约》规定的“录音制品”(phonogram),在 20 世纪 60 年代初系指留声机上播放的唱片,现在则泛指录音制品或其他音像制品。根据《罗马公约》第 3 条(乙)项,录音制品特指对表演的声音或其他声音之录制。如果表演者对其表演享有的权利是与表演的作品相关的权利,那么录音制品制作者对其录音制品的权利则是与被录音的表演相关的权利。《罗马公约》第 5 条第 1 款(甲)项规定,只要录音制品制作者是一个缔约国国民,各缔约国就应给予该制作者国民待遇,而不论该录音制品在哪一个国家制作。

---

① 《罗马公约》第 7 条第 1 款:“本公约为表演者提供的保护应当包括防止可能发生的下列情况:……(乙)未经他们同意,录制他们未曾录制过的表演。(丙)未经他们同意,复制他们的表演的录音或录像:(1)如果录音、录像的原版是未经他们同意录制的;(2)如果制作复制品的目的超出表演者同意的范围;(3)如果录音、录像的原版是根据第 15 条的规定录制的,而制作复制品的目的与此条规定的目的不同。”

② 《罗马公约》第 10 条:“录音制品制作者应当有权授权或禁止直接或间接复制他们的录音制品。”

这是适用国籍标准或者说属人法。如果为了商业目的而出版的录音制品或复制的这种录音制品,被直接地用于广播或其他任何向公众传播的方式,则该利用者应向表演者或录音制品制作者,或同时向两者支付一次性合理报酬。如果这些当事人之间没有协议,国内法可以规定分享报酬的条件。可见,版权作品随着被表演,进而被录音或被广播,相关权的关系层层递进。每一层关系都涉及复杂的权利保护关系问题。只有充分地保障作者、表演者、录音制品制作者和广播者的各自利益,才能促进文学与艺术作品的创作与有序传播。这正是《罗马公约》的初衷。

第三,广播组织有权禁止他人擅自复制,或利用无线广播或电视播送其作品。这与《罗马公约》第 13 条①一致。广播组织有权授予或禁止转播、录制、复制其广播,这是最基本的广播权。《罗马公约》第 13 条(丁)项规定,广播组织有权授予或禁止向公众传播其电视广播,如果这种传播是在对公众开放的场所进行而"无须支付入门费"(against payment of an entrance fee)。由于《罗马公约》所说的"广播"是指以无线电方式传播公众接受的声音(电台广播)或图像与声音(电视广播),因此可以推定有线电台或电视广播均不在《罗马公约》规约之内,并可进一步理解为何广播组织有权授予或禁止在公众可免费进入的地方传播其电视广播。如同公众接受无线广播是免费的一样,无线的电视广播接受也是免费的。《罗马公约》第 13 条(丁)项还规定,有关无线电视广播的权利保护,由缔约国国内法规定权利行使的条件。

根据《罗马公约》第 6 条,缔约国给予广播组织以国民待遇主要根据属地法标准,即广播组织的总部设在另一缔约国,或广播节目是由设在另一缔约国的发射站发射的。缔约国亦可声明,只有当广播组织的总部设在另一缔约国,并从设在该缔约国的发射站发射广播信息时,才给予该广播组织以国民待遇。显然,这是非常严格的属地法。

第四,表演者和音像作品制作者的相关权保护期至少为首次表演或录制之日起 50 年,广播组织的相关权保护期为首次广播之日起 20 年。

---

① 《罗马公约》第 13 条:"广播组织应当有权授权或禁止:(甲)转播他们的广播节目;(乙)录制他们的广播节目。(丙)复制:(1)未经他们同意而制作他们的广播节目的录音或录像;(2)根据第 15 条的规定而制作他们的广播节目的录音和录像,但复制的目的不符合该条规定的目的。"

相比《罗马公约》第 14 条①,TRIPS 协定保留了广播组织的相关权保护期限为首次广播之日起 20 年的规定,但将表演者和音像作品制作者的相关权保护期从《罗马公约》规定的 20 年延长为首次表演或录制之日起至少 50 年。

第五,相关权的限制与例外。TRIPS 协定第 14 条第 6 款规定,任何成员可就表演者、录音制品制作者和广播组织的权利,在《罗马公约》允许的限度内,规定有关限制和例外。《罗马公约》允许的限度就是其第 15 条的规定:"(一) 任何缔约国可以依其国内法律与规章,在涉及下列情况时,对本公约规定的保护作出例外规定:(甲) 私人使用;(乙) 在时事报道中少量引用;(丙) 某广播组织为了自己的广播节目利用自己的设备暂时录制;(丁) 仅用于教学和科学研究之目的。(二) 尽管有本条第一款,任何缔约国对于表演者、录音制品制作者和广播组织的保护,可以在其国内法律与规章中作出像它在国内法律和规章中作出的对文学和艺术作品的版权保护的同样的限制。但是,只有在不违背本公约的范围内才能颁发强制许可证。"

此外,相比《伯尔尼公约》,TRIPS 协定第 14 条第 4 款关于录音制品的出租权是新增的保护内容。其中,某成员在 1994 年 4 月 15 日生效的国内法中规定,在录音制品的出租方面,对权利人的公平补偿制度将被允许继续实行,只要这种商业出租不会导致对权利人独占复制权的实质性损害。这是有条件的"祖父条款"②(grandfathering clause)。

二、TRIPS 协定直接规定的《集成电路知识产权条约》的主要条款

对集成电路布图设计(拓扑图)的知识产权进行专门保护肇始于 1984 年美国《半导体芯片法》。此后,日本制定《半导体集成电路的电路布局法》(1985 年);欧共体制定《半导体产品拓扑结构法律保护的理事会指令》(1986 年),英国、法国和德国等欧共体成员国根据此指令纷纷立

---

① 《罗马公约》第 14 条:"本公约所给予的保护期限至少应当为 20 年,其计算始于:(甲) 对录音制品和录制在录音制品上的节目——录制年份的年底;(乙) 对未被录制成录音制品的节目——表演年份的年底;(丙) 对广播节目——开始广播的年份的年底。"

② "祖父条款"原指 1948 年 1 月 1 日临时生效的 GATT 议定书第 1 条(b)项所规定的缔约方承诺履行"该协定第二部分,只要最大限度与其现有立法一致"。

法。1989 年,由 WIPO 主持,在美国华盛顿通过了《集成电路知识产权条约》,包括中国在内的 8 个国家为首批签署国。[①] 但是,该条约未实际生效,而是通过 GATT 乌拉圭回合多边贸易谈判,其主要条款被直接作为 TRIPS 协定的第二部分第 6 节加以规定,成为所有 WTO 成员应履行的最低义务之内容。

如同《罗马公约》,根据 TRIPS 协定第 2 条第 2 款,WTO 成员不得减损其根据《集成电路知识产权条约》可能相互承担的义务。但是,鉴于该条约迄今未生效,这一规定本身并无实际意义。同时,TRIPS 协定第 35 条特别规定:"成员们同意根据《集成电路知识产权条约》第 2 条至第 7 条(除第 6 条第 3 款)、第 12 条和第 16 条第 3 款,以及遵守以下规定,保护集成电路。"这就意味着,除了将该条约主要内容直接规定为 TRIPS 协定的内容外,上述条款也被纳入该协定。总体上,TRIPS 协定第 35—38 条实际上起到了使该条约生效的作用。

集成电路布图设计(拓扑图)权利人的权益包括:

第一,保护范围(第 36 条)。任何人未经权利人授权,不得进口、销售或为了商业目的而供应受保护的布图设计或包含布图设计的产品。

第二,权益的限制(第 37 条)。虽然在不知道某布图设计受保护的情况下,进口、销售或为了商业目的而供应该布图设计或包含布图设计的产品,该"无意的侵权人"不负侵权责任,但是在收到权利人的通知后,侵权人继续侵权的,则应负有关责任。这属于该条约的特别限制规定。

第三,保护期限(第 38 条)。布图设计的受保护期为注册之日起或首次进行商业性应用之日起 10 年,或布图设计创作之日起 15 年。

除了《罗马公约》和《集成电路知识产权条约》,与 TRIPS 协定有关的知识产权条约还包括该协定第 5 条所提及的"在 WIPO 主持下达成的有关取得和维持知识产权的多边协定所规定的程序",不适用该协定第 3 条、第 4 条。虽然这些程序性协定不属于 WTO 成员履行最低义务的条约范围,且为非歧视性待遇原则的例外,但是从进一步理解最低义务及其相关例外的角度看,它们也属于与 TRIPS 协定有关的知识产权条约。这

① 参见张乃根主编:《中国知识产权法》,三联书店(香港)有限公司 1998 年版,第 194 页。有关《集成电路知识产权条约》的基本内容,参见该书第 195—200 页。

些程序性协定具体包括：1970 年《专利合作条约》、1977 年《国际承认用于专利程序的微生物存放之布达佩斯协定》、1891 年《商标国际注册马德里协定》及 1989 年《商标国际注册马德里协定有关议定书》、1958 年《里斯本协定》、1925 年《外观设计国际保存海牙协定》，以及与这些程序性条约或协定有关的分类协定，如 1971 年《关于国际专利分类斯特拉斯堡协定》、1957 年《商标注册的货物与服务国际分类尼斯协定》、1973 年《建立商标图形国际分类维也纳协定》和 1968 年《建立工业品外观设计国际分类洛迦诺协定》。从工业产权保护的角度看，上述程序性条约或协定均为《巴黎公约》体系的组成部分。

第四章 TRIPS 协定与中国

2001 年 12 月 11 日，中国正式加入 WTO。[①] 根据《中国入世议定书》，中国自加入 WTO 之日起实施 TRIPS 协定，没有任何过渡期。[②] 在入世前，由于一系列中美知识产权协议及其执行的缘故，中国在很大程度上已提前实施了 TRIPS 协定，如对药品与农化品专利的保护。[③]但是，中国毕竟还是一个发展中国家，知识产权保护的历史又较短，入世后全面履行 TRIPS 协定仍有诸多困难。本章将论述《中国入世议定书》载明的履行 TRIPS 协定的特别义务以及入世以来中国知识产权制度的变革，然后分析中国涉及 TRIPS 协定争端解决的案件。

---

① 本章所说“中国”，均指中国内地，不包括以单独关税区地位同样作为 WTO 成员的中国香港、中国澳门和中国台北。

② 《中国入世议定书》第一部分第 1 条第 2 款规定：“本议定书是《建立 WTO 协定》不可缺少的一个部分，其内容应包括《工作组报告》第 342 段所述的承诺。”《工作组报告》第 342 段所述承诺包括该报告第五部分“与贸易有关的知识产权制度”的第 252、256、259、263、265、270、275、284、286、288、291—292、299、302、304—305 段。其中，第 305 段明确：“注意到中国保护知识产权的状况有所改善，中国代表强调一旦入世，中国将完全执行 TRIPS 协定的规则。工作组记录下这一承诺。”全国人大常委会 2002 年 1 月 25 日颁布《中国入世议定书》中文文本，英文文本：Accession of the People's Republic of China (Decision of 10 November 2001), WT/L/432;《工作组报告》英文文本：Report of the Working Party on the Accession of China, WT/ACC/CNN/49 (1 October 2001)。下文凡援引这两个文件，出处均略。

③ 1992 年 1 月 17 日，中美两国政府签署《关于保护知识产权的谅解备忘录》，其中包括中国将可获取专利主题扩大到药品与农化品发明；1995 年 3 月 11 日，中美两国以换函形式确认双方关于知识产权保护的谅解；1996 年 6 月 7 日，中美两国以中国外经贸部长给美国贸易代表信函的方式进一步达成有关实施知识产权保护的谅解。有关研究可参见张乃根：《国际贸易的知识产权法》，第 240—251 页。

第一节 中国的 TRIPS 协定义务及其制度变化

一、《中国入世议定书》载明的特别义务

中国入世后，除了履行前述 WTO 成员均应履行的最低义务（除过渡期安排），还应履行《中国入世议定书》载明的特别义务。根据该议定书第 1 条第 2 款，中国入世《工作组报告》第 342 段所作的所有承诺均为议定书乃至《建立 WTO 协定》的组成部分，因而也是中国入世后应履行的义务。这些承诺中有关知识产权方面的特别义务如下：

（一）立法方面的国际法义务

根据 TRIPS 协定全面地建立健全知识产权法律制度是中国入世后在立法方面的国际法义务。除已修改生效的《专利法》，中国入世之后应修订或实施八部知识产权法律法规，即《著作权法》及其实施条例、《计算机软件保护条例》、《商标法》及其实施细则、《植物新品种保护条例》《反不正当竞争法》和《集成电路布图设计条例实施细则》，废止四部部门规章，即《农牧渔业专利管理暂行办法》以及关于书刊和杂志版权保护的三部暂行规定。这种立法义务之所以特别，是因为 TRIPS 协定规定的最低义务并没有具体涉及成员制定或修改特定的知识产权法。

（二）非歧视性待遇义务

中国将修改相关法律法规及其他措施，以保证根据 TRIPS 协定给予外国权利人在所有跨境的知识产权方面以国民待遇和最惠国待遇。其中包括调整由地方版权局实施的涉及外国权利人的版权行动的许可要求。

（三）实体义务

这具体包括：(1) 在版权领域，中国的版权制度，包括《著作权法实施条例》和《实施国际版权条约的规定》，将加以修改，以确保其全部符合中国根据 TRIPS 协定应履行的义务。(2) 在商标领域，中国应修改《商标法》，以使其全部符合 TRIPS 协定，包括：增加三维符号、色彩组合、字母、数字的商标注册；补充集体商标与认证商标（包括地理标志）；采纳官方标志保护；保护驰名商标；增加优先权；提供商标权认定的司法审查；严惩所

有严重侵权;改进商标侵权损害赔偿制度。(3) 在地理标志(包括产地名称)领域,中国将根据 TRIPS 协定第 22 条至第 24 条规定的义务进行立法。(4) 在外观设计领域,WTO 成员要求中国将国内纺织品设计纳入法律保护。但是,这一要求并没有被作为中国的承诺义务,这与其他实体义务存在区别。(5) 在专利领域,中国应在 2000 年修改实施的《专利法》基础上,进一步完善《专利法实施细则》以保证有关强制许可的制度完全符合 TRIPS 协定第 31 条的规定。(6) 在集成电路布图设计领域,中国从 2001 年 10 月 1 日起实施《集成电路布图设计保护条例》,以履行 TRIPS 协定第二部分第 6 节规定的义务。(7) 包括商业秘密与试验数据在内的未披露信息领域,中国将根据 TRIPS 协定第 39 条第 3 款的规定,有效保护未披露信息,以防不正当的商业利用。

(四) 程序义务

这具体包括:(1) 在总体上的实施义务方面,中国应加大实施知识产权法的力度;(2) 在民事司法程序与补救方面,中国应根据民事程序的司法规则,保证 TRIPS 协定第 42 条、第 43 条得到有效实施,并修改有关实施细则,以保证符合 TRIPS 协定第 45 条、第 46 条;(3) 在临时措施义务方面,中国《专利法》应完全根据 TRIPS 协定第 50 条第 1 款至第 4 款规定的方式实施;(4) 在行政程序和补救措施方面,中国应加大执法力度,包括采取更有效的行政制裁措施,将严重侵权案件移送司法机关根据刑法规定惩处等;(5) 在刑事程序方面,中国行政管理机关应建议司法机关降低提起有关侵犯知识产权刑事诉讼的数额标准,以有力防止盗版与假冒商标行为;(6) 在边境保护知识产权的措施方面,中国应为知识产权持有人提供完全符合 TRIPS 协定第 51 条至第 60 条规定的边境保护措施。

(五) 透明度义务

《中国入世议定书》第 2 条(C)款第 2 项规定,中国应创办或指定一家官方刊物,公布对与贸易有关的知识产权有影响的法律法规及措施,并使个人或企业方便地索取。

通览上述中国入世的知识产权保护特别义务可见,这与 TRIPS 协定的最低义务是一致的,其特别之处在于,具体规定了中国履行 TRIPS 协定的立法义务与某些重点领域中的有效实施义务。

（六）过渡期审核机制下应提供有关资料的义务

根据《中国入世议定书》第18条及其附件1A第6条[①]，中国还应履行知识产权方面的一项特别义务，即在入世后的8年内，每年一次，向TRIPS理事会提供履行TRIPS协定最低义务以及上述特别义务的所有信息，并接受审议，以促进中国有效履行TRIPS协定规定的义务。

二、中国入世后的知识产权法变化

（一）著作权（版权）及相关权立法

中国的著作权立法始于1910年《大清著作权律》，民国时期有北洋政府1915年《著作权法》和国民政府1928年《著作权法》。[②] 中华人民共和国成立后，1986年《民法通则》第94条首次规定："公民、法人享有著作权（版权），依法有署名、发表、出版、获得报酬等权利。"1990年9月7日，第七届全国人大常委会第十五次会议通过了《著作权法》。1991年5月30日，国家版权局发布了《著作权法实施条例》。同年6月4日，国务院发布了《计算机软件保护条例》。1992年1月17日，中国与美国签署了《关于保护知识产权的谅解备忘录》。根据该备忘录的要求，中国于1992年10月15日、1993年4月30日先后加入《伯尔尼公约》和《日内瓦公约》。此外，中国还于1992年10月30日加入《世界版权公约》，国务院为此于当年9月25日专门发布《实施国际著作权条约的规定》。1997年3月14日，第八届全国人大第五次会议修订的《刑法》第217条、第218条规定了严重侵犯著作权的犯罪行为的刑罚。2001年10月27日，在中国入世前夕，根据TRIPS协定的义务范围和要求，第九届全国人大常委会第二十四次会议通过了《著作权法》修正案。国务院亦于同年12月20日发布了新的《计算机软件保护条例》。自2002年9月15日起，新的《著作权法实施条例》开始实施。至此，中国著作权（版权）与相关权立法基本符合

---

① 《中国入世议定书》附件1A第6条规定："与贸易有关的知识产权领域（提供给TRIPS理事会的信息）：(a)对版权、商标、专利及TRIPS协定所涵盖的不同领域内目前正在实施的规则的修改情况；关于使所有有关的法规等符合TRIPS协定的要求，并全面实施TRIPS协定，以及保护未披露信息等方面的工作情况。(b)关于通过运用报告中所述的更有效的行政手段来加强知识产权领域的执法工作的情况。"

② 1928年《著作权法》后在台湾地区继续适用。参见沈关成等：《台湾知识产权法与大众传播法》，中国广播电视出版社1993年版，第119—120页。

TRIPS 协定。

2007 年 4 月，美国向 WTO 提起针对包括中国《著作权法》有关版权保护条款以及刑事惩治盗版措施不符合 TRIPS 协定的争端解决案件。2009 年 1 月，专家组裁定，中国《著作权法》第 4 条第 1 款违反了 TRIPS 协定第 9 条第 1 款以及该条款所包含的《伯尔尼公约》第 5 条第 1 款，同时也违反了 TRIPS 协定第 41 条第 1 款。为执行该裁决，第十一届全国人大常委会第十三次会议于 2010 年 2 月 26 日修改了《著作权法》第 4 条第 1 款，将先前的“依法禁止出版、传播的作品，不受本法保护”改为：“著作权人行使著作权，不得违反宪法和法律，不得损害公共利益。国家对作品的出版、传播依法进行监督管理。”下文有关中国涉案 TRIPS 协定争端解决部分将对该案作进一步分析。

现行中国著作权(版权)及相关权立法，尤其是加入 WTO 之后新增或修改的条款，与 TRIPS 协定及“Berne-plus”追加的或不得减损的《伯尔尼公约》义务相比，主要内容如下：

第一，非歧视性待遇。《著作权法》第 2 条新增第 2 款规定：“外国人、无国籍人的作品根据其作者所属国或者经常居住地国同中国签订的协议或者共同参加的国际条约享有的著作权，受本法保护。”第 4 款规定：“未与中国签订协议或者共同参加国际条约的国家的作者以及无国籍人的作品首次在中国参加的国际条约的成员国出版的，或者在成员国和非成员国同时出版的，受本法保护。”这实际上是将作为行政法规的 1992 年《实施国际著作权条约的规定》第 4 条纳入《著作权法》。[①]根据 2001 年《著作权法》修改的《著作权法实施条例》(2002 年 8 月 2 日公布)第 33 条至第 35 条规定，根据中国参加的国际条约(TRIPS 协定以及该协定直接包含的若干《罗马公约》条款)，对外国人或无国籍人的表演作品、录音制品和广播、电视节目的相关权保护也适用国民待遇。至于根据最惠国待遇原则，将这些国民待遇适用于所有 WTO 成员的国民或居民，则是题中应有

---

① 根据《实施国际著作权条约的规定》第 4 条，凡是作者为《伯尔尼公约》成员国的国民或在该公约成员国有经常居所的居民的作品，或者作者不是《伯尔尼公约》成员国的国民或在该公约成员国有经常居所的居民的作品，但是在该公约成员国首次或者同时发表的作者的作品，均可在中国享受国民待遇。如今，由于《伯尔尼公约》国民待遇条款(第 3 条)已被纳入 TRIPS 协定，因此 WTO 成员的国民或居民也同样享受该国民待遇。

之义。

第二,受保护作品。《著作权法》第 3 条新增的“建筑作品”和“模型作品”属于《伯尔尼公约》保护的作品;经修改的“以类似摄制电影的方法创作的作品”代替原来的“电视、录像作品”,完全符合《伯尔尼公约》的表述。[①]

第三,财产(经济)权。《著作权法》第 10 条新增了 TRIPS 协定第 11 条规定的保护“出租权”,明确了该协定第 10 条第 2 款项下具有“智力创造”性质的“数据或其他材料汇编”权,并将原来的“播放权”修改、补充为“放映权”“广播权”和“信息网络传播权”。这不仅符合 TRIPS 协定及《伯尔尼公约》,而且还被纳入中国于 2006 年 12 月加入的《WIPO 版权条约》和《WIPO 表演与录音制品条约》规定保护的网络版权。[②]

第四,限制与例外。根据 TRIPS 协定第 13 条及《伯尔尼公约》第 9 条第 2 款,《著作权法》第 22 条、第 23 条、第 39 条、第 42 条和第 43 条新增或修改了有关版权与相关权的限制与例外。根据 WTO 争端解决机构对《伯尔尼公约》第 9 条第 2 款中包含的“较小例外”原则的解释,这些限制与例外合情合理。

(二) 商标(包括地理标志)立法

中国近代的商标立法始于 1904 年清朝颁布的《商标注册试办章程》。辛亥革命后,北洋政府和国民政府先后于 1922 年、1930 年颁布《商标法》,后者经修改至今仍在台湾地区适用。[③] 中华人民共和国成立不久,当时的政务院就颁布了《商标注册暂行条例》(1950 年 7 月)。1963 年,国务院又颁布了《商标管理条例》。[④] 1982 年 8 月 23 日,第五届全国人大常委会第二十四次会议通过了《商标法》。1983 年 3 月 10 日,国务院发布

① 除以符合《伯尔尼公约》的方式新增或修改有关受保护作品,《著作权法》第 3 条还增加了“杂技艺术作品”。有关研究可参见郭寿康主编:《知识产权法》,中共中央党校出版社 2002 年版,第 40 页。

② 这两项被称为“因特网(或互联网)条约”的版权与相关权条约于 1996 年 12 月 20 日由 WIPO 外交会议通过,分别于 2002 年 3 月 6 日、5 月 20 日正式生效。参见〔德〕约格·莱茵伯特、西尔克·冯·莱温斯基:《WIPO 因特网条约评注》,万勇、相靖译,郭寿康审校,中国人民大学出版社 2008 年版。在中国加入这两项条约之前,国务院颁布了《信息网络传播权保护条例》(自 2006 年 7 月 1 日起施行)。

③ 参见《台湾知识产权法与大众传播法》,第 62—63 页。

④ 有关 20 世纪 50—60 年代中国的商标管理制度,参见《知识产权法》,第 226 页。

了《商标法实施细则》。1986 年《民法通则》第 96 条以民事基本法律的方式确认"法人、个体工商户、个人合伙依法取得的商标专用权受法律保护"。1988 年 1 月 3 日,国务院批准第一次修订《商标法实施细则》。1993 年 2 月 22 日,第七届全国人大常委会第三十次会议通过了《商标法》第一次修正案。随后,国务院于同年 7 月 15 日批准第二次修订《商标法实施细则》。1996 年 8 月 14 日,国家工商行政管理总局发布了《驰名商标认定和管理暂行规定》。1997 年新增《刑法》第 213 条至第 215 条对严重侵犯注册商标专用权的犯罪行为规定了刑罚。2001 年 10 月 27 日,第九届全国人大常委会第二十四次会议通过了《商标法》第二次修正案。2002 年 9 月 15 日,国务院制定的《商标法实施条例》开始施行。2003 年 4 月 17 日,国家工商行政管理总局也公布了新的《驰名商标认定和保护规定》。至此,除尚未明文规定商号保护[①],中国商标立法与 TRIPS 协定以及《巴黎公约》的实体义务条款基本一致。2013 年再次修订的《商标法》第 10 条第 1 款第 7 项规定:"带有欺骗性,容易使公众对商品的质量等特点或者产地产生误认的"标志不得作为商标使用;第 14 条第 5 款规定:"生产、经营者不得将'驰名商标'字样用于商品、商品包装或者容器上,或者用于广告宣传、展览以及其他商业活动中。"第 44 条第 1 款规定:"……以欺骗手段或者其他不正当手段取得注册的,由商标局宣告该注册商标无效;其他单位或者个人可以请求商标评审委员会宣告该注册商标无效。"这些新规定体现了保护权利人利益与公众利益的平衡。2014 年 4 月 29 日,国务院颁布新的《商标法实施条例》。

中国现行《商标法》规定与 TRIPS 协定及"Paris-plus"追加或不得减损的《巴黎公约》义务之比较如下:

---

① 中国于 1985 年 3 月 19 日加入《巴黎公约》,第六届全国人大常委会第八次会议决定加入该公约时的中文文本第 8 条将英文"trade name"译为"商号"。参见上海市律师协会编:《工业产权实用法规汇编》,同济大学出版社 1991 年版,第 528 页。由于商号无须申请或注册就受到保护,不论其是否为商标的组成部分,因此 1982 年以来,仅保护注册商标的《商标法》一直没有商号保护条款。此外,中国自古以来就有字号(牌号)的商业传统,字号与商号的商业意义实质相同。但是,根据中国现行企业名称登记制度,字号可以作为企业名称的组成部分,于是又与商号有所区别。参见《企业名称登记管理实施办法》(1999 年 12 月 8 日国家工商行政局令第 93 号公布,自 2000 年 1 月 1 日起施行)。1993 年制定并于 2017 年修订的《反不正当竞争法》也无商号保护条款。但是,美国商标案表明,商号属于 TRIPS 协定的保护范围。

第一，受保护的注册商标。《商标法》第 3 条所规定注册商标的“证明商标”包括 TRIPS 协定第 22 条规定保护的“地理标志”。尽管地理标志早已在中国得到保护[①]，但是 2001 年《商标法》才首次明确将其纳入注册商标范畴，并在第 16 条第 2 款将其定义为“标示某商品来源于某地区，该商品的特定质量、信誉或者其他特征，主要由该地区的自然因素或者人文因素所决定的标志”。《商标法》第 3 条还新增“集体商标”，以符合被纳入 TRIPS 协定的《巴黎公约》第 7 条之二的要求，尽管中国也早已保护集体商标。

第二，可保护的主题。《商标法》第 8 条规定：“任何能够将自然人、法人或者其他组织的商品与他人的商品区别开的标志，包括文字、图形、字母、数字、三维标志、颜色组合和声音等，以及上述要素的组合，均可以作为商标申请注册。”这与 TRIPS 协定第 15 条第 1 款是一致的。

第三，驰名商标的保护。2001 年《商标法》新增的第 13 条第 2 款、第 3 款分别规定：“就相同或者类似商品申请注册的商标是复制、摹仿或者翻译他人未在中国注册的驰名商标，容易导致混淆的，不予注册并禁止使用。”“就不相同或者不相类似商品申请注册的商标是复制、摹仿或者翻译他人已经在中国注册的驰名商标，误导公众，致使该驰名商标注册人的利益可能受到损害的，不予注册并禁止使用。”这完全符合 TRIPS 协定第 16 条的规定，虽然中国也早已保护驰名商标。2001 年《商标法》新增的第 14 条关于认定驰名商标应当考虑的因素也符合 TRIPS 协定第 16 条的原则规定。2002 年《商标法实施条例》第 5 条和《驰名商标认定和保护规定》对商标申请、管理中涉及的驰名商标保护问题均作了具体规定。如上所述，2013 年《商标法》第 14 条第 5 款是基于“驰名商标”在发生商标注册异议或侵权时由行政或司法机构个案酌定的情况，规定禁止将“驰名商标”字样用于商业，从而进一步体现平衡权利人与公众利益这一 TRIPS 协定之目标和原则。

第四，优先权。2001 年《商标法》新增的第 24 条、第 25 条对商标注册申请人自其商标在外国第一次提出商标注册申请之日起 6 个月内，又

---

① 根据国家工商行政管理总局《集体商标、证明商标注册和管理办法》（自 1995 年 3 月 1 日起施行），可将原产地名称作为证明商标注册。

在中国就相同商品以同一商标提出商标注册申请的，以及商标在中国政府主办的或者承认的国际展览会展出的商品上首次使用的，自该商品展出之日起6个月内，该商标的注册申请人可以享有优先权的情况作出明确规定，符合追加的《巴黎公约》第4条项下义务。

（三）专利（包括外观设计）立法

中国近代专利制度始于1897年清政府颁布的《奖给商勋章程》[①]。1911年，国民政府亦仿效该奖励创造发明的章程，由工商部制定《奖励工艺品暂行章程》，并于1928年、1929年、1932年先后颁布了奖励工业品或工业技术的条例，直到1944年颁布《专利法》（1949年后在台湾地区沿用至今）。中华人民共和国成立后，直到1984年才由第六届全国人大常委会第四次会议通过了第一部《专利法》，该法于1992年、2000年和2008年三次修正，现已完全符合TRIPS协定以及《巴黎公约》有关专利条款的义务和要求。根据《专利法》制定的《专利法实施细则》于1985年1月19日由国务院批准公布，后于2002年和2010年进行了修订。此外，与前述版权和商标立法的发展过程一样，1986年《民法通则》第95条、2017年《民法总则》第123条以及1997年修订的《刑法》第216条分别对专利权的民事保护、侵犯专利权的刑事处罚予以明确规定。

由于1992年修正的《专利法》已基本符合当时还在谈判中的TRIPS协定文本，因此2000年《专利法》根据TRIPS协定及追加或不可减损的《巴黎公约》有关义务，仅新增两个实体性款项：第一，赋予的专利权。根据TRIPS协定第26条和第28条，《专利法》第11条新增的发明和实用新型专利权包括许诺销售权。第二，强制许可。根据TRIPS协定第31条(g)项，《专利法》第52条（原第55条）新增第2款："给予实施强制许可的决定，应当根据强制许可的理由规定实施的范围和时间。强制许可的理由消除并不再发生时，国务院专利行政部门应当根据专利权人的请求，经审查后作出终止实施强制许可的决定。"为了健全专利强制许可制度，国家知识产权局还颁布了《专利实施强制许可办法》（自2003年7月15日起施行）。

---

① 又称《振兴工艺给奖章程》，参见《台湾知识产权法与大众传播法》，第13页；汤宗舜：《专利法教程》（第二版），法律出版社1996年版，第19页。

关于TRIPS协定第25条第2款要求的纺织品外观设计保护义务，由于纺织品属于工业品，中国的《专利法》和《著作权法》均未作出明确规定，而是通过外观设计专利予以保护。

2008年12月27日，《专利法》第三次修正，从69条增加到76条，修正或新增的条款约占整部法律条款的一半。其主要修正内容包括：

第一，立法宗旨，强调“保护专利权利人的合法权益，鼓励发明创造，推动发明创造的应用，提高创新能力，促进科学技术进步和经济社会发展”（第1条），以服务于建设创新型国家和实现提升国家核心竞争力的战略目标。

第二，放宽单位或个人将其在中国完成的发明创造向外国申请专利的条件，不再要求先在中国申请专利，而是允许“事先报经国务院专利行政部门进行保密审查”（第20条），即可向外国申请专利，以鼓励向外国申请更多专利，适应中国企业的海外投资、贸易等经济活动的需要。

第三，提高授予专利权的条件，规定新颖性“是指该发明或者实用新型不属于现有技术”，现有技术“是指申请日以前在国内外为公众所知的技术”（第22条）。这种在全世界范围内绝对新颖的技术要求，无疑大大提高了中国专利授予的门槛。

第四，增加依赖遗传资源完成的发明创造进行专利申请的特别披露要求，即“申请人应当在专利申请文件中说明该遗传资源的直接来源和原始来源；申请人无法说明原始来源的，应当陈述理由”（第26条），旨在切实保护作为遗传资源大国的中国国家利益和相关当事人的合法权益。

第五，增加专利实施的强制许可条件，包括“专利权人行使专利权的行为被依法认定为垄断行为，为消除或者减少该行为对竞争产生的不利影响的”（第48条第2项），以规制任何在中国滥用专利权的行为。

第六，加大对专利权的保护力度，包括法定损害赔偿的上限可为一百万元（第65条），首开知识产权领域百万元的法定损害赔偿立法之先河。

第七，允许专利产品平行进口，即“专利产品或者依照专利方法直接获得的产品，由专利权人或者经其许可的单位、个人售出后，使用、许诺销售、销售、进口该产品的”，不视为侵犯专利权（第69条第1项）。

可见，《专利法》第三次修正已完全不限于如何履行TRIPS协定的最低义务，而是立足于创新型国家的建设目标，更好地促进发明创造及运用。

（四）集成电路布图设计立法

如前所述，中国是第一批签署《集成电路知识产权条约》的国家之一，但是该条约一直未生效。在加入 WTO 前夕，根据 TRIPS 协定第 35 条至第 38 条以及中国入世承诺，中国先后颁布了《集成电路布图设计保护条例》和《集成电路布图设计保护条例实施细则》（均自 2001 年 10 月 1 日起生效）。《集成电路布图设计保护条例》与 TRIPS 协定以及被直接纳入协定的《集成电路知识产权条约》相比较：

第一，关于集成电路布图设计等含义。根据《集成电路知识产权条约》第 2 条有关款项，《集成电路布图设计保护条例》第 2 条对“集成电路”“布图设计”“权利人”等用语的含义作了明确规定。

第二，对布图设计的保护。根据《集成电路知识产权条约》第 3 条有关款项，《集成电路布图设计保护条例》第 4 条规定了受保护的布图设计应具有的独创性要求。

第三，国民待遇。根据 TRIPS 协定第 3 条和《集成电路知识产权条约》第 5 条有关款项，《集成电路布图设计保护条例》第 3 条规定了外国人创作的布图设计应享有的国民待遇。

第四，保护范围。根据《集成电路知识产权条约》第 6 条有关款项和 TRIPS 协定第 36 条，《集成电路布图设计保护条例》第 7 条规定了布图设计权利人享有的专有权（exclusive right）。

第五，无须权利人授权的行为。TRIPS 协定第 35 条排除了《集成电路知识产权条约》第 6 条第 3 款，并在第 37 条规定了无须权利人授权的行为。据此，《集成电路布图设计保护条例》第 25 条、第 33 条分别规定了强制许可制度和非故意侵权（复制）的例外。

第六，实施、登记与公开制度。根据《集成电路知识产权条约》第 7 条有关款项，《集成电路布图设计保护条例》第三章（第 14 条至第 21 条）规定了“布图设计的登记”。

第七，保护期限。根据 TRIPS 协定第 38 条，《集成电路布图设计保护条例》第 12 条规定布图设计专有权的保护期为 10 年，且自布图设计创作完成之日起 15 年后，不再受该条例保护，无论是否登记或投入商业利用。

第八，与《巴黎公约》《伯尔尼公约》的关系。根据《集成电路知识产权条约》第 12 条，WTO 成员已经承担的《巴黎公约》和《伯尔尼公约》规定的义务不受影响，其中包括根据这两项公约已经给予布图设计以专利或版权等知识产权的保护均不受影响。由于中国在颁布《集成电路布图设计保护条例》之前没有明文规定给予《巴黎公约》和《伯尔尼公约》项下保护布图设计的义务，因此不存在是否影响这种义务的问题。

第九，对既有权利的保护。《集成电路知识产权条约》第 16 条第 3 款规定："任何缔约方有权对本条约对该缔约方生效时已存在的布图设计（拓扑图）不适用本条约，但以本规定不影响该布图设计（拓扑图）在该缔约方的领土内在当时根据本条约以外的国际义务或该国的立法所可能享受的保护为限。"虽然该条约未曾生效，但是在其被纳入 TRIPS 协定后，此规定的"生效"适用于 TRIPS 协定的生效。因此，WTO 成员在 TRIPS 协定生效时已经根据其国内法给予布图设计的知识产权保护不受影响。中国在入世前夕通过立法规定给予布图设计的知识产权保护，在入世后也适用这一款项。

（五）对未披露信息的保护

TRIPS 协定第 39 条包括对未披露商业秘密和未披露试验数据的保护。中国早在 1993 年《反不正当竞争法》第 10 条中就规定了对商业秘密的保护。1997 年《刑法》第 219 条规定了侵犯商业秘密罪的刑罚。中国入世承诺保护药品与农化品的未披露试验数据。自 2002 年 9 月 15 日起施行并于 2016 年 2 月 6 日修订的《药品管理法实施条例》第 34 条第 1、2 款规定："国家对获得生产或者销售含有新型化学成分药品许可的生产者或者销售者提交的自行取得且未披露的试验数据和其他数据实施保护，任何人不得对该未披露的试验数据和其他数据进行不正当的商业利用。自药品生产者或者销售者获得生产、销售新型化学成分药品的许可证明文件之日起 6 年内，对其他申请人未经已获得许可的申请人同意，使用前款数据申请生产、销售新型化学成分药品许可的，药品监督管理部门不予许可；但是，其他申请人提交自行取得数据的除外。"此外，经修改自 2001 年 11 月 29 日起施行的《饲料和饲料添加剂管理条例》第 8 条对农化品未披露的试验数据保护也作了同样的规定。

综上，中国现行知识产权立法已完全履行了 TRIPS 协定规定的保护知识产权的实体性最低义务，以及被纳入该协定的《巴黎公约》和《伯尔尼公约》相关规定及其他相关知识产权条约规定的义务。

第二节 中国涉及 TRIPS 协定争端解决

一、中国知识产权案概述

中国知识产权案是中国入世后被诉违反 TRIPS 协定的唯一案件，也是 WTO 成立以来唯一针对知识产权实施措施的争端解决案件。2009 年 1 月，该案经专家组审结。以下概述该案专家组报告的裁定部分。

（一）版权保护

关于版权保护的涉案国内措施是中国 2001 年修正的《著作权法》第 4 条第 1 款："依法禁止出版、传播的作品，不受本法保护。"美国指控，该条款就"其字面"(on its face)而言，拒绝给予某些作品立即、自动的保护。专家组对该条款的解读不涉及任何特定的适用，仅限于条款"本身"(as such)，强调对该措施的审查仅仅是为了裁定这是否与中国在 TRIPS 协定项下的义务一致。作为对国内法的审查，专家组的解释从《著作权法》第一章"总则"的逐条解读入手，指出该法第 2 条第 2 款与第 4 条第 1 款密切相关："第 2 条第 2 款规定某些外国人在其任何作品中享有的版权'受本法保护'，而第 4 条第 1 款采用相同的语言，却增加了一个否定词(不)，规定某些作品'不受本法保护'。这表明，第 4 条第 1 款拒绝了第 2 条第 2 款给予的保护。"[①]

专家组援引中国在该案审理中回答第 89 个问题时同意的《著作权法》第 4 条第 1 款规定不受保护的"包括(该法)所列各项权利"，[②]即著作权包括的所有人身权和财产权。专家组裁定："如美国所主张的，就其字面而言，该《著作权法》清楚地表明第 4 条第 1 款拒绝给予包括 WTO 成员国民作品在内的某些作品以第 10 条的保护。"[③]专家组还援引了美国所举证的中国最高人民法院 1998 年给湖南省高级人民法院的一份函中

---

① China-Intellectual Property Rights, DS362/R, para. 7.41.

② Ibid., para. 7.47, footnote 49.

③ Ibid., para. 7.50.

关于第 4 条第 1 款的解释："《内幕》一书正文未发现有违反法律的内容。因此，一、二审法院按照著作权法的规定对该作品给予保护，是正确的。"[1]专家组裁定："该最高人民法院的函确认了《著作权法》第 4 条第 1 款拒绝给予某些作品版权保护，并澄清该第 4 条第 1 款适用于某些因其内容被禁止出版、传播的作品。"[2]

中国在该案审理的第一次实质性会议之后提出，《著作权法》第 4 条第 1 款的"不受本法保护"所拒绝的并非"版权"，而是"版权保护"。对于这一解释，专家组不予接受，认为"法律所保护的就是版权"[3]，并认定："中国未解释在依第 4 条第 1 款不予版权保护之后，在什么意义上，作者还能享受版权，或者版权还能存在。"[4]

接着，专家组审查了与《著作权法》第 4 条第 1 款中"依法禁止出版、传播"有关的中国国内法，包括《刑法》《出版管理条例》《广播电视管理条例》《音像制品管理条例》《电影管理条例》和《电信条例》，认定这些法律法规是判断某一作品内容为"非法"的标准。然后，专家组又审查了判断的程序，认为美国举证不足，驳回其指控中国将《著作权法》第 4 条第 1 款适用于四类作品，即"从未在中国递交受内容审查的作品、在中国等待内容审查的作品、在中国未授权传播的作品以及构成版权作品的范围内未通过内容审查的作品"，裁定只有第四类作品即"未通过内容审查的作品，以及在构成版权作品的范围内已编辑作品中未通过内容审查的被删除部分"才适用第 4 条第 1 款。[5]

在完成了对《著作权法》第 4 条第 1 款及其相关法律法规的审查之后，专家组对 TRIPS 协定第 9 条第 1 款及其纳入的《伯尔尼公约》第 5 条第 1 款作了条约解释。《伯尔尼公约》第 5 条第 1 款规定："就享有本公约保护的作品而论，作者在作品起源国以外的本同盟成员国中享有各该国法律现在给予和今后可能给予其国民的权利，以及本公约特别授予的权利。"由于美国对该条款项下中国应履行的国民待遇义务未提出指控，而

---

① 《最高人民法院关于郑海金与许正雄、天津人民出版社等著作权侵权案的函》（知监字〔1998〕第 33 号函，2000 年 3 月 9 日）。

② China-Intellectual Property Rights, para. 7. 52.

③ Ibid., para. 7. 63.

④ Ibid., para. 7. 67.

⑤ Ibid., para. 7. 103.

中国主张《著作权法》第 10 条已完全符合该条款规定保护的权利，且专家组也裁定该条款履行了《伯尔尼公约》第 5 条第 1 款特别规定保护的权利，因此专家组对《伯尔尼公约》第 5 条第 1 款本身的条约解释对该争端解决并无实质意义。但是，专家组以前述对《著作权法》第 4 条第 1 款的审查结论为基础裁定：中国拒绝给予未通过内容审查的作品或其部分内容以所有版权保护，违反中国应履行保护《伯尔尼公约》第 5 条第 1 款规定的作品版权的义务。

对于中国依据《伯尔尼公约》第 17 条为《著作权法》第 4 条第 1 款提出的抗辩，专家组认为，《伯尔尼公约》第 17 条授权各成员国的主管机关在必要时控制作品的发行、演出或展出，但是"'发行、演出或展出'这三个用语不一定是穷尽的"，"这三个用语的显著特点是没有对应《伯尔尼公约》限定其授予实体权利时的用语，虽然这三个用语可能包括在这些权利中，或者也许指的是行使这些权利时会伴随的行为。同时，'展出'这个词甚至在该公约关于实体权利的规定中从未被使用过，因此不能得出第 17 条授权拒绝任何作品中的所有版权保护。"[①]专家组同意根据 WIPO 关于《伯尔尼公约》的指南解释，各成员国可以行使该公约第 17 条赋予的控制权。"然而，没有理由假定审查制将完全取消某一作品的所有版权。"[②]故专家组驳回了中国的这一抗辩。

（二）海关措施

关于海关措施的涉案国内法是中国《海关知识产权保护条例》第 27 条第 3 款关于海关处置、没收侵犯知识产权货物的规定，即对于没收的侵权货物，海关可捐赠给社会公益机构或由知识产权权利人收购；不能捐赠和未被收购的，消除侵权特征后依法拍卖（海关总署 2007 年第 16 号公告进一步规定了此类拍卖的程序）；无法消除侵权特征的，予以销毁。

专家组认为，美国的指控也是针对中国海关措施"本身"，即这些措施使得中国海关缺乏职权销毁或依据 TRIPS 协定第 59 条处置、没收侵权货物。为此，专家组要审查该涉案国内法，以裁定中国是否违反其在 TRIPS 协定项下的有关义务。但是，专家组不是先审查涉案国内法，而

① China-Intellectual Property Rights, para. 7.127.

② Ibid., para. 7.132.

是先解释 TRIPS 协定第 59 条，即“在不损害权利人采取其他行动的权利，并尊重被告寻求司法机关复议的权利的前提下，依照第 46 条规定之原则，主管机关应有权责令销毁或处理侵权物。对于假冒商标商品，主管机关应不允许该侵权物在未改变状态下再出口，或适用不同的海关程序，例外情况不在此列。”

专家组从“侵权物”(infringing goods)、“应有权”(shall have the authority)、“第 46 条规定之原则”以及“以防止给权利人造成任何损害的方式清除出商业渠道”(第 59 条援引的第 46 条规定)四个方面解释了 TRIPS 协定第 59 条及其援引的第 46 条。其中，对第 59 条第 1 句明确援引的“第 46 条规定之原则”的解释具有关键意义。专家组解释这些原则分别为：“(1) 主管机关应有权根据(第 46 条)第 1 句‘无任何补偿’之规定责令处置或销毁；(2) 主管机关应有权责令‘以防止给权利人造成任何损害的方式将已被认定侵权的商品清除出商业渠道’；(3) 主管机关应有权责令销毁，除非有违现行宪法之要求；(4) (第 46 条第 3 句)在考虑此类请求时，应顾及‘该侵权的严重性与责令的救济之间必要的相称，以及第三方利益’；(5) (第 46 条第 4 句)在处置假冒商标的商品方面，除非属于例外情况，否则仅仅除去非法加贴商标仍应不足以允许放行该商品进入商业渠道。”①

根据上述原则，专家组对中国相关海关措施进行了全面审查，认定尽管海关拍卖、没收侵权货物是“选择性”(optional)而非“强制性”(mandatory)程序，也不排除海关有权销毁、没收侵权货物，但是“如果在海关责令拍卖侵权货物的所有情况下，消除侵权特征仅仅是去除商标，这将违反(TRIPS 协定)第 59 条及其援引的第 46 条第 4 句”。专家组进一步裁定：即便中国海关实际上近三年无拍卖进口侵权货物的情况，海关措施“本身”仅仅是规定去除侵权商标进行拍卖，也不符合第 46 条第 4 句规定的“例外情况”，因为该“例外情况”既不是以数量比例，也不是根据可容忍进一步侵权的边际数量加以确定的。②

(三) 刑事“门槛”

就美国指控中国实施知识产权的措施违反 TRIPS 协定而言，适用于

---

① China-Intellectual Property Rights, paras. 7.267-7.269.

② Ibid., para. 7.392.

商业规模的侵犯知识产权的刑事“门槛”(threshold)是该案最重要和最令人关注的问题。专家组认定,美国针对中国有关刑事“门槛”的指控仅限于措施“本身”。[①]专家组首先审查了中国有关适用于商业规模的侵犯知识产权的《刑法》及相关司法解释等,涉及定罪量刑的最低要求(门槛)、犯罪未遂、共同犯罪、营利目的、替代“门槛”、累计、非法经营额(货物、价格)、复制数量及价格、其余“门槛”和行政程序等,得出结论:“所有低于可适用的‘门槛’之侵犯商标与版权的行为不适用刑事程序和刑罚。”[②]该案争议的焦点在于,这些刑事“门槛”是否违反 TRIPS 协定第 61 条。然后,专家组对 TRIPS 协定第 61 条进行条约解释,认为该协定第三部分第 5 节只包含第 61 条,相较第三部分其余各节,显得简短,表明各成员在谈判时顾及刑事问题及相关的主权的敏感性、允许的灵活性,而“条约解释的惯例要求条约解释者在解释有关条款时应考虑这些限制和灵活性”。[③]

专家组从 TRIPS 协定第 61 条的义务性质(国际上同意的最低标准)、义务范围(逐步缩小的范围,即从仅限于商标、版权,到仅限于假冒商标、盗版,再到仅限于蓄意的假冒商标、盗版,最后仅限于蓄意和商业规模的假冒商标、盗版)入手,确认该条限定成员有义务将刑事程序和刑罚仅适用于蓄意和商业规模的假冒商标、盗版,其中对“商业规模”的解释至关重要。

专家组认为,“商业规模”的词义,既有“商业”的“质”(quality)的一面,又有“规模”的“量”(quantity)的一面。TRIPS 协定的谈判史显示,美国最初提出的第 61 条第 1 句为“蓄意与商业”,在未获采纳后,又提出与其他提案相同的“商业规模”。[④]这充分表明,“规模”这一“量”的限定对于第 61 条第 1 句的条约解释必不可少。专家组对该词义的解释结论为:“典型的、通常的商业活动之数量、范围”,并且取决于相关“市场”,因而是一个“灵活的概念”。[⑤]

至于中国有关刑事“门槛”的措施是否违反 TRIPS 协定第 61 条,专

---

① See China-Intellectual Property Rights, para. 7.416.

② Ibid., para. 7.479.

③ Ibid., para. 7.501.

④ Ibid., para. 7.541, footnote 521. TRIPS 协定的谈判记录未披露任何关于“商业规模”含义的讨论。See China-Intellectual Property Rights, para. 7.589.

⑤ See China-Intellectual Property Rights, paras. 7.541, 7.578-7.579.

家组认为:“只要一成员事实上提供了适用于构成商业规模的蓄意假冒商标、盗版的刑事程序和刑罚,就满足了第 61 条项下义务。如果指控一成员在此类案件中未提供实施手段,则该指控须有证据加以证明。”[①]专家组在审查了美国提交的所谓“证据”后断然裁定:“即使这些(报刊)来源对于本审理而言证明系争事实是可靠的,这些信息也实在太少、太零散,根本无法证明在中国构成任何产品的商业规模之水平。”[②]同样,对于美国指控中国的有关刑事“门槛”未考虑诸如犯罪未遂、影响商业市场的其他因素等,专家组也均裁定证据不足,予以驳回。

综上,该专家组报告驳回了美国关于刑事“门槛”的全部指控,但裁定中国《著作权法》第 4 条第 1 款和海关对所没收侵权货物的拍卖措施违反了 TRIPS 协定的有关规定。

二、中国知识产权案评析

(一) 版权与著作权

中国知识产权案专家组对涉案《著作权法》第 4 条第 1 款的审查所涉及的法律解读,忽视了大陆法系著作权与英美法系的版权之区别,误读了《著作权法》第 4 条第 1 款的立法宗旨及其含义,因而有失评估的客观性。

该案专家组在解读《著作权法》第 4 条第 1 款时,结合了第一章“总则”的所有条款以及第二章第 10 条,但却忽视了第六章“附则”第 56 条,即“本法所称著作权即版权”。该条表明,在中国,“著作权”与“版权”这两个权利表述本来是有区别的,否则没有必要如此规定。根据学界考证,在中国,“著作权”一词是 1901 年清政府援引日本(即大陆法系)的用法,在颁布《大清著作权律》后得到广泛运用。[③]此后,北洋政府和国民政府所颁布的《著作权法》也沿用了“著作权”一词,延承国民政府法统的台湾地区现仍严格使用“著作权”一词,即“因著作完成所生之著作人格权及著作财产权”[④],而不与“版权”混用。中华人民共和国成立后,废除了国民政府

---

① China-Intellectual Property Rights, para. 7. 603.

② Ibid. , para. 7. 617.

③ 参见史文清、梅慎实:《著作权诸问题研究》,复旦大学出版社 1992 年版,第 3 页。

④ 台湾“著作权法”第 3 条第 3 款。转引自萧雄林:《两岸著作权法之比较研究》,华儒达出版社 1994 年版。

的所有法律，有关著作权的政策文件或规定亦区分著作权与出版权。[①]然而，由于改革开放之初美国对中国提出版权保护要求，[②]中国最初的著作权立法一改传统，冠以“版权法”。显然，这是受到美国版权立法的影响，而当时美国还未加入《伯尔尼公约》，其版权法不涉及作为人身权的著作权保护。也正是由于受到美国版权法的影响，此后在中国立法及实践中，“著作权”与“版权”开始在同一意义上并用，1986 年《民法通则》第 94 条第一次以基本法律的形式明确著作权即版权。1990 年《著作权法》再次明确两个用词在中国立法体系中的同义地位。

然而，这种同义不仅并不意味着大陆法系著作权法与英美法系版权法的传统区别不复存在，而且实际上在中国《著作权法》中两者之间依然存在一定的区别，并反映在《著作权法》第 2 条与第 4 条第 1 款中。第 2 条第 1 款规定：“中国公民、法人或者其他组织的作品，不论是否发表，依照本法享有著作权。”这里所说的“著作权”是作者因其作品产生而自动享有的，也称为“作者权”(the right of authors)。这正是以大陆法系的著作权法为基础而缔结的《伯尔尼公约》所保护的权利。相应地，以英美法系的版权法为基础而缔结的《版权公约》则以“版权保护”(copyright protection)为宗旨，该“版权”包括“作者权”和其他“版权所有人”的权利。[③]正因为两者的区别，TRIPS 协定第 9 条第 1 款规定，WTO 成员无须履行《伯尔尼公约》第 6 条之二关于保护作者精神权利的义务，并且整个协定中均采用“版权”而非“著作权”一词。

涉案《著作权法》第 4 条第 1 款规定：“依法禁止出版、传播的作品，不受本法保护。”该条款的适用仅限于“出版、传播”的版权，而不涉及被禁作品的所有著作权，尤其是署名权。事实上，一部被禁止出版、传播的作品

① 例如，1950 年公布的《关于改进和发展出版工作的决议》规定：“出版业应尊重著作权及出版权，不得有翻版、抄袭、篡改等行为。”参见沈仁干：《有关中国著作权法制定的回顾》，载刘春田主编：《中国知识产权二十年(1978—1998)》，专利文献出版社 1998 年版，第 28 页。

② 1979 年 1 月 31 日邓小平访美时签署的《中美高能物理合作的实施协议》第 6 条规定：“双方承认，有必要以保护版权与对待在实施本协议的过程中或根据本协议所产生的发明或发现之规定为基础，促进有关的具体活动。”该协议的英文正式签署本：International Legal Materials, 18(2), March 1979, pp. 345-350。

③ 《版权公约》序言：“各缔约国为了保障所有国家对文学、科学与艺术作品的版权保护”；第 1 条：“各缔约国承诺给予作者和其他版权所有人的权利以充分的、有效的保护”。译自英文文本：Universal Copyright Convention as revised at Paris, 24 July 1971。

的作者依然完全有权在其作品上署名。这一最能体现《伯尔尼公约》保护的作者权之权项，实际上根本不可能被剥夺。尤其是该案专家组裁定，只有“未通过内容审查的作品，以及在构成版权作品的范围内已编辑作品中未通过内容审查的被删除部分”才适用第 4 条第 1 款，而这类作品的作者署名权更不可能被剥夺，因为这类作品早已问世。《著作权法》第 4 条第 1 款的立法宗旨是维护公共利益，对于禁止出版、传播的作品不给予“版权保护”（copyright protection）。中国在该案审理中再三强调这一立法宗旨，专家组也注意到了这一点。[①]但是，由于 TRIPS 协定只采用“版权”而未提及“著作权”，且中国的抗辩似乎也完全拘泥于“版权”一词，未向专家组充分说明中国《著作权法》的特点，以致专家组错误地裁定：中国对“版权”（实质为“著作权”）和“版权保护”（实质为不包括所有精神权利，且主要是财产权的“版权”）的区分“是不合适的”。[②]

（二）海关对没收侵犯知识产权的进口货物的拍卖措施

该案专家组对涉案中国海关措施所作出的唯一的违约裁定是：中国海关在拍卖侵权货物的所有情况下，消除侵权特征仅仅是去除侵权商标，这违反了 TRIPS 协定第 59 条及其援引的第 46 条第 4 句之原则。即便中国海关近年来实际上无拍卖进口侵权货物的情况，海关措施“本身”仅仅是规定去除侵权商标而进行拍卖，也不符合第 46 条第 4 句规定的“例外情况”，因为该“例外情况”既不是以数量比例，也不是根据可容忍进一步侵权的边际数量加以确定的。

尽管该案专家组对该海关措施的审查是基于该措施“本身”而言的，但是与前述对《著作权法》“本身”的审查不同，专家组引用并采纳了中国提供的近年来无一例拍卖进口侵权货物的证据。[③]然而，专家组认为这一事实只能证明拍卖不是强制的程序。其实，拍卖所没收侵权货物，本来就是海关可选择的处置方法之一，而且在 2004 年修改并颁布新的《海关知识产权保护条例》后，实践中再无拍卖海关并没收进口侵权货物的情况发生。这充分说明拍卖是“例外情况”。

---

① See China-Intellectual Property Rights, para. 7. 63.

② Ibid., para. 7. 66.

③ Ibid., para. 7. 350. 2005 年至 2007 年，中国海关所没收出口侵权货物的拍卖只有 12 起，而销毁侵权货物高达 618 起。

即便按照专家组的认定，拍卖不属于“例外情况”，这种处置措施本身也包含除去非法加贴商标之外的限制条件。专家组在解释第46条第4句的“仅仅”(simply)一词时认为：“‘仅仅’可以定义为‘不增加任何事’；‘未满足，仅此而已’；‘只是，纯粹是’。将商标从(侵权)货物上除去，而不采取其他行动将构成‘仅仅除去商标’。因此，专家组的初步看法是，涉案措施除去侵权特征构成了TRIPS协定第59条及其援引的第46条第4句规定的‘仅仅除去商标’。”[①]专家组的这一认定仅注意到除去商标，却忽视了中国海关采取拍卖的手段处置所没收侵权货物本身，已经在除去侵权商标的同时，以拍卖的特有方式(最高价售出)防止买主再以市场价(通常不可能高于拍卖价)售出，以致流入一般的商业渠道。拍卖措施本身就是“仅仅除去商标”之外的进一步限制条件。[②]

综上，尽管中国知识产权案没有被上诉，且中国嗣后修改了涉案《著作权法》第4条第1款和《知识产权海关保护条例》，但是该案专家组对涉案中国法律法规的解读有误是值得关注的问题，也为中国应对此类争端提供了宝贵的经验教训。

(三) 对TRIPS协定第61条的解释

如上所述，该案专家组认为，TRIPS协定第61条第1句“各成员至少应规定适用于具有商业规模的故意假冒商标、盗版案件的刑事程序和刑罚”中的“商业规模”，其词义涉及“商业”的“质”和“规模”的“量”两个方面。这是正确的解读。但是，专家组主要基于美国举证不足而驳回有关刑事“门槛”的指控，并未充分展开对第61条第1句的条约解释。

TRIPS协定第61条第1句项下的义务的实质在于，WTO成员应对“商业规模”的故意假冒商标、盗版行为予以刑事起诉和刑罚，而不属于“商业规模”的故意假冒商标、盗版案件则不是成员们提供刑事程序和刑罚的义务范围。这就是所谓的刑事“门槛”。其中，“商业规模”的数量界定是关键。由于从第61条第1句以及整个第61条本身并不能解读出

---

① China-Intellectual Property Rights, para. 7.371.

② 中国口头抗辩与反驳的书面陈述均强调拍卖是为了确保相关货物不再以不合理的低价和重新被贴上假冒商标而回流到商业渠道中去。See China-Intellectual Property Rights, para. 7.381, footnote 359. 该案专家组不同意中国的抗辩，认为被拍卖的货物依然有可能被再贴上假冒商标和低价销售。

“商业规模”的数量界定，因此应从作为其上下文的 TRIPS 协定的其他条款、前言、附件以及其他相关国际条约或文件，乃至补充性解释资料中寻求解释。

首先，TRIPS 协定的总则和基本原则中有关 TRIPS 协定义务的性质和范围的第 1 条第 1 款规定：“成员们应有效地实施 TRIPS 协定各项规定……成员们应自行决定在其法律制度与实践中实施本协定规定之适当方法。”如果将该条款作为解释第 61 条第 1 句的“商业规模”之上下文，那么就本案而言，“商业规模”的数量界定，并不是简单地界定为盗版 500 份或价值 3 万元人民币等，而是应考虑这一数量界定能否满足各成员“有效实施”TRIPS 协定义务的要求，同时又可以被看作各成员“自行决定”的实施之适当方法。

在中国知识产权案中，依据 TRIPS 协定第 1 条第 1 款最后 1 句，就第 61 条而言的“其法律制度”(their own legal system)，应该是中国刑法制度的相应规定，包括假冒注册商标罪，销售假冒注册商标的商品罪，非法制造、销售非法制造的注册商标标识罪，侵犯著作权罪，以及销售侵权复制品罪在内的侵犯知识产权罪，都属于《刑法》第三章“破坏社会主义市场经济秩序罪”。以《刑法》第 140 条为例，“生产者、销售者在产品中掺杂、掺假，以假充真，以次充好或者以不合格产品冒充合格产品，销售金额五万元以上不满二十万元的，处二年以下有期徒刑或者拘役，并处或者单处销售金额百分之五十以上二倍以下罚金”。根据有关司法解释，该“销售金额”均为销售所得或应得到的全部违法收入。可见，中国在“其法律制度”下实施第 61 条第 1 句项下义务，规定盗版 500 份以上，假冒商标的非法经营数额在 5 万元人民币以上或违法所得额在 3 万元人民币以上的，追究犯罪嫌疑人的刑事责任，与其他类似罪行的刑事责任规定并无实质区别。这也正是 TRIPS 协定第 41 条第 5 款第 1 句所规定的：“各方理解，本部分(知识产权的实施)并不产生任何建立与一般法律实施制度不同的知识产权实施制度的义务，也不影响各成员实施一般法律的能力。”换言之，中国根据其刑法的一般制度规定有关故意盗版和假冒商标的刑事责任。

其次，WIPO 反假冒与盗版措施专家委员会(WIPO 委员会)1988 年 2 月通过的有关“商业规模”的法律文件可以作为《维也纳条约法公约》第

32 条的补充性解释资料。因为在按照该公约第 31 条的解释所得到的意义不明或难解时，为了确定条约用语的意义，得使用补充性解释资料，包括该条约的准备资料以及缔结的情况在内。如上所述，由于从第 61 条第 1 句以及整个第 61 条本身中并不能解读出"商业规模"的数量界定，即便根据 TRIPS 协定第 1 条第 1 款，也只能得出中国政府应有效地实施包括第 61 条在内的各项 TRIPS 协定义务，并自行酌定在其国内法律制度和实践中确定实施方式，而数量界定恰恰是该案争议焦点，因此有必要使用补充性资料进一步具体地解释"商业规模"及其数量界定。

1988 年 6 月 20 日，乌拉圭回合关于 TRIPS 协定谈判组发布了题为《来自其他国际组织的信息：来自 WIPO 的信函》[①]的文件，包括《国内法示范规范》等由 WIPO 总干事提供的四份文件。该谈判组文件明确指出："这些(WIPO)文件存放在 GATT 秘书处供有关代表团磋商之用。"可见，在 TRIPS 协定谈判之初，谈判组就请 WIPO 委员会提供了有关信息，其中包括对"商业规模"的解释："'商业规模'是在有制造的情况下必须考虑的一个概念。所制造的货物质量、该货物过去或将要利用的方式以及盈利的意图是法院在各种因素中必须考虑到的。"[②]虽然这不是一个严格的定义解释，但是它至少说明，在 WIPO 委员会看来，具有"商业规模"的假冒和盗版，首先或者说必不可少地与制造假冒货和盗版物密切相关，因而是各国或地区法院审理此类案件所必须考虑的因素。通常，"制造"意味着较大数量的生产或复制，因而具有"商业规模"的行为不是一份或数份盗版，也不是非法经营或违法所得金额较小的假冒商标行为。

TRIPS 协定第 61 条的起草史表明，对于适用刑事程序和刑罚以打击具有"商业规模"的侵犯知识产权案件的范围，乌拉圭回合谈判的参加者曾有严重分歧。正如 TRIPS 协定谈判组主席丹尼尔·杰维斯博士回顾第 61 条的谈判时指出的："有些参加者要求刑事措施适用于任何侵权，

---

① Negotiating Group on Trade-Related Aspects of Intelletual Property Rights, Including Trade in Counterfeiting Goods: Information from Other International Organization: Communication from the World Intellectual Property Organization, MTN. GNG/NG11/W/5/Add. 6, 20 June 1988.

② World Intellectual Property Organization, Committee of Experts on Measures Against Counterfeiting and Piracy, Model Provisions for National Laws, C&P/CE/2, circulated on 18-19 February 1988, para. 17.

而另一些参加者则要求仅限于故意的、直接影响到‘公共秩序’的商业性侵权。”[①] 1990年7月23日，在杰维斯博士主持下起草的TRIPS协定文本的第61条第1句为：“各缔约方应规定将适用于故意的（具有商业规模的假冒商标或盗版）（具有商业规模的侵犯商标与版权）（具有商业规模的侵犯本协定所考虑的知识产权）案件的刑事程序和刑罚。”[②]其中，三个括号内的内容分别反映了谈判参加者的不同要求。TRIPS协定正式文本的第61条第1句采纳了第一个括号内的内容，并增加了“至少”。这说明，第61条第1句具有限定适用刑事程序和刑罚的意义，因为追究刑事责任毕竟不同于其他任何民事补救，应该更加慎重。因此，从第61条的起草史来看，WIPO委员会《国内法示范规范》可以作为本案系争“商业规模”含义解释的补充性资料，并且清楚地表明WIPO委员会的专家们一开始就考虑到“商业规模”具有较大数量的含义。第61条第1句的正式文本也体现了比较节制地适用最为严厉的刑事程序和刑罚这一目的。

综上所述，TRIPS协定第61条第1句的义务仅限于WTO各成员将刑事程序和刑罚适用于“具有商业规模的故意假冒商标和盗版案件”，而“商业规模”具有较大数量的含义。因此，在中国的刑事法律制度下，现行的限定适用于“商业规模”故意假冒商标和盗版案件的较大数量或金额，符合第61条第1句项下义务。鉴于该案条约解释的提示，中国加大打击“商业规模”故意假冒商标和盗版的重点不是定罪（追究刑事责任的起点），而是量刑（罪刑相当），即加重法定刑，使其足以惩罚和威慑此类犯罪，并切实建立和完善一整套行政执法机构向司法机关移送此类刑事案件的程序，以便将刑事打击真正落到实处。

① *The TRIPS Agreement: Drafting History and Analysis*, p. 234.

② Draft of 23 July 1990 (W/76), cite from *The TRIPS Agreement: Drafting History and Analysis*, p. 234.

分论

第五章　版权与相关权

TRIPS 协定第二部分第 1 节第 9 条至第 14 条规定的是版权与相关权，作为该协定的首要实体义务，本章将首先概述版权与相关权，然后评述有关条款，最后分析相关争端解决。

第一节　版权与相关权概述

一、版权(著作权)

(一) 版权与著作权

国际版权法制存在两大体系：一为英美法系所主张的"版权"体系，另一为大陆法系所主张的"作者权"体系。两者有着截然不同的发展沿革和理论基础。从理论基础看，关于知识产权正当性的说明一般也适用于版权保护的理论，主要包括洛克的劳动所有权理论[①]、黑格尔的人格权理论[②]和激励理论[③]。就劳动所有权理论而言，洛克在《政府论》下篇第五章中将财产问题引入政治哲学的中心，从劳动创造价值这一基本观念出发，论证财产权的正当性，同时提出了财产权的限制性条件。洛克认为，人们对其劳动成果拥有天赋的权利；财产权的限制性条件为"不浪费"(no waste condition)和"充分性"(the enough and as good condition)。人格所有权理论则主张，财产权为自我实现、个性表达以及个体的尊严和认同

---

① See John Locke, *Two Treatises of Government*, Cambridge University Press, 1988.

② 参见张乃根：《西方法哲学史纲》(第四版)，中国政法大学出版社 2008 年版。

③ See Mark A. Lemley, Ex Ante Versus Ex Post Justifications for Intellectual Property, *University of Chicago Law Review*, 2004, Vol. 71, pp. 129-131.

提供了一个独一无二的或者说特别适宜的机制。黑格尔在其《法哲学原理》第一篇“抽象法”之第一章“所有权”中，将其财产观建立在自由“意志”(will)论上。他认为，法是人的自由意志的体现；财产是人格的延伸，所有权制度把个人自由的自然领域从他的身体本身拓展到了部分物质世界。基于人格所有权理论的立场，知识产权存在的合理性在于，保护那些体现作家或艺术家意志的作品不被侵占或篡改，或者造就有助于创造智力得以发挥的社会经济条件，从而有益于人类生活的繁荣。激励理论认为，知识产权是为了对发明或作品的创作普及进行适当激励，并在一定程度上防止“搭便车”(free rider)行为而设定的政策性权利。其理论基础是建构在知识产品的无形特征之上的，即消费的“非竞争性”(non-rivalrous)和界限的“模糊性”(ambiguity)。前者是指对于知识产品，如果不存在排他性权利，多数人可以在不同地点同时进行消费；后者则指出，所有权以对特定有体物实施物理性接触的利用行为作为其权利内容。根据激励理论，知识产权的保护有赖于法律的拟制。由于生产知识产品需要花费的成本较高，而复制信息的成本较低，导致在使用知识产品时很难以合理的成本排除“搭便车”行为，信息的收益容易外溢到知识产权人之外。法律通过赋予排他权的方式纠正该外部性的存在，使权利人获取与信息相关的成本与收益，实现信息效益的最大化。因此，与普通有体物相比，信息更依赖于财产权的介入以获得保护。这就意味着，知识产权的本质是通过法律对自由人的行为从物理上进行人为制约的一种特权(privilege)。[①]当然，所有权对他人行为进行广泛制约的情形也要受到限制，该权利不是无限扩大的。但是，知识产权因其客体界限的不明确性，针对权利扩大的问题，通过符合自然法思路的禁止无法达到相应效果。其结果是，知识产权在权利的设定方式上没有限制，能够人为创设广泛制约他人行为的权利。为此，有必要防止因信息的过度产权化而导致原本只具备有限垄断属性的知识产权转化为一种控制信息的手段。

从中国《著作权法》第 1 条的规定来看，基于促进文化、科学事业发展与繁荣的立法目的，同时为了调整权利人与利用者之间的关系，国家制定

---

① 参见〔日〕田村善之：《知的財産法政策学の試み》，载《知的財産法政策学研究》2008 年第 20 号，第 3 页。

了该法并将其作为社会生活中的一种规则。由此确立的著作权法相关规则，不仅有利于文化、科学事业等社会共同利益，也赋予人们可享受公共幸福的机会。从这一角度出发，著作权是为了让人们享受文化、科学事业的发展成果而赋予的政策性权利。此种权利并不是为了保障个人自律的人权，而应该理解为在符合“公共利益”的限度内受到保护的政策性权利。

从历史沿革来看，1710 年生效的《安妮法案》[①]首次以成文法的形式承认作者对于作品享有的权利，对于后世版权法制的发展具有极其重要的意义。《安妮法案》规定，作者及其权利继承人，对已印刷的作品在自 1710 年 4 月 1 日起的 21 年间，对新印刷的作品在出版后的 14 年间，享有版权；对于侵害版权的，没收盗版作品，并对盗版作品一页处以一便士的罚金。没收的盗版作品和罚金由作者与国家均分。为了证明何者为权利人，作者有义务将其作品向出版公会进行登记，且需要向图书馆提供其作品。大陆法系作者权则起源于人格所有权学说，而人格所有权学说则是伴随着 18 世纪初克服对于出版业者营业保护的特权思想而产生的。该学说关注作者与作品间的联系，强调作品与作者人格间的一一对应，并在此基础上建立了以作者为中心的作者权制度。

在中国《著作权法》中，著作权与版权没有区别，“著作权即版权”(第 57 条)。“版权”一词是日本教育家福泽喻吉根据英文“copyright”翻译得来的。为参加《伯尔尼条约》，日本将 1887 年颁布的《版权条例》于 1899 年更改为《著作权法》。“著作权”是由水野练太郎根据“作者权体系”的概念翻译而来的。这两个词都源创于日本，于清末传至中国。

两大法系间在版权制度设计上存在许多差异，其中最鲜明的体现是对于著作权中的精神权利和法人作品的不同看法。在《伯尔尼公约》中，对于有关精神权利保护的署名权与保持作品完整权，其第 6 条之二规定：“不受作者的经济权利影响，甚至在上述权利转让后，作者仍有权请求就作品确认其作者身份，以及反对任何曲解、割裂或以其他方式篡改该作品，或与该作品有关的可能损害其荣誉或名誉的其他毁损行为。”作为国际上的最低标准，《伯尔尼公约》成员国均应在其国内法中满足此条对于精神权利的保护程度。

---

① Statute of Anne，1710 (8 Anne，c. 19).

传统上认为,精神权利发源于欧洲大陆,作品是人格的流露,在思想上秉承黑格尔的人格权学说。另一方面,英美法系对于精神权利的导入持较消极的态度。英国在 1988 年《版权法》[①]修改时导入了精神权利保护的相关规定,包括署名权和保持作品完整权两种。相比大陆法系对于精神权利的立法例,英国版权法体现出一些区别之处。首先,本来是侵害作者精神权利的行为,如果预先得到了作者的同意(不必以书面形式),就可以阻却其违法性(第 87 条第 1 款);其次,以作者的书面同意作为条件,对于现存的或将来的作品,将保持作品完整权通过合同而全面地放弃(第 87 条第 3 款 a 项);最后,根据禁止反悔原则,即使不是书面的放弃或精神权利不行使的合同,也可以产生放弃的效果(第 87 条第 4 款)。此外,精神权利不行使的合同可以突破合同的相对效力(第 83 条)。长期以来,美国对于精神权利均持消极立场,原因在于它长期脱离于《伯尔尼公约》之外。但是,20 世纪末,认识到美国人的作品能否在海外受到保护将成为美国至关重要的利益所在,美国开启了加入《伯尔尼公约》的进程。在此过程中,最大的阻碍就是精神权利的导入与否。尽管在不少州立法中存在保护精神权利的实践,但是联邦版权法中完全不存在保护精神权利的规定。同时,从思想背景来看,美国版权法立足于功利主义思想,与大陆法系的自然权论显得格格不入。因此,美国主张,在其他联邦法中(诸如商标法、反不正当竞争法、名誉毁损及隐私权保护的宪法修正案等)存在保护精神权利的种种实践,即使联邦版权法中没有相关规定,也能达到与《伯尔尼公约》相同的效果。1990 年,美国创设了新的《版权法》第 106 条 A,仅赋予艺术家精神权利的保护(Visual Artist's Rights Act of 1990,以下简称"VARA")。VARA 的精神权利保护有如下特征:第一,限定性。仅针对纯粹美术作品(fine art)提供保护,不及于其他作品种类。其中,对于纯粹美术作品的原件和以展示为目的的摄影作品原版一枚,或者版画作品署名并按顺序标明序号的仅限 200 部以内。[②] 此外,即使是美术作品的原件,如果被制作成为电影作品的一部分,也排除其适用。[③] 第二,

---

① Copyright, Designs and Patents Act 1988, As Amended by the Copyright (Computer Programs) Regulations 1992.

② See 17 U. S. C. § 101.

③ Ibid.

在作者存世期间，作为人身专属的权利，精神权利包括署名权和保持作品完整权。其中，保持作品完整权的规定与《伯尔尼公约》基本相同。[①] 在美术作品中，对于作为建筑作品一部分并在物理上难以移动或除去的作品，作出特别的权利限制规定。[②] 第三，对于社会来说具有“重要地位的作品”（works of recognized stature），禁止故意或因重大过失予以破坏。[③] 该规定也体现了作为文化财产保护目的之精神权利的又一侧面。第四，对于精神权利不行使契约的有效性问题，原则上承认对特定作品特定状态的改变行为的书面同意的有效性。[④] 但是，即使将版权或者原作品的有体物转移，也不意味着默示的不行使契约的成立。[⑤]

正是由于两大法系在精神权利方面的巨大差异，TRIPS 协定第 9 条第 1 款第 2 句排除了各成员对《伯尔尼公约》第 6 条之二有关精神权利给予或派生的权利在 TRIPS 协定下所享有的权利和义务。这也构成了 TRIPS 协定中的“伯尔尼递减”因素。

在法人作品概念上，传统的大陆法系各国著作权法中一般都坚持所谓的“创作人主义”原则，即只有从事了事实的作品创作行为的自然人才能取得原始著作权。但是，考虑到近代以来大量作品都是通过受雇于组织的自然人创造的，而且一项作品往往需要众多受雇于组织的自然人合力而为，如果坚持传统的“创作人主义”原则，可能会造成权利主体的分散，进而导致交易成本的飙升，从而影响作品的利用。所以，大多数国家的版权法现已将雇主视为作者，将法人作品版权原始归属问题作为“创作人主义”原则的例外加以处理，使得雇主可以原始版权人的身份统一处理版权的权利行使问题。但是，由于政策考量以及历史传统的不同，各国对于法人作品的具体规定大不相同。

英美法系国家一般都视法人为作者。例如，美国《版权法》第 201 条(b)项规定，就雇佣作品而言，雇主或作品为其制作的其他人被认为是本法所称的“作者”；除非各方在由他们签署的书面文件中明确存在另外的

---

① See 17 U. S. C. § 106A(a)(1)(2).
② See 17 U. S. C. § 113-(d).
③ See 17 U. S. C. § 106A(a)(3)(B).
④ See 17 U. S. C. § 106A(e)(1).
⑤ See 17 U. S. C. § 106A(e)(2).

协议,否则雇主或作品为其制作的其他人拥有版权所包括的一切权利。英国《版权法》第 11 条第 2 款规定,如果文字、戏剧、音乐、艺术作品是由雇员在受雇期间创作的,那么除非合同中有相反约定,否则雇员的雇主为该作品的原始版权人。

传统上被认为属于大陆法系国家的日本在其《著作权法》第 15 条中规定,基于法人等使用者的提议从事该法人等使用者的业务的人,在履行职责时创作的作品,如果以法人等使用者的名义发表,只要在作品创作完成时的合同或者就业规则中没有特别约定,则该法人等使用者为著作权人。该法第 15 条第 2 款进一步规定,如果从事法人等使用者的业务的人创作的是计算机软件,则不管是否以法人的名义发表,只要在创作完成时的合同或者就业规则中没有特别约定,则该法人等使用者为著作权人。可见,日本在这一问题上完全采取了英美法系的立法例。

法国则采取了折中的处理方法,在其《知识产权法典》第 L111-1 条中明确规定,智力作品的作者仅仅依其创作的事实,对作品享有专有的对抗所有人的无形财产权。智力作品的作者签订的雇佣合同或劳务合同对作者依第 1 款享有的权利不产生任何消极影响。但是,这并不是说在法国法上不存在"创作人主义"原则的例外。有关集体作品的第 L113-5 条规定,如无相反证明,集体作品为以其名义发表的自然人或法人的财产,该人被赋予著作权。所谓集体作品,是指由一个自然人或法人发起、编辑并出版及发表的作品,且参与创作的多个作者的个人贡献已融入该作品中,不可能就已完成的整体作品赋予他们中任何一人以单独的权利(第 L113-2 条第 3 款)。一般来说,该集体作品是字典、百科全书及报纸等。此外,对于不属于集体作品的其他作品,不承认雇主取得原始著作权,但在一定程度上也存在使权利相对集中的规定,即对于视听作品(第 L132-24 条)、广告的委托作品(第 L132-31 条)、软件及文档作品(第 L113-9 条)规定了对雇主的权利转让推定。

德国著作权法中不存在法人作品的概念。"创作人主义"原则在现行德国《著作权法》中毫无例外地得到了贯彻。德国《著作权法》第 7 条规定,作品的创作人是作者。但是,对于计算机软件和电影作品,该法规定关于权利行使的推定也存在,以减少因权利过于分散对权利行使造成的阻碍。

中国《著作权法》在第 11 条第 3 款的法人作品之外，规定了职务作品。对于职务作品，该法区分两种情况分别规定其著作权归属：对于主要是利用法人或其他组织的物质技术条件创作，并由法人或其他组织承担责任的工程设计图、产品设计图、地图、计算机软件等职务作品，以及法律、行政法规规定或者合同约定著作权由法人或者其他组织享有的职务作品，创作作品的自然人只享有署名权，著作权的其他权利由法人或其他组织享有；对于其他职务作品，著作权由作者享有。

除了在具体制度设计上存在显著差别外，在国际统一规则的制定方面，两大法系在历史上也存在不同的进路。19 世纪初，大陆法系国家希望消除各国间在版权保护问题上的差异，进而实现强化版权保护的目的，建立了《伯尔尼公约》体系。英美法系国家则根据自身的特点缔结了《世界版权公约》[①]。两大公约体系间最为显著的区别在于，对版权的享有和行使是否应履行一定的手续。《伯尔尼公约》第 5 条第 2 款规定，这些权利的享有和行使，无须履行任何手续(formality)。同条第 1 款规定，对于受本公约保护的作品，作者在来源国之外的本联盟各成员国，享有各该国法律现在赋予或将来可能赋予其国民的权利，以及本公约特别赋予的权利。因此，《伯尔尼公约》项下权利的享有及行使，在来源国以外的联盟成员国不能课以任何手续要求。《世界版权公约》则规定了作为版权保护条件的手续要求，即只要在作品上标有“©”符号并注明版权所有者姓名、初版年份，即认为履行了手续。

起源于《安妮法案》的版权制度，一开始表现为以英国为代表的各国要求以登记为版权保护的条件。到 1886 年为止，各国几乎都存在作品寄存(deposit)、登记或宣言(declaration)的实践，唯一不同的是这些方式所导致的效果。有的国家规定，不履行手续要求，作品将进入公共领域(public domain)；有的国家则仅将其作为权利行使的要件，在满足形式要求后即可行使权利。1988 年，美国成为《伯尔尼公约》成员国。在加入《伯尔尼公约》前，包括登记、版权标识、寄存在内，美国版权法上对于版权保护课以诸多手续要求，若未能满足，将导致丧失版权的后果。[②] 但是，

---

① Universal Copyright Convention as revised at Paris on 24 July 1971. 中文文本见《全国人民代表大会常务委员会公报》1992 年第 4 期。

② See Article 10 of Act of 30 July 1947(61 stat. 652).

因违反手续要求而丧失版权的规定在旧法下也不适用于外国作品。[①] 因此，就算依据旧法的规定，也不与《伯尔尼公约》第 5 条第 2 款对于无手续主义的要求相抵触。尽管如此，美国在修改 1976 年《版权法》时还是废除了将登记作为国内作品版权有效要件的制度。

美国在加入《伯尔尼公约》时采取了“最少变动”(minimalist approach)的立法模式，即仅将明显与《伯尔尼公约》相抵触的部分进行修改。具体包括：尽管存在作品自最初发行起 5 年以内登记的条件，但是登记证明书仅作为版权有效性与登记记载事项的“初步证明”(prima facie evidence)。[②] 法定损害赔偿与律师费的请求则被作为诉讼开始的条件，必须经过登记才能请求。[③] 由于该要件仅施加于某些特殊赔偿形式的条件，且不是针对实际发生的损害的请求所施加的条件，所以并不违反《伯尔尼公约》。以其他《伯尔尼公约》联盟成员国为来源国的作品，并不以登记作为侵权诉讼提起的要件。[④] 但是，对于美国国内出版的作品，登记则是提起诉讼的要件。为了解决二重让渡导致的受让人权利的先后关系问题，美国维持了转移登记制度[⑤]；实行向联邦国会图书馆的强制寄存制度，但不履行寄存义务并不导致丧失版权，因而并不违反《伯尔尼公约》。[⑥] 该制度仅适用于美国国内作品，并不适用于外国作品。

在实践中，无手续主义亦被世界诸国所采纳，成为确定的国际法规范。美国加入《伯尔尼公约》后，无手续主义更是成为普遍的国际法规范。同时，规定了作为版权保护条件的“©”标志的《世界版权公约》，事实上已经丧失了影响力。特别是 TRIPS 协定第 9 条第 1 款的规定，从制度上保障了《伯尔尼公约》第 5 条第 2 款规定的落实。即使不是《伯尔尼公约》成员国，只要成为 WTO 成员，也必须遵守“无手续主义”要求。因此，下文有关版权国际保护体制的介绍将主要围绕《伯尔尼公约》体系及其后续发展进行。

---

① See Heim v. Universal Pictures Co., Inc., et al., 154 F. ed 480; 1946 U. S. App. Lexis 3890, 16 February 1946.

② See 17 U. S. C. § 410(c).

③ See 17 U. S. C. § 412.

④ See 17 U. S. C. § 411(a).

⑤ See 17 U. S. C. § 205(d).

⑥ See 17 U. S. C. § 407(d).

（二）版权（著作权）的国际保护体制概述

《伯尔尼公约》签署以前，当时的文化大国法国、德国等的本国作品在外国饱受盗版之苦，对于本国作品在外国的保护主要通过与其他欧洲国家缔结的一系列保护版权的双边条约实现。《伯尔尼公约》缔结以后，国际版权保护以多边主义为中心展开，随着 WIPO 的设立，多边机制也日趋完善。但是，在多国间知识产权机制的舞台上，发展中国家的发言权也逐渐增强，对于由发达国家主导的既有的规则形成机制造成了一定的阻碍。自 20 世纪 80 年代起，美国通过单边贸易报复措施以及《北美自由贸易协定》（NAFTA）[①] 中的知识产权条款，推进版权保护水准的提高。TRIPS 协定缔结后，多边协调又重现其重要性；同时，在 WIPO 的管辖下，缔结了一系列国际版权保护多边公约。另一方面，近年由美国主导缔结的自由贸易协定进一步增多，其中保护标准超出 TRIPS 协定要求的最低保护程度的“TRIPS 递增”（TRIPS-plus）条款也成为成员间的强制性义务。

1.《伯尔尼公约》缔结的背景与特征

《伯尔尼公约》签署于 19 世纪初叶，创设的背景是：大陆法系国家希望消除各国间存在的版权保护问题上的差异，进而实现强化版权保护的目的。尽管当时大多数国家存在版权法律制度，但是由于属地主义倾向的影响，版权保护往往以作者国籍或惯常居所、作品首次发表地等作为前提条件，直接导致起源于外国的作品或作者的版权保护受到了极大制约。此外，各国对于外国作品或作者的版权保护往往基于相互主义原则，因此使得对作者权利的保护陷于不确定的情势，特别是翻译权常常不能得到充分保护。在这一背景下，英国、法国等面临着本国作品在他国被肆意复制、翻译，并且这些盗版作品又以低廉的价格销售回本国，给这些国家造成了巨大的损失。为了改善此种状况，以法国为首的文化大国通过签署两国间的版权保护条约，在一定范围内起到了遏制盗版现象的目的。到 19 世纪末，欧洲各国基本上确立了以双边版权保护条约为基础的条约网络。但是，不可否认的是，两国间条约存在着明显的弊端，其效力仅及于

---

① North American Free Trade Agreement, U. S. -Can. -Mex. , 17 December 1992, 32 I. L. M. 289. 中文版参见叶兴国、陈满生译：《北美自由贸易协定》，法律出版社 2011 年版。

签署条约的缔约国，且各条约在保护程度与范围上也存在显著差异，不利于同一作品的国际统一保护。因此，从两国间版权保护条约体制转向多国间统一保护体制的必要性成为《伯尔尼公约》诞生的原动力。①

《伯尔尼公约》的缔结目的是建立国际性的、统一性的版权保护体制，这在其序言中就有明确的阐述，即“本联盟各成员国，受到尽可能有效地和尽可能一致地保护作者对其文学艺术作品所享权利的共同愿望的鼓舞”。尽管《伯尔尼公约》确定了权利人保护的目的，但是在实现手段上，在公约签署之初存在多种选择，其中之一就是在联盟成员国间建立一个具有统一适用条件的、具有普遍效力的版权体制。这一目标非常符合自然权理论，即版权是天赋人权，应该在各国享受统一的、普遍性的权利。但是，由于19世纪末各国在文化与社会经济发展上存在较大差异，制定一个具有普遍效力的版权公约必然不能满足所有成员国的需求，因此这一提议并没有被采纳。②《伯尔尼公约》采取了一套与普遍主义不同的方式，进而实现对于版权国际保护的目的，即国民待遇原则与最低保护标准相结合的方法。具体来说，《伯尔尼公约》第5条第1款规定了国民待遇原则，使创作于他国的作品得到了与创作于本国的作品实质性的平等保护。最低保护标准则使成员国承担起不能降低版权保护水准的下限义务。《伯尔尼公约》虽经多次修改，但其基本构架得以维持。可以说，《伯尔尼公约》对于版权的国际保护正是依靠国民待遇原则与最低保护标准两大支柱。这也是《伯尔尼公约》在制度框架上最为显著的特征。

伴随着《伯尔尼公约》成员国的增加，大量发展中国家提出了与版权保护目的相异的要求，即《伯尔尼公约》应更多地体现发展中国家对于作品获得与享受的权利。特别是在1967年修订公约的斯德哥尔摩会议上，发展中国家代表提出应该制定新的限制权利规定的提案，但是遭到发达国家的反对。发展中国家通过议定书的形式对《伯尔尼公约》中的最低保护标准进行了保留(《伯尔尼公约》第21条)，该议定书与此次修订会议所缔结的公约具有不可分割的效力。最终签署该议定书的成员国数量极少，且发展中国家与未签署议定书的发达国家间并不受议定书义务的约

① 参见〔日〕小嶋崇弘:《著作権法における権利制限規定の解釈と3 step test(2)》，载《知的財産法政策学研究》2010年第27号，第132—167页。

② 同上。

束。因此,尽管该议定书在之后的《伯尔尼公约》1971 年巴黎修订会议上成为“附件”(《伯尔尼公约》第 21 条第 1 款),但是一般认为它并未起到对发展中国家促进作品利用与信息流通的目的。

2. TRIPS 协定体系

在《伯尔尼公约》体系之后,知识产权保护问题与国际贸易法产生了联系,进而诞生了 TRIPS 协定体系。在 TRIPS 协定有关版权部分的制定过程中,发达国家主张,所有 TRIPS 协定成员在承诺履行《伯尔尼公约》条约义务的基础上,对计算机软件和数据汇编等新型作品形式给予扩张保护。在此提案的基础上,TRIPS 协定通过第 9 条第 1 款将《伯尔尼公约》第 1 条至第 21 条的实体性规定及附件纳入 TRIPS 协定条约义务的同时,在第 10 条、第 13 条导入超出《伯尔尼公约》义务性规定的条款。因此,一般认为,TRIPS 协定采取了“伯尔尼递增”(Berne-plus)模式。同时,TRIPS 协定第 9 条第 1 款可以起到要求未加入《伯尔尼公约》的 TRIPS 协定成员同样履行《伯尔尼公约》义务的效果。与《伯尔尼公约》中的最低保护标准相比,在实体内容上,TRIPS 协定中构成“伯尔尼递增”的主要内容包括:在第 10 条中作为新的保护客体的计算机软件和数据汇编;在第 11 条中作为新的排他权的出租权;第 12 条规定,“如果一作品的保护期限不以自然人的寿命为基础计算,则该期限自作品准予出版的那一公历年年底起不得少于 50 年”,而根据第 7 条第 2 款、第 3 款的规定,对于电影作品、不具名作品和假名作品,保护期限自作品在作者同意下公映后 50 年届满,或自其合法地向公众发表之日起 50 年。此外,由于不构成出版的向公众发表的作品之存在,TRIPS 协定事实上推后了不以自然人的寿命为计算基础的保护期间的起算时点,因此也构成“伯尔尼递增”因素。当然,TRIPS 协定中也存在“伯尔尼递减”因素,即 TRIPS 协定第 9 条第 1 款第 2 句,排除了各成员对《伯尔尼公约》第 6 条之二有关著作精神权利所给予或派生的在 TRIPS 协定下的权利和义务。但是,根据该协定第 2 条第 2 款,已加入《伯尔尼公约》的 WTO 成员仍应承担其之前相互承担的义务,包括对著作精神权利的保护。

TRIPS 协定最突出的特点在于,它是“国际贸易的知识产权法”[①]。与《伯尔尼公约》这种传统的版权公约相比,TRIPS 协定具有以下几个特点:其一,存在一个具有实效性的争端解决机制,这使得各成员根据本国实际情况作出的政策性裁量有可能成为他国起诉其违反 TRIPS 协定义务的依据,从而需要承担违反条约义务的责任。[②] 其二,TRIPS 协定成功地使众多国家或地区加入其中。对于原来不愿承担更多保护义务的国家或地区来说,通过在关税等其他领域的利益交换,实现了此类国家或地区对于 TRIPS 协定的承认。特别是发展中国家意图换取在农产品、纺织品等领域的市场准入与关税减免,被作为一揽子环节加入 TRIPS 协定。此外,从 TRIPS 协定的角度看,由于它将《伯尔尼公约》《罗马公约》等与版权相关的国际公约的实体性义务规定纳入其中,也使得非《伯尔尼公约》或《罗马公约》成员国事实上承担了同样的条约义务。其三,由于采取了与 WIPO 相异的决策机制,国际规范的形成机制更为顺畅。《伯尔尼公约》的修订采取全体成员国一致同意的方式,对于发达国家与发展中国家存在利益冲突的问题很难达成妥协。TRIPS 协定以协商一致为决策机制,更加有利于发达国家通过在其他领域的减让换取发展中国家在知识产权问题上的妥协。其四,TRIPS 协定中增加了《伯尔尼公约》《巴黎公约》等既存知识产权国际公约中不存在的最惠国待遇原则(TRIPS 协定第 4 条)。《伯尔尼公约》以国民待遇原则和最低保护标准为两大支柱,而 TRIPS 协定在此基础上增加了最惠国待遇原则。一般认为,在知识产权领域,最惠国待遇原则的重要性远不及国民待遇原则。在实践中,直到 TRIPS 协定,才首次在国际知识产权公约中规定最惠国待遇原则。TRIPS 协定通过最惠国待遇原则相关条款的原因在于,美国通过自由贸易协定等的缔结,可能造成 TRIPS 成员间的差别待遇问题。自 20 世纪

---

① 有关作为国际经济法新领域的国际贸易的知识产权法的原理、范畴、渊源与发展的开创性介绍,参见张乃根:《论国际贸易中的技术增长及其对策》,载《国际贸易问题》1998 年第 9 期;张乃根:《国际经济关系的技术因素及其法律影响》,载《复旦学报》(社会科学版)2001 年第 1 期;张乃根:《国际贸易的知识产权法》等。

② 有关争端解决程序,参见 DSU。关于 TRIPS 协定项下争端解决机制的综合性研究,参见张乃根:《世贸组织的知识产权争端的解决机制》,载《复旦学报》(社会科学版)1998 年第 5 期;张乃根:《试析美国针对我国的 TRIPS 争端解决案》,载《世界贸易组织动态与研究》2007 年第 7 期。

80年代起，美国通过自由贸易协定寻求仅适用于本国国民的超国民待遇的保护水平。WTO规制的三个主要领域（货物贸易、服务贸易、与贸易有关的知识产权）中均存在最惠国待遇原则条款。但是，在GATT与GATS中，均将包括关税同盟、自由贸易协定在内的地域性贸易安排作为最惠国待遇原则的例外，而在TRIPS协定中并不承认该例外。

正是因为上述TRIPS协定所具有的“国际贸易的知识产权法”特点，使得其在提高版权保护水准、增强条约义务履行能力上大为增进，而其反面却可能忽视公众接触与享受作品的自由。理由在于：其一，作为“国际贸易的知识产权法”的一环，TRIPS协定成员更加关心的是减低关税、消除贸易壁垒等纯粹的贸易利益，而公众权利与利益的平衡问题往往不在其评价体系之中。其二，乌拉圭回合谈判的主要成员美国发起这一回合谈判的主要目的在于，通过强化知识产权保护，消除本国贸易赤字。因此，知识产权保护成为美国文化产业的主要游说目标，这可能导致忽视其他利益团体的呼声。其三，在缔结过程中，发展中国家认为，对于知识产权的强力保护所导致的利益损失也许可以从农产品或纺织品等贸易中完全得到弥补。但是，随着数字时代、信息经济的发展，这一均衡被打破，而知识产权上平衡性的丧失直接导致了发展中国家经济发展的停滞。

3.《WIPO版权条约》和《WIPO表演与录音制品条约》

20世纪90年代以后，伴随着数字技术与互联网的发展，传统的作品创作与利用方法发生了质的变革，引发了对于模拟环境下版权保护模式进行变革的呼声。1996年由WIPO主导缔结的《WIPO版权条约》（以下简称“WCT”）[①]和《WIPO表演与录音制品条约》（以下简称“WPPT”）[②]正是呼应数字时代新的版权问题而生的。

WCT和WPPT的显著特点是，仅用较短时间就完成了条约的制定：1995年9月提出新的应对数字时代新问题的“数字议题”，1996年12月就通过了两条约。两条约迅速制定并通过的原动力就在于美国及欧盟等

① WIPO Copyright Treaty (WCT) (1996) with the Agreed Statements of the Diplomatic Conference that Adopted the Treaty and the Provisions of the Berne Convention (1971) Referred to the Treaty, WIPO, Geneve, 1997.

② WIPO Performances and Phonograms Treaty (WPPT) (1996) with the Agreed Statements of the Diplomatic Conference that Adopted the Treaty and the Provisions of the Berne Convention (1971) referred to the Treaty, WIPO, Geneve, 1997.

发达国家和地区的积极推动。特别是在条约缔结前，当时的美国克林顿政府接受了数字内容提供商的立法游说，致力于在美国国内制定加强版权保护的法律。在1995年美国信息基础设施专门工作组发布的《知识产权与国家信息基础设施》白皮书①中，克林顿政府表达了强化版权保护的意图，具体来说：其一，权利人享有通过互联网传播的作品的一切复制形式（包括瞬时复制）的排他权；其二，废除首次销售原则；其三，如果存在作品交易的许可市场（即在不存在市场失败的情况下），就否定合理使用规定的适用；其四，承认权利人享有任何形式的数字传输作品的排他权；其五，承认对于技术保护措施的保护。但是，由美国信息基础设施专门工作组提出的1995年《版权法》修改法案并未获参议院通过。② 尽管如此，克林顿政府的政策制定者们并未放弃强化保护的初衷，并将视角由国内转向国际，意图通过WIPO制定一个数字时代的版权保护条约，从而实现由外及内的转化。在1996年WIPO公开的条约草案中，包含《知识产权与国家信息基础设施》白皮书的主体内容。对于这一做法，有学者指出："美国政府就是希望通过在国际条约的制定过程中导入其希望的条款，继而通过条约义务的国内法履行的形式，将原本无法在国内通过并实施的条款与政策目标予以实现。"③

美国主导的条约草案一经提出就遭到了发展中国家以及非政府组织（NGO）的反对，其结果就是其中有关数据库保护部分被删除。④但是，从结果来看，WCT中仍旧包含大量超出《伯尔尼公约》以及TRIPS协定义务的条款。具体来说，在保护客体上，承认对于计算机软件（第4条）和数

---

① Intellectual Property and the National Information Infrastructure: The Report of the Working Group on Intellectual Property Rights, September 1995, Information Infrastructure Task Force, Working Group on Intellectual Property Rights. See http://www.uspto.gov/web/offices/com/doc/ipnii/ipnii.pdf. 参见李颖：《网络环境下版权法的修改——美国〈知识产权与国家信息基础设施〉白皮书简析》，载《情报杂志》1999年第5期。

② See Intellectual Property and the National Information Infrastructure: The Report of the Working Group on Intellectual Property Rights.

③ Pamela Samuelson, The U. S. Digital Agenda at WIPO, *Virginia Journal of International Law*, 1996, Vol. 37, pp. 373-374.

④ See Basic Proposal for the Substantive Provisions of the Treaty on Intellectual Property in Respect of Databases to Be Considered by the Diplomatic Conference, Diplomatic Conference on Certain Copyright and Neighboring Rights Questions, Geneva, 2 to 20 December 1996.

据汇编（第5条）的保护；在排他权种类上，承认作品的发行权（第6条）、出租权（第7条）和向公众传播权（第8条）；第11条规定了关于技术措施的义务，第12条规定了关于权利管理信息的义务。一般认为，两条约构成对于版权人以及邻接权人权利保护的扩张性条约。也有观点认为，两条约的制定并不以独立的个人创作者的权利保护为出发点，而是以互联网环境下已通过职务作品等手段取得版权或者本身就是著作邻接权人的跨国企业的利益保护为初衷。①

同时，也不应忽略WCT对于作品利用者利益的均衡。WCT均衡考虑利用者利益的原因就在于：其一，WIPO的决策机制以全体一致为原则，因此不可避免地要在发达国家与发展中国家间进行利益妥协。其二，在缔结WCT的外交会议上，NGO的积极参与起到了重要作用。在日内瓦召开的此次会议上，多达76个NGO作为观察员参加。尽管NGO不能在主要委员会上发言，但是被允许通过向各国代表团分发意见书的形式，非正式性地表达对于条约草案的意见。因此，与权利人利益相对立的、代表利用者利益的NGO通过积极参与条约的制定过程，在一定程度上于条约中反映了平衡性的观点。

4. 作为“TRIPS递增”的自由贸易协定

在TRIPS协定之后，美国主导的自由贸易协定中均包含大量单方向权利保护条款，即超出TRIPS协定、WCT、WPPT所要求的保护水准的知识产权保护条款；缩小TRIPS协定所容许的缔约国自由裁量的例外条款；增加TRIPS协定未赋予保护义务的保护类型的条款。同时，由于TRIPS协定第4条最惠国待遇原则的存在，两国间自由贸易协定中的“TRIPS递增”条款的效果往往被进一步扩大，并逐渐成为全球性统一的保护水准，进而扭曲版权保护的国际规范的形成过程。其中，“TRIPS递增”的版权条款具体包括：延长版权保护期限，规制临时复制行为，强化规避技术保护措施行为等。

自由贸易协定中“TRIPS递增”“WCT/WPPT递增”的设定，导致既存国际条约中预留的各国依据不同发展阶段制定与本国发展阶段相适应

① 参见〔日〕小嶋崇弘：《著作権法における権利制限規定の解釈と3 step test(5)》，载《知的財産法政策学研究》2011年第36期，第91—119页。

的政策回旋余地的丧失。尽管在多国间确保公共利益已形成共识，但是美国通过自由贸易协定要求他国履行高于国际条约义务的条款，使得各国依据自身国情制定相适应的版权法日益困难。此外，美国不仅在自由贸易协定缔结过程中贯彻其意图，还通过监督自由贸易协定在他国国内立法的推进情况，进一步压缩各国的裁量余地。美国主导的自由贸易协定的缔约方一般均为作品的进口国，如此高水平的保护程度并不是这些国家在政策上自发需要的。但是，为了确保在农产品等领域的市场准入以及降低关税壁垒，这些国家在版权保护条款方面作出了让步。这导致一国的主权被不当地限制。

5. 版权限制条约的制定与缔结

近年来，在 WIPO 舞台上，借由发展中国家及 NGO 等的提议，对于作为义务性规定的版权权利限制条约的缔结问题也进行了一系列很有价值的探讨。特别是《关于为盲人、视障者或其他印刷品阅读障碍者获得已出版作品提供便利的马拉喀什条约》（以下简称《马拉喀什条约》）[①]，规定了缔约方应当在其国内法中增加规定，允许复制、发行和提供已出版作品的无障碍格式版。此外，该条约还就服务于盲人、视障者或印刷品阅读障碍者的各种组织之间进行无障碍格式作品的跨境交换作出了规定，使同一部作品的无障碍格式版可在不同国家间进行网络传输与音频共享，满足了盲人、视障者或印刷品阅读障碍者在数字时代获得版权文本的盲文、大字本或数字化音频版的需求。在《马拉喀什条约》之后，WIPO 又紧锣密鼓地制定《图书馆和档案馆例外与限制条约》[②]、《关于教育、教学和研

---

① Marrakesh Treaty to Facilitate Access to Published Works for Persons Who Are Blind, Visually Impaired, or Otherwise Print Disabled, signed on 27 June 2013. 中英文文本：http://www.wipo.int/wipolex/en/details.jsp? id=13169，2018 年 2 月 18 日访问。

② See Standing Committee on Copyright and Related Rights Twenty-six Session, Working Document Containing Comments on and Textual Suggestions Towards an Appro-priate International Legal Instrument (in Whatever Form) on Exceptions and Limitations for Libraries and Archives, Adopted by the Committee, 11 April 2014, SCCR/27/REF/SCCR/ 26/3.

究机构及其他残疾人限制与例外条约》①。其中,前者的制定是由于现行的国家、国际图书馆和档案馆版权限制与例外制度未针对数字环境进行过更新,为了让图书馆和档案馆能够向用户同时提供传统服务和随技术变革产生的新服务,包括跨国境分享资源等,必须对制度进行更新;后者也是建立在承认新的数字平台和信息通信技术的创新对公众获取、阅读、使用、再使用和欣赏创意内容产生深远影响的基础上而筹划、缔结的。

接触信息与获取知识是基本人权,在数字网络兴起之后,一般公众接触信息的机会更加广泛。相对而言,盲人、视障者或印刷品阅读障碍者在接触信息的机会上日益落后,产生严重的数字落差,因此亟须解决这一难题。在前数字时代,他们只能借助盲文或有声读物跨越阅读障碍。随着科学技术的发展,在数字时代,他们有望借由将文字转换成语音的系统或盲文触摸系统便捷地接触相关信息。如何完善现有版权限制规定,以促使盲人、视障者、印刷品阅读障碍者便捷地接触相关信息,并缩短他们与一般人在接触信息上的差距,成为新制定的国际条约的首要目标。② 在此背景下,WIPO 外交会议于 2013 年 6 月 27 日通过《马拉喀什条约》,成为第一部保护盲人、视障者或印刷品阅读障碍者接触信息权益的国际条约,从而实现在数字环境下保障盲人、视障者或印刷品阅读障碍者接触信息的机会,消弭数字鸿沟。

以《马拉喀什条约》为代表的版权限制条约,其最大特点是规定了最高保护标准。③ 既有的版权国际保护公约一般以国民待遇原则和最低保护标准为支柱,即在制度构建上并不以版权保护的上限规定为基石。但是,这并不意味着不存在不能超过某种"天花板"性质的规定,典型的为 TRIPS 协定中的"不抵触义务"。不抵触义务是指给予知识产权权利主

---

① See Standing Committee on Copyright and Related Rights Twenty-six Session, Provisional Working Document Towards an Appropriate International Legal Instrument (in whatever form) on Limitations and Exceptions for Educational, Teaching and Research Institutions and Persons with Other Disabilities Containing Comments and Textual Sugges-tions, 23 May 2014, SCCR/28/REF/SCCR/26/4 PROV.

② 参见汪渡村、章忠信:《视觉功能障碍者电子化图书资源征集与合理使用机制法制化之研究报告》,台湾图书馆,2014 年。

③ See Annette Kur, International Norm-Making in the Field of Intellectual Property: A Shift Towards Maximum Rules? *The WIPO Journal*, 2009, Vol. 1, p. 27.

体更广泛的保护,即嗣后的协定或国内法中的规则不能与 TRIPS 协定所赋予的权利相违背。虽然 TRIPS 协定在最低义务的基础上设定不抵触义务是为了平衡权利人与社会公众之间的利益,但是赋予权利主体的权利并非越多越好,超出合理界限就会对合法贸易造成扭曲和阻碍。从这个角度看,对版权的限制规定正是设立最高保护标准。[①] 但是,对于最低保护标准,国际公约中一般以强制性义务的形式进行充分表达,甚至以有效实施的形式将其全面纳入条约义务之中。如前所述,根据 TRIPS 协定第 1 条第 1 款,成员可以但没有义务通过法律实施比该协定要求更广泛的保护,只要这种保护与该协定规定不抵触。该条款的规定被认为是设定最低义务,即成员有效实施的义务限于 TRIPS 协定文本规定的范围;同时,任何成员提供超出这一义务范围的知识产权保护反而必须承担不抵触义务。

二、相关权(邻接权)

(一)相关权与邻接权

关于相关权(邻接权)的用语,意大利采用“相关权”(diritti connessi,相关联之权利),德国则采用“邻接权”(verwandte Schutzrechte),法国亦采用“邻接权”(droits voisins)。欧盟指令称之为“相关权”(related rights),英美法系国家则普遍使用“相邻权”(neighboring nights)。日本将之翻译为“邻接权”(隣接権)[②],中国采用了大陆法系的术语。TRIPS 协定第一部分第 1 节采用“相关权”。在下文论述中,“相关权”与“邻接权”同义。

对于邻接权的保护,传统上存在四种学说:其一,主体说,即表演者、录音制品制作者、广播组织均是作品的利用者,而不是作品的创作者。通过版权法对这些主体进行保护并不符合版权法保护作品的宗旨,因此需要在版权之外创设对这些主体进行保护的邻接权。其二,客体说,即版权的保护客体是思想、感情等的创作性表达,而表演、录音、广播都是传播行为,并不是智力创作成果。其三,准创作说,即表演、录音制品、广播信号

---

① 参见孙益武:《过境货物相关知识产权执法研究》,复旦大学 2013 年博士学位论文。

② 参见日本《著作権法》(昭和四十五年五月六日,法律第四十八号),第四章“著作隣接権”。

虽然没有达到作品创作的高度，但是也需要给予这些成果一定的保护，因此创设了邻接权制度。其四，激励传播行为说，即为了激励市场主体在作品传播过程中进行投资，有必要从政策性角度出发，通过对邻接权的保护实现这一激励。详尽分析以上四种涉及邻接权理论的学说，可以发现：

从主体说角度看，尽管表演者等是在利用作品，但并非所有利用作品的主体都被纳入邻接权的保护范围之内。例如，演绎作品的演绎主体都是在利用原作品的基础上创作、演绎作品的，但是其中的大部分都没有被赋予邻接权。因此，主体说并不足以概括对于表演者、录音制品制作者、广播组织赋予邻接权的原理。

从客体说角度看，邻接权所保护的客体并不都是传播行为，而是某种人类劳动成果，尽管这种成果在独创性高度上并未达到作者权体系下的独创性标准，但是仍旧以某种成果的形式存在，如表演者的表演、录音制品、广播信号等。因此，单纯从传播行为角度说明邻接权的本质特征也不恰当。

准创作说在很大程度上符合大陆法系国家对于邻接权的看法，即在作品传播过程中对已有作品有所演绎、有所改动、有所修饰、有所编排等，而这种演绎、改动、修饰、编排等的结果又难以成为一个作品，或者有些创作成果不符合大陆法系国家对作品创作高度的要求，因此将其类比于作品，视为准创作，从而给予邻接权的保护。但是，该学说并未准确说明究竟在多大范围内承认作品之外的准创作并将其纳入邻接权的保护范围。同时，大陆法系各国在对准创作的认识与立法实践上均存在较为显著的区别。例如，德国对邻接权采广义保护，保护范围除包括表演者、录音制品制作者和广播组织外，还包括特定版本的编辑者、照片的拍摄者和电影制片人等。采取作者权体系的国家并不承认这些主体享有版权保护，而是通过邻接权的体系予以保护。因此，在作者权体系下，更加倾向于针对邻接权本质的准创作行为说。

采取版权体系的国家主要是从投资激励的角度，认为这些客体也可以成为版权的保护对象。其中，最为鲜明的体现就是对录音制品和唱片的保护。在英美法系国家，唱片(recordings)就是通过版权进行保护的。作为作品的传播者，除了表演者、录音制品制作者、广播组织等之外，在现代社会中，出版者、网络服务提供者等也起到了促进作品传播的突出作用。但是，为什么仅仅对表演者、录音制品制作者、广播组织等有限的主体给予邻接权的保护？其目的就在于激励这些主体对于传播作品的投资。从表演者权设立的初衷看，在录音技术诞生之前，表演者依靠现场表演获得门票收入。但是，随着录音、电影、电视、广播、互联网等传播途径的发展，表演者的表演越来越多地为模拟与数字等传播方式所替代，产生了“技术失业”的现象，危及表演者群体的生计。作为作品传播的重要途径，为了减少由于技术进步带来的表演者丧失收入的现象，通过设置邻接权的途径，对表演者提供表演进行激励。对于录音制品制作者来说，唱片的制作需要大量投资，为了确保这一投资能够获得回报，针对录音制品制作者的邻接权被创设。同样，为广播组织设置邻接权也是为了防止分流其听众，以确保其在广播之上进行投资。[①]

（二）邻接权的国际保护体制概述

在国际上，正式提出邻接权概念的是 1948 年 6 月在比利时布鲁塞尔召开的《伯尔尼公约》修订会议。在会议讨论时，有人希望导入录音制品制作者、广播组织和表演者保护的相关条款，但是由于各国意见不一致而最终作罢。在联合国教科文组织（UNESCO）、国际劳工组织和《伯尔尼公约》联盟成员国的不断努力下，1961 年在罗马召开的外交会议终于通过了《罗马公约》。由于《罗马公约》保护的表演者、录音制品制作者和广播组织中被侵害最为严重的是录音制品制作者，因此 1970 年 10 月 29 日，在 WIPO 及 UNESCO 的主导下，以杜绝盗版录音制品为目的，在瑞士日内瓦制定了《日内瓦公约》[②]。《日内瓦公约》规定，每一缔约国均有义务为属于另一缔约国国民的录音制品制作者提供保护，以禁止未经制作者同意进行复制，禁止进口此类复制品（如果这种复制或进口以向公众发行为目的），并禁止此类复制品向公众发行。录音制品专指有声的录制品（不包括如影片或录像带等的音轨），而无论其为何种形式（唱盘、磁带等），保护期自其首次录制或发行之日起至少延续 20 年。《日内瓦公约》

---

① 参见王迁：《广播组织权的客体——兼析“以信号为基础的方法”》，载《法学研究》2017 年第 1 期。

② Convention for the Protection of Producers of Phonograms Against Unauthorized Duplication of their Phonograms, Geneva, 29 October 1971, entered into force on 18 April 1973. 英文作准本：http://www. wipo. int/wipolex/en/treaties/text. jsp? file_id=288579，2018 年 2 月 18 日访问。

准许规定与保护作者所规定的相同限制，并准许规定符合以下条件的非自愿许可：复制专用于教学或科研目的，并限于主管机构授予这种许可的国家境内，以及规定支付合理报酬（第 6 条）。

针对广播组织的邻接权，在《罗马公约》之后通过的《布鲁塞尔公约》①主要是为了解决《罗马公约》的滞后性问题。《罗马公约》第 3 条规定，广播是指供公众接收的声音、图像和声音的无线电传播。卫星技术的发展及其在广播中的广泛运用，催生了 1974 年《布鲁塞尔公约》。该公约保护载有节目的卫星信号的传播，在一定程度上弥补了《罗马公约》的局限性。依《布鲁塞尔公约》序言，缔结公约的动因之一是，担忧缺乏一种全球性的机制以防止未经授权的传播者对由卫星传输的、载有节目的信号进行传播，而这种机制的缺失可能妨碍卫星通信系统的使用。该公约因此要求缔约方承诺，采取充分措施，防止任何上述传播者在该国领土内传播该载有节目的信号。

20 世纪 90 年代后期通过的 WPPT 保护的主体限于两类，即表演者、录音制品制作者。WPPT 与《罗马公约》的不同之处在于：首先，《罗马公约》对于表演者人格权未予规定，而 WPPT 则明文规定表演者人格权；其次，WPPT 所保护的权利主体仅限于表演者和录音制品制作者，不及于广播组织。

对表演者权而言，WPPT 主要是针对以听觉为主要欣赏形式的表演；而对于以视听觉为主要欣赏形式的表演，则是通过 2012 年缔结的《视听表演北京条约》（以下简称《北京条约》）②给予更为全面的保护。对于表演者享有的邻接权，《北京条约》规定，表演者对其尚未录制的表演享有广播、向公众传播和录制的专有权（第 6 条）；对以视听录制品录制的表演，享有复制权（第 7 条）、发行权（第 8 条）、出租权（第 9 条）、使该表演可为公众在其个人选定的地点和时间获得的权利（第 10 条）以及广播和向

---

① Brussels Convention Relating to the Distribution of Programme-Carrying Signals Transmitted by Satellite of 1974. 英文作准本：http://www.wipo.int/wipolex/en/treaties/text.jsp? file_id=283792，2018 年 2 月 18 日访问。

② Beijing Treaty on Audiovisual Performances, 24 June 2012. 中文文本：http://www.wipo.int/wipolex/en/treaties/text.jsp? file_id=295844，2018 年 2 月 18 日访问。

公众传播的权利(第11条)等。

对于广播组织权而言,网络环境下有关广播组织权利的公约并未进行更新。WIPO一直在推进《WIPO保护广播组织条约》[①]的缔结,但是由于各国在对广播组织权客体等问题的认识上仍存在较大分歧,新条约的问世尚待时日。

第二节 TRIPS协定中的版权与相关权条款

一、版权保护对象

不论是《伯尔尼公约》还是TRIPS协定,其中都没有版权保护对象的定义。《伯尔尼公约》第2条第1款中只存在一个对于版权保护对象并非穷尽性质的列举,即"'文学和艺术作品'一词包括文学、科学和艺术领域内的一切成果,不论其表现形式或方式如何,诸如书籍、小册子和其他文字作品;讲课、演讲、讲道和其他同类性质作品;戏剧或音乐戏剧作品;舞蹈艺术作品和哑剧;配词或未配词的乐曲;电影作品和以类似摄制电影的方法表现的作品;图画、油画、建筑、雕塑、雕刻和版画作品;摄影作品和以类似摄影的方法表现的作品;实用艺术作品;与地理、地形、建筑或科学有关的插图、地图、设计图、草图和立体作品。"TRIPS协定的起草者们不是从正面定义何为版权保护对象,而是富有创造性地指出了何者不得作为版权保护对象。TRIPS协定第9条第2款规定:"版权的保护仅延伸至表达,而不延及创意、程序、操作方法或数学概念之类。"这一规定是对于版权法原理上的"观念/表达二分法"在成文法上最为清晰的表述。其中,"表达"中并不包含任何其他要件的要求,如独创性。也就是说,即使缔约方的版权法中对于版权保护对象的规定并不包含独创性要求,也不能认为其立法有违TRIPS协定。此外,这一规定对于缔约方来说是具有"天花板"性质的不抵触义务,如缔约方法律将思想作为版权保护对象,则这种广泛的保护与TRIPS协定相抵触。

---

① 参见王迁:《广播组织权的客体——兼析"以信号为基础的方法"》,载《法学研究》2017年第1期。

二、计算机软件和数据汇编

(一) 计算机软件

在 TRIPS 协定之前,是否将计算机软件作为文字作品并通过版权法加以保护是存在争议的。计算机软件属于功能性作品的一种,其目标程序在表达上可能由于效率性的追求而体现出很强的表达幅度的收敛性,因此比较法上存在以缺乏独创性为由将其排除出版权法保护范围的实例。同时,也正是因为具有这些特征,在比较法上亦存在通过特别法单独给予计算机软件保护的实例。在 TRIPS 协定的谈判过程中,发达国家的主要目标之一就是将计算机软件纳入文字作品范畴之内,从而在更大程度上加强对计算机程序的保护。TRIPS 协定中的有关规定,是第一次在国际公约中明确将计算机软件作为文字作品给予版权保护。

中国《计算机软件保护条例》规定,计算机软件,是指计算机程序及其有关文档(第 2 条)。计算机程序,是指为了得到某种结果而可以由计算机等具有信息处理能力的装置执行的代码化指令序列,或者可以被自动转换成代码化指令序列的符号化指令序列或者符号化语句序列(第 3 条)。计算机程序既包括源程序,也包括目标程序。源程序是通过计算机语言编写的程序,目标程序则是以二进制下 0、1 形式呈现的表达电流通过时元器件开或关的代码。同一计算机程序的源程序和目标程序由于具有一一对应的关系,因此为同一作品。代表计算机程序的源代码和目标代码均具有一定的功能性指向,因此采取版权模式保护计算机程序从其创立伊始就有不同声音。技术的世界不同于文化的世界,并不以追求表达的多样性为圭臬,而是以效率性为标准,为实现某种目标,在可供选择的手段中通常会采取最具实效性的一种。对于某一技术目标,技术的发展或早或晚都会实现,没有必要对落后的技术再给予长时间的保护,只需对具有创造性的创新活动给予一定激励即可。相比于并不要求创造性且具有较长保护期的版权制度来说,在技术的世界,采取专利制度更加合适。但是,以美国为代表的发达国家的游说,使得计算机软件的版权保护被纳入国际条约之义务,因此中国也在版权法中将计算机软件纳入保护客体。

（二）数据汇编

TRIPS协定对于数据汇编的规定包含反映事实的、不享有版权保护的数据以及在文学与艺术等领域的作品。《伯尔尼公约》第2条第5款的“文学与艺术作品的汇编”中的数据则仅包括文学与艺术领域的作品。此外，《伯尔尼公约》中的“汇编”，是指对材料进行选择和编排而构成的智力创作。TRIPS协定第10条第2款的“数据汇编”则包括对其内容的选取或编排而构成的智力创作。也就是说，单纯的选取或编排的行为在TRIPS协定下可以享受版权保护；而独创性在《伯尔尼公约》下却不能仅仅体现在选取或编排之上，两者在该公约下是累积适用的。此外，该规定仍存在一个解释上的争点，即不同于对于计算机软件的表述，在数据汇编上采取了“本身”(as such)这一用语。有解释认为，由此用语并不能直接得出由数据汇编产生的智力成果作为文字作品或美术作品享有版权的保护这一结论，而是给予缔约方一定的裁量性，使其可以选择适当的方式对于数据汇编所产生的智力成果给予保护。在比较法上，对于数据库的保护存在通过专门立法(sui generis)予以保护的实践。在欧共体1996年有关数据库的指令[①]中，对于持续性投资下形成的数据库的实质性部分给予保护。

三、出租权

TRIPS协定第11条第一次在国际公约中以强制性义务的方式规定了出租权，构成加强保护的“伯尔尼递增”条款。在出租权的客体方面，TRIPS协定要求各缔约方至少就计算机软件和电影作品出租权给予保护。其中，计算机软件在TRIPS协定中已经被作为文字作品而享有版权保护，电影作品则在1928年罗马会议上被纳入“文学与艺术作品”的范畴之内(《伯尔尼公约》第2条第1款“电影作品和以类似摄制电影的方法表现的作品”)。在权利内容方面，出租权是指作者及其合法继承人准许或禁止向公众商业性出租其享有版权的作品原件或复制品的权利。因此，只有商业性出租行为才被纳入出租权的保护范围，不论是版权作品的原

---

① Directive 96/9/EC of the European Parliament and of the Council of 11 March 1996 on the Legal Protection of Databases OJ L 077, 27 March 1996, pp. 20-28.

件还是复制品。

在规定了至少就计算机软件和电影作品给予出租权保护的同时，TRIPS协定也规定了成员就该项权利所享受的例外。在电影作品方面，只有在满足出租已导致对该作品的广泛复制，从而实质性减损该成员方授予作者及其合法继承人的专有复制权这两个条件时，成员才有义务给予出租权保护，而上述两个条件的证明责任则归于欲谋求出租权保护的主体。在是否给予电影作品出租权保护方面，成员将就个案进行判断，存在很大的裁量空间。这使得成员可以选择建立电影作品出租权制度，如果它认为放任电影作品的出租行为可能导致对该作品的广泛复制，从而实质性减损其授予作者及其合法继承人的专有复制权；成员也可能选择不设置出租权，或仅在某些电影作品类别上设置。同样，对于计算机软件，也存在例外规定，即如该程序本身不是出租的主要标的，则这一义务不适用于出租。

中国1990年《著作权法》规定的著作财产权仅包括使用权与获得报酬权，其中“使用行为”包含“发行行为”（第10条）。对于发行行为，依1991年《著作权法实施条例》，发行是指为满足公众的合理需求，通过出售、出租等方式向公众提供一定数量的作品复制件。因此，在当时的规范下，发行行为本身就包含出租行为。

中国在2001年修改《著作权法》时，根据TRIPS协定的要求，将出租行为从发行行为中分离出来，设置为独立的著作权人所享有的法定排他权利。其中，发行行为是指以出售或者赠与方式向公众提供作品的原件或者复制件，转移其有形载体的所有权；而出租行为则是指有偿许可他人临时使用电影作品和以类似摄制电影的方法创作的作品、计算机软件，转移其有形载体的占有权。这一分离对应了TRIPS协定第11条新设置的“出租权”，更重要的是注意到，由于受发行权一次用尽理论的影响，出租行为与发行行为间存在本质性的区别。

在著作权人自身或许可他人制作并转让作品的有形复制件后，该复制件在之后的流通过程中的发行权均已用尽，著作权人不得再主张排他权。之所以设置这种制度，是因为著作权人在第一次许可他人获取复制件的过程中已经获得了收益。这种收益确定的前提是，估计今后著作权人的同一份复制件在流转过程中对作品创造性表达的享有权利的程度不会过多地超过平均次数与范围。于是，在初次许可复制时，对这一预期设置相应的对价，实现创作激励的报偿，且不会对之后流通中第三人的交易安全产生危害。但是，当被许可人对于复制件在流通环节的利用超出了著作权人在第一次许可时所预计的频度时，著作权人可能会选择提高第一次许可的对价，而这可能使得对作品利用频度较低的主体无力承受获得复制件的代价，进而无法享受作品的创造性表达。因此，应通过立法对高频度利用主体与行为，特别是超出著作权人第一次许可时预计的频度的行为设置排他权。出租行为就是典型的高频度利用，出租店铺只需购买一次复制件，就可以利用这一份复制件，反复地商业性扩张享受作品创造性表达的受众范围。与一份复制件流转到二手市场交易的情况相比，出租行为极大地超出了著作权人第一次许可时预计的频度。因此，比较法上将出租行为从发行行为中分离出来，针对某些作品类别广泛存在的出租商业模式，单独设置出租权，使其不受发行权一次用尽理论的限制。

同时，出租行为从发行行为中分离后并没有改变的事实是，即使发行、出租未经著作权人许可的作品复制件，发行权在违法作品的流转过程中也不用尽。其理由在于，著作权人丧失了在第一次复制与流通环节的控制权，无法获取可预期的对价。因此，对于盗版作品来说，之后在任何流通环节向公众提供作品有形载体的利用行为都不意味着版权人丧失其控制。

2001 年，中国《著作权法》修改时将出租权从发行权中分离出来，导致在著作权保护程度上有进有退的现象。当发行行为包含出租行为时，根据发行权一次用尽理论，对于经著作权人许可后复制并首次向公众提供的作品，第三人将其出租的行为并不侵害著作权。针对电影作品、类似电影作品和计算机软件单独规定出租权后，著作权人可以就这三类作品的出租行为行使排他权，这是在著作权保护力度上的“进”。但是，对于盗版作品来说，发行权在何种情况下都不会用尽，任何向公众提供的行为(不管是所有权性质还是占有权性质)都构成对发行权的侵害。将出租权从发行权中分离出去以后，会给人一种除了电影作品、类似电影作品和计算机软件之外的作品出租行为都不受规制的感觉。所以，在这三类作品之外的作品著作权保护力度反而“退”了。

事实上，这种解释论并不符合著作权法上设置发行权、出租权以及发行权一次用尽理论的宗旨。对于中国现行《著作权法》中出租权与发行权的关系,一种妥当的解释是:对于获得经著作权人合法授权的作品复制件后再次向公众提供有形载体所有权的行为,以及对于电影作品、类似电影作品和计算机软件这三类作品之外的作品进行出租的行为,都不再受著作权人控制;而对于电影作品、类似电影作品和计算机软件这三类作品进行出租,需要就其出租行为再次取得著作权人的许可。对于所有作品类型来说,向公众提供未合法获得著作权人许可制作复制件的行为,都构成对于发行权、出租权的侵害。

四、相关权的内容

(一)表演者权利

根据 TRIPS 协定第 14 条第 1 款的规定,就将其表演固定在录制品上而言,表演者应有可能防止下列未经其授权的行为:固定其未曾固定的表演和复制该录制品。表演者还应有可能阻止下列未经其授权的行为:以无线广播方式播出和向大众传播其现场表演。

就表演者权利保护而言,表演者本来主要是通过现场演出获取门票收入而获利,但是随着现场转播技术和录音技术的出现,如果不对现场表演实施控制,或不对现场表演的录制以及随后的复制加以禁止,表演者从现场表演中的获利就会受到影响。因此,TRIPS 协定沿袭《罗马公约》第 7 条第 1 款的规定,赋予表演者控制其表演被固定和传播的权利,但并未沿用《罗马公约》第 12 条有关"商业用录音制品二次使用报酬请求权"的规定。

(二)录音制品制作者权利

在 TRIPS 协定下,录音制品制作者享有复制权和出租权,即享有准许或禁止直接或间接复制其录音制品的权利(第 14 条第 2 款)。该规定与《罗马公约》第 10 条的规定相同。此外,TRIPS 协定第 14 条第 4 款要求成员将第 11 条关于计算机软件的规定适用于录音制品制作者,以及按一成员方法律确定的录音制品的任何其他权利持有人,即录音制品制作者以及录音制品的其他权利人也得享有出租权。但是,成员如在录音制品的出租方面已实施向权利持有人公平付酬的制度,则可保留该制度,只要录音制品的商业性出租不对权利持有人的专有复制权造成实质性减损。

（三）广播组织的权利

TRIPS 协定第 14 条第 3 款规定，广播组织有权禁止他人未经许可对广播信号进行录制、复制录制品、以无线方式转播以及将其电视广播向公众传播。同时，TRIPS 协定在该条款中明确规定："如各成员未授予广播组织此类权利，则在遵守《伯尔尼公约》规定的前提下，应给予广播的客体的版权人阻止上述行为的可能性。"也就是说，TRIPS 协定允许各成员不为广播组织规定各项权利，只要广播节目构成《伯尔尼公约》所保护的作品，其版权人便享有类似权利。

五、版权与相关权的保护期限

（一）版权的保护期限

版权的保护期限在《伯尔尼公约》中已被作为原则，以作者有生之年及其死后 50 年为最低标准（第 7 条第 1 款）。同时，该公约针对三种情况作了不以作者有生之年为起算点的规定：电影作品，在作者同意之下，自作品公映后 50 年期满，如自作品完成后 50 年内尚未公之于众，则自作品完成后 50 年期满（第 7 条第 2 款）；不具名作品和假名作品，自合法公之于众之日起 50 年内有效（第 7 条第 3 款）；摄影作品和作为艺术作品保护的实用艺术作品，保护期限由本同盟各成员国的法律规定，但这一期限不应少于自该作品完成之后起算的 25 年（第 7 条第 4 款）。

对于并不以自然人寿命为基础的情况，特别是对于英美法系国家普遍承认的法人作者，TRIPS 协定第 12 条规定，"如果一作品的保护期限不以自然人的寿命为基础计算，则该期限自作品准予出版的那一日历年年底起不得少于 50 年"。作品在创作完成后 50 年内未授权出版的，则其保护期为自作品完成的日历年年底起算的 50 年。

根据《伯尔尼公约》第 7 条第 2 款、第 3 款的规定，对于电影作品、不具名作品和假名作品，保护期限自作品在作者同意下公映后 50 年期满，或自其合法向公众发表之日起 50 年期满。由于不构成出版上的向公众发表，因此TRIPS 协定事实上推后了不以自然人的寿命为计算基础的保护期间起算时点，构成"伯尔尼递增"因素。

（二）相关权的保护期限

TRIPS 协定第 14 条第 5 款规定，表演者和录音制品制作者在协定下可获得的保护期限自固定或表演完成的日历年年底起算，至少应持续至第 50 年年末。相比《罗马公约》规定的 20 年，TRIPS 协定在最低保护期限方面给予了大幅延长。对于广播组织的保护期限，TRIPS 协定规定，自广播播出的日历年年底起算，至少应持续 20 年，与《罗马公约》的规定是一致的。

六、版权与相关权的限制和例外

（一）版权的限制和例外

TRIPS 协定第 13 条规定："各成员对专有权作出的任何限制或例外规定仅限于某些特殊情况，且与作品的正常利用不相冲突，也不得无理损害权利持有人的合法权益。"这一规定也被称为版权限制和例外的"三步检验标准"。在 TRIPS 协定的缔结过程中，"三步检验标准"成为一般意义上对版权人权利限制进行评价的有效的、被普遍接受的标准。

与《伯尔尼公约》第 9 条第 2 款规定的"三步检验标准"相比，TRIPS 协定第 13 条中的"三步检验标准"在用语上存在以下明显不同：首先，TRIPS 协定第 13 条使用"应限于"(shall confine)，比《伯尔尼公约》中的"得允许"(to permit)更加严格。其次，《伯尔尼公约》中的第三步使用的是"作者的正当利益"，而 TRIPS 协定并未将其限定于"作者"，使用的是"权利人的正当利益"，因此在考量第三步时所涉及利益的范围更广。具体来说，TRIPS 协定将接受作者转让版权的法人的利益也纳入考量的范围(法人作品)。最后，"三步检验标准"适用的权利对象也不同，在《伯尔尼公约》中仅适用于复制权，而在 TRIPS 协定中则扩展到适用于所有排他权类型。因此，TRIPS 协定新承认的排他权(诸如出租权)也属于"三步检验标准"的适用范围。

此外，对于"三步检验标准"中各要件的解释，可参考下文对于美国版权案的具体评析。

（二）相关权的限制和例外

TRIPS 协定第 13 条规定涉及的是"作品"，并不包括表演者、录音作品(唱片)制作者和广播组织。根据 TRIPS 协定第 14 条第 6 款的规定，在《罗马公约》项下的任何条件、限制、例外和保留均可能适用于 WTO 成员，其中包括：在《罗马公约》第 7 条和第 13 条中所列举之“条件”；可以适用《罗马公约》第 15 条规定的“限制与例外”（具体包括：（甲）私人使用；（乙）在时事报道中少量引用；（丙）某广播组织为了自己的广播节目利用自己的设备暂时录制；（丁）仅用于教学和科学研究之目的）；《罗马公约》第 16 条规定的“保留”（即有关《罗马公约》第 12 条中如果为商业目的发行的录音制品直接用于播放或者向公众传播，使用者应该向表演者或录音制作者或分别向两者支付一笔合理报酬；成员国可以根据该公约第 16 条声明不执行第 12 条的规定）。对于 TRIPS 协定第 14 条第 1 款，也可以依据《罗马公约》第 7 条第 1 款进行限制。

第三节 TRIPS 协定的版权争端解决

一、美国版权案概要

美国版权案涉及美国版权法对非交互性传播形式的“广播”设置的版权限制规定是否符合国际公约中“三步检验标准”的要求。从技术上看，传统的通过无线或者有线方式向公众传播模式具有两大特征：其一，对作品的传播是由传播者单方发起的，受众只能被动地接收，而不能对内容和时间主动加以选择。其二，这类传播采用的是“点对多”模式，受众是不特定的多数。即对于通过无线方式播出的节目，在信号覆盖的区域内，任何人都可以同时接收；对于通过有线方式播出的节目，有线节目的订户可以同时欣赏。[①]

美国版权案所涉的国内措施是美国《版权法》第 110 节第 5 款。虽然该条款早在 1976 年就已存在，但对其可能有违《伯尔尼公约》第 11 条之二第 1 款第 3 项有关“许可通过扩音器或其他任何传送符号、声音或图像的类似工具向公众传送广播作品”的专有权以及第 11 条第 1 款第 2 项有关“许可用各种手段公开播送其作品的表演和演奏”的专有权质疑不断。由于《伯尔尼公约》项下缺乏有效的争端解决机制，因此在 WTO 的

---

① 参见王迁：《网络环境中的著作权保护研究》，法律出版社 2011 年版，第 113 页。

TRIPS 协定争端解决机制的背景下，这一矛盾突出显现出来。特别是美国在 1998 年通过立法扩张了原《版权法》第 110 节第 5 款的内容，在“家庭式例外”之外又增添了两种类型的“小型商业例外”，激起其他成员，尤其是欧共体的抗议，此争端被提交 WTO 争端解决机制处理。该案是迄今为止有关版权“三步检验标准”的唯一案例，美国至今尚未修改其相关规定，而是采用支付补偿金的方式处理这一争端。[①]由此可见，这一争端无论是在解释 TRIPS 协定第 13 条的含义上，还是在争端本身的复杂程度上，都具有突出的重要性。考虑到该案专家组裁决的解释与美国国内法有关“家庭式例外”及“小型商业例外”的变迁具有紧密的联系，下文在介绍美国相关国内法背景后，将具体分析专家组报告的内容与构造。

（一）美国《版权法》第 110 节第 5 款的渊源与变迁

美国版权法上的“家庭式例外”滥觞于其 1976 年《版权法》。[②]在此前的 1909 年《版权法》中，并不存在对于小规模利用背景音乐向公众转播权的例外。但是，由于构成音乐作品向公众转播权需要包含“向公众转播”与“营利性”两个要件，故未经许可、非营利性地向公众转播音乐作品的行为不构成对向公众转播权的侵害。此外，美国法律对于向公众转播行为的定性主要取决于判例法。早在 Buck v. Jewell-La Salle Realty Co. 案[③]中，联邦最高法院认为，经营旅馆的被告在各个房间设置耳机、扬声器等接收并转播原始广播节目的行为构成对 1909 年《版权法》第 1 条(e)项中“表演”(perform)的侵害，由此确定了美国版权法上的排他性不仅及于广播电台最初的向公众转播行为，也及于接收广播信号后的转播行为。这一判例法理也被称作“多重转播原则”(multiple performance)。该案的另一特征在于，被告所转播的广播节目的原始信号本身属于未经版权人许可而广播的作品，转播获合法授权的作品的行为并不在该案判决适用情

---

① 有关 WTO 裁决履行制度的详细介绍，参见张乃根：《试析 WTO 争端解决的履行》，载《武大国际法评论》2009 年第 1 期。在该案中，美国至今未修改本国法，而是通过向欧共体版权人支付补偿金的方式解决这一问题。See US-Copyright Act-Notification of a Mutually Satisfactory Temporary Arrangement, DS160/23, 26 June 2003; Richard Owens, TRIPS and the Fairness in Music Arbitration: The Repercussions, *EIPR*, 2003, Vol. 25, p. 49.

② 本部分评介参见〔日〕小嶋崇弘：《著作権法における権利制限規定の解釈と 3 step test (6)》，载《知的財産法政策学研究》2014 年第 45 期。

③ Buck v. Jewell-La Salle Realty Co., 283 U.S. 191(1931).

形之内。此后，伴随着 20 世纪 60 年代开始的有线电视技术的发展，有线电视信号的转播行为再次成为人们关注的焦点。在 Fortnightly Corp. v. United Artists Television, Inc. 案[①]中，联邦最高法院认为，经营有线电视服务的被告架设天线使得听众接收有线电视信号能力增强的行为与电视台播放电视节目的行为并不相同，仅仅是有线节目收听行为的一部分，因此并不构成 1909 年《版权法》第 1 条(c)项、(d)项的转播行为。同样，在 Teleprompeter Corp. v. Columbia Broadcasting System, Inc. 案[②]中，被告针对原始电视信号的发送地点与最终收听者间距离过远，或由于地形上的阻隔，无法通过普通天线接受电视信号而提供转播服务的行为，联邦最高法院依旧认为不构成版权法上的转播行为。在 Twentieth Century Music Corp. v. Aiken 案[③]中，被告作为小规模快餐店(可容纳 38—40 人)的经营者，在屋内设置 4 台扩音器，未经许可转播音乐广播节目。在该案中，原始音乐广播节目未经许可使用了版权人的音乐作品，因此联邦最高法院沿袭了 Buck v. Jewell-La Salle Realty Co. 案的判例法理，认定被告行为构成侵权，同时也认定为顾客转播广播作品不构成版权法上的转播行为。

在 Twentieth Century Music Corp. v. Aiken 案审结后一年，美国国会在 1976 年《版权法》第 110 节第 5 款新增“家庭式例外”[④]；同时，扩大向公众转播权及于非营利性公众转播行为，并推翻了 Twentieth Century Music Corp. v. Aiken 案所认定的为顾客转播广播作品不构成版权法上的表演的判决。[⑤] 对于该款规定的立法宗旨，一般认为，在家庭内通过一般接收装置转播广播电视信号的行为仅轻微地利用了原作品，因此不应追究其版权侵权责任。但是，1976 年《版权法》施行后，实务中关于第 110 节第 5 款的争议不断，并诱发了大量诉讼。特别是对于其中涉及的特定设备是否构成该例外，法院的见解不一，如超出例外范围的音响系统的种

---

① See Fortnightly Corp. v. United Artists Television, Inc., 392 U.S. 390 (1968).

② See Teleprompter Corp. v. Columbia Broadcasting System, Inc., 415 U.S. 394 (1974).

③ See Twentieth Century Music Corp. v. Aiken, 422 U.S. 151 (1975).

④ 17 U.S.C. § 110(5) (1976 & Supp. 1994) (prior to 1998 amendments).

⑤ See H.R. Rep. No. 94th Cong., 2d Sess. 86(1976).

类[①]、例外适用对象的营业规模[②]以及利用目的、实施许可的可能性等要素。由于该款规定在适用上的复杂性导致其可预见性很低，因此利益集团希望通过立法游说导入更加明确的立法条款，并在 1994 年至 1998 年间向议会提出了多套立法方案。

在 1998 年《音乐许可公平法》[③]中，美国国会修改了《版权法》第 110 节第 5 款的"家庭式例外"，将原有条款基本保留并置于第 110 节第 5 款(A)项中，同时针对商业设施新增了(B)项例外。该项对于商业设施的规模和转播设备的性质作出详细的规定，对于满足上述规定的商业设施，承认其对于非剧场型音乐作品(除歌剧、音乐会等以外的音乐作品)向公众转播的行为构成向公众转播权的例外。具体来说，对于经营面积未满 2000 平方米的经营者或者经营面积未满 3750 平方米的餐馆经营者，向顾客播放广播及电视节目背景音乐的行为不构成版权侵权；对于经营面积超过 2000 平方米的经营者或经营面积超过 3750 平方米的餐馆经营者，在满足一定条件时也可免责，即在设置外部扩音器 6 台以内或者尺寸在 55 英寸以下的电视机 4 台以内的情况下，不论店铺经营面积大小，都在该例外范围之内；此外，店铺及餐馆经营者不得向消费者征收进店费。尽管这一立法降低了原有家庭式例外规定的不确定性，但同时也大大限制了非剧场型音乐作品向公众转播权的权利范围。大型店铺及餐馆，特别是设置了超出规定要求的转播设备的，依旧受到向公众转播权的规制；经营面积在 2000 平方米以内的经营者和经营面积在 3750 平方米以内的餐馆经营者在其经营场所内举办现场音乐会，或使用磁带、光盘播放音乐作品的行为仍受版权人排他权规制。但是，实际上，美国国内大部分的酒吧或餐馆都享受了该项免责的利益。

(二) 专家组报告的内容

在美国版权案中，美国承认其《版权法》第 110 节第 5 款(A)(B)项规定构成《伯尔尼公约》第 11 条之二第 1 款第 3 项以及第 11 条第 1 款第 2

---

① See Edison Bros. Stores v. Broadcast Music, 954 F.2d 1419 (8th Cir. 1992).

② See Sailor Music v. Gap Stores, Inc., 668 F.2d 84 (2d Cir. 1998), cert. denied, 456 U.S. 945(1982).

③ See Fairness in Music Licesing Act 1998, Pub. L. No. 105-298, 105th Cong., 2d Sess., 112 Stat. 2830 (1998), codified at 17 U.S.C. §110(B)(5) (2001).

项的法定利用行为,[①]问题的焦点在于这一限制规定是否与 TRIPS 协定第 13 条中的“三步检验标准”相符。[②]对此,美国主张,TRIPS 协定第 13 条是《伯尔尼公约》中“较小例外”的明确化,因此应先探讨“较小例外”在 TRIPS 协定项下可否适用。[③] 专家组认为,“较小例外”构成“伯尔尼赋予权利”(Berne acquis),因此也应被纳入 TRIPS 协定义务体系。之后,专家组结合 TRIPS 协定第 13 条,对美国《版权法》第 110 节第 5 款规定进行了逐条分析。具体内容如下:

对于“三步检验标准”的第一个步骤,专家组认为,“某些”(certain)这一用语的通常含义“是指域内立法中的某项限制与例外必须得到明确的界定”[④]。但是,另一方面,假如例外的范围已经详细说明并为公众所知,则没有必要对例外适用的每一项可能的情况都作出明确界定,这是保证法律确定性的必要条件。“特殊”(special)这一用语意味着限制与例外的范围在质与量上均应受到限定,必须具有明确的目的且在狭小的范围内。对此,欧共体指出,对于由特别目的所支持的限制规定,应当检视其目的背后作为其基础的国内法的政策性背景。专家组驳回了欧共体的主张,支持美国的观点,认定“特殊情形”这一用语仅要求政策目的之特定,而不要求进一步探寻政策目的的合理性与正当性。对此,专家组主要依据条约的文义进行了分析:“TRIPS 协定第 13 条第一项条件要求国内立法中的一项限制或例外应当清晰地界定并在狭义的范围内适用。但是,另一方面,即使某一限制或例外是为了实现某项特殊目标,而该目标的合法性在通常意义上不易确定,它也有可能符合 TRIPS 协定第 13 条第一项条件。TRIPS 协定第 13 条第一项条件的措辞并未暗示着可以对本案中例外的合法性加以判断。但是,立法者制定一项例外或限制时所表明的公共政策目标可能有助于推定例外或限制的范围或者弄清其含义。”[⑤]

根据上述分析,专家组进一步认定“小型商业例外”超出了“特殊情形”的范围,即该例外潜在的获利所占比例过大,因此该例外的范围不是

① See US-Section 110 (5) Copyright Act, para. 6. 27.
② 参见张乃根:《TRIPS 协定:理论与实践》,上海人民出版社 2005 年版。
③ See US-Section 110 (5) Copyright Act, para. 6. 42.
④ Ibid. , para. 6. 108.
⑤ Ibid. , para. 6. 112.

限定性的。专家组的调查显示，餐饮设施的70%、零售设施的45%都将属于“小型商业例外”的适用范围，因此该例外不满足“某些特殊情形”的要求。对于“家庭式例外”，由于其利用对象所涉及的设施较少，而且对于剧场型音乐作品并不适用，因此满足“特殊情形”的要求。此外，专家组还指出，即使要求限制规定“公知且详细列明”（known and particularised），也不需要明确的列举，“家庭式装置”这一定义已经足以满足上述要求。也就是说，专家组依据现有的技术条件下美国“家庭式例外”所涉及装置的种类，判断其可以满足“公知且详细列明”的要求。随着技术的发展以及消费者对于不同商业模式下设备选择的不同，“家庭式装置”的定义可能会产生不确定性，从而导致不满足“某些特殊情形”的要求。

对于“三步检验标准”的第二个步骤，由于专家组已经依据第一个步骤否定了“小型商业例外”的正当性，本来没有必要继续进行第二个步骤与第三个步骤的分析。但是，专家组依据字典含义重新定义了第二个步骤的用语，并对TRIPS协定第13条的用语“正常”（normal）以经验与规范两种分析方法加以论述。[①]其中，从经验分析角度，专家组强调应确定是否存在版权人利用作品的正常期待的市场，如果版权人并不期待从某一市场中获得许可费，将不构成“正常使用”。[②] 从规范分析角度，专家组参考了1967年斯德哥尔摩修订会议上研究小组报告的见解，认为“正常使用”除了现实中可以获得收益的利用形态，还包括一切具有经济上的重要性或现实重要性之可能存在的利用形态。因此，侵害作品“正常使用”的限制与例外条款，是指依据该限制与例外条款，对于作品的利用行为不应该剥夺正常情况下版权人可以获得的经济利益。[③]依据该标准，美国主张，事实上，“小型商业例外”所涉市场并不是版权集体管理组织征收许可费的市场，且餐馆为音乐的播放实际缴纳许可费的比例非常低，因此不应构成对于“正常使用”的侵害。对此，专家组认为，版权集体管理组织在现实中是否对版权全面地行使权利，并不应当作为对“正常使用”概念作规范判断的依据。由于“小型商业例外”的存在，导致大多数的餐饮店以及约半数的零售店均享受了免责的例外，对于实现《伯尔尼公约》第11条之

① See US-Section 110 (5) Copyright Act, para. 6. 166.

② Ibid., paras. 6. 177-6. 178.

③ Ibid., para. 6. 183.

二第1款第3项以及第11条第1款第2项的排他权产生潜在的影响,因此这一限制规定构成侵害作品的“正常使用”。[①]对于“家庭式例外”,由于用户收听电台的节目与通过设备再次向公众播放音乐存在较大区别,因此应以接收设备是否为通常设备作为判断标准。同时,与“小型商业例外”的适用对象所占比例相比,“家庭式例外”的适用比例也较低,因此不构成侵害作品“正常使用”的行为。[②]

对于“三步检验标准”的第三个步骤,专家组首先界定了各个用语的含义。其中,“利益”(interests)不仅包括法律赋予的权利,还应包括各种潜在的利益;“正当利益”的判断虽然以版权人所享有的排他权的经济价值为中心,但是也不一定以经济价值作为唯一的考虑因素。因此,第三个步骤在判断上的重点就是何种程度的侵害可归结为“不当”,版权限制与例外规定如果给权利人现实或潜在的收益带来了不当的损失,就是对于版权人正当利益的不当侵害。[③]对于“小型商业例外”,欧共体指出,73%的饮料店、70%的饮食店以及45%的零售店均包含在内,因此构成不当侵害。美国则举证证明其利用该例外的比例没有那么高。专家组认为,尽管经营者可能因为许可费的请求而停止对于音乐作品的利用行为,但是如果承认“小型商业例外”,反而会导致现实中通过设备播放录音作品的店铺以及尚未播放任何音乐作品的店铺利用该例外对电台或电视台的音乐进行转播,并可能造成版权人的损失增大。对于“家庭式例外”,由于对该利用群体的收益并不构成版权集体管理组织的重要经济收益来源,且已将剧场型音乐作品排除在外,因而满足第三个步骤的要求。

二、美国版权案评析

美国版权案的专家组报告在国际版权保护领域首次对“三步检验标准”进行了系统全面的解释,对于明确“三步检验标准”的含义具有重要作用。下文将评析该报告所体现的特点,以期为争端解决机制中对TRIPS协定条款的解释提出参考。

---

① See US-Section 110 (5) Copyright Act, paras. 6.210-6.211.

② Ibid., para. 6.219.

③ Ibid., para. 6.229.

（一）体现《伯尔尼公约》布鲁塞尔修订会议确立的"较小例外"制度

1948 年《伯尔尼公约》布鲁塞尔修订会议集中探讨了导入"公开表演权与演奏权"(public presentation and public performance)的提案，同时承认了作为公开表演权与演奏权例外的"较小例外"制度。一般认为，"三步检验标准"就是滥觞于《伯尔尼公约》布鲁塞尔修订会议确立的"较小例外"制度。① 在这次修订会议上，尽管各国对于导入公开表演权与演奏权达成了合意，但对于以何种形式导入上述权利的限制规定却没有形成共识。特别是当时各国版权法中已然存在一些对于公开表演权与演奏权的限制规定，如针对宗教仪式与军乐队的演奏、为特定的祭祀与庆祝活动而进行的演奏等。由于各国既存的限制规定种类繁多，要将其全部列入修订后的《伯尔尼公约》十分困难，而且采用此种立法例可能导致一些国内版权立法中并不存在某一种类限制形式的国家需要依据《伯尔尼公约》的要求重新导入相关限制规定，这样反而降低了对于这些新设排他权的保护程度。② 因此，有关《伯尔尼公约》布鲁塞尔修订会议文本第 11 条以及第 11 条之三的修订分委员会指出，"应以明确定义的情况为限承认某一例外规定的正当性"③，并可以在这一前提下将公开表演权与演奏权纳入《伯尔尼公约》体系。其中，该委员会主报告人马塞尔·普莱桑对于各国所允许的"较小例外"的形式进行了明确说明："来自挪威、瑞典、丹麦、芬兰的代表团以及瑞士和匈牙利的代表都提及所被允许的'有限例外'(limited exceptions)包括为宗教庆典、军乐队以及儿童和成人教育目的的使用。这些例外措施及于第 11 条之二、之三以及第 13 条和第 14 条所列排他权。"④尽管有观点认为这一"较小例外"并不构成《维也纳条约法

① See Martin Senftleben, *Copyright, Limitations and the Three-Step Test, An Analysis of the Three-Step Test in International and EC Copyright Law*, Kluwer Law International, 2004, p.45.

② 参见朱理：《著作权的边界——信息社会著作权的限制与例外研究》，北京大学出版社 2011 年版，第 14 页。

③ See *Copyright, Limitations and the Three-Step Test, An Analysis of the Three-Step Test in International and EC Copyright Law*, p.45.

④ *Copyright, Limitations and the Three-Step Test, An Analysis of the Three-Step Test in International and EC Copyright Law*，此说明仅写在分委员会的报告中，没有写入《伯尔尼公约》而成为既定条款。

公约》关于条约的保留,[①]但是这一"隐形限制"在日后经常为相关报告所引用或支持。例如,在瑞典代表的建议下,1967 年《伯尔尼公约》斯德哥尔摩修订会议的总报告中纳入这一"较小例外";[②] 1996 年 WIPO 有关版权与邻接权的外交会议支持"较小例外"的效力。[③]

一般认为,关于"较小例外"的权威表述反映在 1948 年《伯尔尼公约》布鲁塞尔修订会议分委员会的报告中,即"限制应具有有限的性质(restricted character),特别是不应以营利为目的(without the aim of profit)"。对于"较小例外"与"三步检验标准"的关系,上述报告中"有限的性质"构成了日后"三步检验标准"第一步中的"某些特殊情形",而"不应以营利为目的"则构成了第二步中的"不与作品的正常使用相冲突"要件。此外,"较小例外"的核心要素在于将版权例外的类型限制在有限的情形之下。

(二) 重视文义解释"三步检验标准"的倾向

WTO 争端解决机构对于 TRIPS 协定的解释,须遵循 DSU 第 3 条第 2 款的规定以及争端解决的判理,并依据《维也纳条约法公约》第 31 条、第 32 条的解释规则。专家组和上诉机构在解释某一条款的含义时,一般先参考字典明确其通常意义上的含义,之后再依据上下文以及条约目的进行解释。

文义解释方法,是指严格从文字、语法分析角度确定法律条文的字面含义,而不考虑立法者意图或法律条款以外的其他解释方法。[④] 一般而言,条约的具体词语应被赋予其在上下文中通常的、自然的和不牵强附会的意义。从这个意义上看,只有在文义解释会导致不合理或荒谬的结果时,才能予以排除;只有在使用的词语非常含糊时,才可以求助于外在的

---

① See *Copyright, Limitations and the Three-Step Test, An Analysis of the Three-Step Test in International and EC Copyright Law*, p. 46.

② See Records of the Intellectual Property Conference of Stockholm, June 11 to July 14, 1967, 81, 111 (WIPC Doc. S/1) (Geneva, 1971).

③ Basic Proposal for the Substantive Provisions of the Treaty on Certain Questions Concerning the Protection of Literary and Artistic Works to Be Considered by the Diplomatic Conference on Certain Copyright and Neighboring Rights Questions, WIPO Doc. CRNR/DC/4 (30 August 1996).

④ 参见张乃根:《条约解释规则的理论渊源及其演变》,载中国国际法学会主办:《国际法年刊(2013)》,法律出版社 2014 年版。

解释资料。文义解释方法强调在解释时应最大限度地忠实于原文，是所有法律解释首选的基本方法，也是国际条约解释的首要方式。联合国国际法委员会对此曾有过这样的解释："条约解释的出发点是条约文本。当事国的缔约意图，只有通过一种外在形式的显现才具有法律上的意义。约文就是这种外在的显现。约文文本就是缔约国为实现条约的目的而作出的真正意思表示，也是正式的外在表达。所以，条约解释主要是阐明约文所含意义的过程，而并非自始就探询条约的目的与宗旨，或当事国的缔约意图。"[①]忠实地按照文义解释可以在成员间获得正当性的同时，促进国际著作权保护法制的渐进性发展。只有避免过分积极主义的司法裁量，才能实现司法对于纠纷的解决以及法的续造。

不可否认，这种重视文义解释的方法也可能产生较大的问题，因为如果按照文义严格解释"三步检验标准"各要件的构成，将会限制各成员依据本国实际裁量性制定版权限制规定之自由。具体来说，美国版权案以及加拿大专利案的解释方法可能违反了"遇有疑义，从对主权国家有利方向解释"的原则(in dubio mitius)。[②] 对于 DSU 第 3 条第 2 款"国际公法的解释惯例"所指解释方法，除了《维也纳条约法公约》第 31 条、第 32 条之外，WTO 争端解决机构在实践中也会采纳其他解释方法，[③]包括条约解释的有效原则[④]、"遇有疑义，从对主权国家有利方向解释"的原则[⑤]等。特别是对于"遇有疑义，从对主权国家有利方向解释"的原则，在欧共体荷尔蒙案中，上诉机构指出："该原则作为条约解释的补充手段，在国际法上广为承认。"[⑥]这一解释方法在限制性条款的解释中更加具有重要意义。TRIPS 协定的权利限制条款应当起到平衡较高权利保护标准与社会公众利益的作用，如无视这一解释原则，对于发展水平不一的成员施加

---

① 万鄂湘等：《国际条约法》，武汉大学出版社 1998 年版，第 247—248 页。

② See EC-Hormones, DS26/DS48/AB/R, para. 165.

③ See Anja Lindroos, Michael Mehling, Dispelling the Chimera of "Self-Contained Regimes" International Law and the WTO, *European Journal of International Law*, 2005, Vol. 16, No. 5, p. 860.

④ See United States-Standards for Reformulated and Conventional Gasoline, WT/DS2/AB/R(1996), paras. 21-22.

⑤ See Robert Howse, The Canadian Generic Medicines Panel: A Dangerous Precedent in Dangerous Times, *The Journal of World Intellectual Properey*, 2000, Vol. 3, No. 4, p. 493.

⑥ EC-Hormones, para. 165.

约束性解释，可能使得协定丧失利益的平衡性与适用的安定性。

（三）数字时代“三步检验标准”各要件的解释理念与方式探讨

对于“三步检验标准”，如果严格按照文义进行解释，可能导致过于偏向对权利人的保护，不利于平衡权利人与利用者间的利益关系。因此，学说上出现了各种对于“三步检验标准”解释上的重构。其中，较具有代表性的观点包括：(1)“反向三步检验标准”解释法，[①]即为了避免“三步检验标准”的第二个步骤过于从权利人的经济利益角度考量“正常使用”要件，突破“三步检验标准”在适用上的累积性，先对“三步检验标准”的第三个步骤进行考量，由于第三个步骤中可以更多地融入对于权利人经济利益以外的诸多利益的考量，因此有助于缓和第二个步骤重视经济利益的倾向。(2)“综合评价”解释法，[②]即彻底突破“三步检验标准”在适用上的累积性，通过借鉴美国合理使用一般条款，对“三步检验标准”的各步骤，在具体案件中考量其不同的权重，任何一个要素都不能绝对地成为否定或肯定合理使用成立的因素，而是采取一种综合衡量法。尽管上述解释方法在认识到“三步检验标准”偏差的同时提出了相应的应对数字时代新问题的路径，但是这能否成为国际条约解释中具有拘束力的解释方法仍不可知。因此，以下将从前数字时代具有权威性的解释出发，尝试探寻数字时代可资适用的解释方式。

1.“某些特殊情形”

依据美国版权案专家组报告的分析，对于“三步检验标准”的第一步“某些特殊情形”来说，“某些”是指限制需要“被明确地定义”(clearly defined)，但又不需要对该限制规定所适用的各种情形都予以列举。[③]“特殊”是指限制规定在质与量上必须十分狭窄，即适用范围上的“狭窄性”(narrow in scope and reach)。其中，专家组报告更加重视量的因素，即某一限制规定的潜在受益者的数量必须十分有限。专家组回避了对于

---

① See Christophe Geiger, Right to Copy v. Three-Step Test: The Future of the Private Copy Exception in the Digital Environment, *Computer Law Review International*, 2005 Vol. 6, No. 1, pp. 12-13.

② See Max Planck Institute for Intellectual Property, Declaration: A Balanced Interpretation of the "Three-Step Test" in Copyright Law, *IIC*, 2008, Vol. 39, p. 707.

③ See US-Section 110(5) Copyright Act, para. 6. 108.

是否出自某一政策性目的的判断，在质的方面的规范含义也不明确。即专家组认为限制与例外规定不论是出自特殊的目的，还是寻求并不能正当化的规范含义，都可以满足第一步的要求。因此，在对“某些特殊情形”要件进行判断时，并不一定以其出自政策性目的为限。相反，专家组更加重视受到限制规定影响的作品种类以及该限制规定的类型。具体来说，美国版权案专家组更加重视“家庭式例外”中对于非剧场型音乐作品的类型以及家庭用接收装置的限制。

对于上述专家组报告，学说上一般认为，“某些特殊情形”要件包含两个方面的规范含义：其一，某一限制必须是出自某一特定的目的，对于范围较广且不能指出特定目的的限制规定，应视为违反第一个步骤；其二，该特定目的必须是为明确的公共政策目标或其他正当化理由。美国版权案专家组报告明确否定了对后者的考量，其理由在于，后者可能导致过多参与一国主权事项，在与主权事项相冲突的情况下，可能造成主权国拒绝接受 WTO 争端解决机制裁决的后果。因此，权利限制背后的必要性理由以及对政策目的的判断应交由缔约国在主权范围内裁量。此外，关于美国版权案专家组报告体现的对于量的重视，事实上，这种经济性的判断应由第二、第三个步骤予以处理，而不应该在第一个步骤进行判断。尽管这种做法可能导致只要是出自某一特定目的的限制条款，都可以满足第一个步骤的要求，进而使得第一个步骤丧失作为排除某些限制规定满足“三步检验标准”的要件性作用。

“三步检验标准”中第一个步骤适用上的另一核心问题是，如何处理它与类似美国版权法上的合理使用规定这种开放性限制条款的整合性问题，特别是其合理使用规定是否符合“三步检验标准”中的“特殊情况”之要求。认为美国合理使用规定违反“三步检验标准”中第一个步骤的理由无外乎：其一，“特殊的情形”必须伴随着“特定的目的”，而美国合理使用规定并未体现出何种特定的作品利用目的；其二，美国版权案专家组报告要求限制规定必须“被明确地定义，且其适用范围必须被特定”；其三，《伯尔尼公约》斯德哥尔摩修订会议的研究小组报告曾指出，缔约国对于复制权的限制必须满足“为明确定义下来的目的”之要求。从更本质的理由来看，美国合理使用规定在适用上的不确定性与不可预测性可能导致 TRIPS 协定成员在贸易中的合理期待趋无效化。

与此相对应，近年来支持合理使用规定与“三步检验标准”相整合的观点逐渐出现。例如，萨缪尔森认为，可以将合理使用依据政策目的类型化，从而符合“三步检验标准”中“特殊情况”之要求。[①] 同时，有不少国家和地区在版权法实践中导入美国合理使用一般条款。例如，中国台湾地区“著作权法”中有关权利限制规定在规范体例上包括例示性规定（第44—63条）和概括性规定（第65条第2款），其中的概括性规定于1998年1月21日修正，移植了美国《版权法》第107条之四的要素检测法。据此，若无第44—63条规定之情形，法院亦可依第65条第2款规定之合理使用判断。[②] 中国台湾地区的做法有别于大陆法系国家对待权利限制的传统看法，在保留个别限制的同时，大胆引入美国开放性合理使用规定。[③]

2. “不与作品的正常使用相冲突”

所谓“与作品的正常使用相冲突”，一般是指权利限制规定对于版权行使所产生的经济性利益相冲突的情况，或是将来具备此种情况的可能性。对于此种情况下的作品利用行为，即使给予权利人合理的补偿金，也应视为违反“三步检验标准”的第二个步骤。因此，“三步检验标准”的第二个步骤往往极大地限制了成员对于权利限制规定的裁量性。其中，对于“正常”的解释存在规范性与经济性两种方法。规范性解释方法既可以朝扩张权利限制范围的方向，也可以朝限缩权利限制范围的方向进行解释。在美国版权案中，专家组明显采纳了后者，虽然事实上并未产生对于权利人利益的损害，但是考虑到确保权利人对于潜在市场的控制，因此扩张权利的保护范围。按照专家组报告的解释方法，由于作品任何形式的利用行为均构成“正常使用”，因此权利人享有排他性控制权。如果通过规范性解释，在“正常”这一用语中融入对于权利人经济利益之外的利益的考量，可能更加有利于达成平衡性的目的。但是，美国版权案专家组明显仅仅从经济性要素的角度考量，而没有融入对于其他要素的考量。从

---

① See Pamela Samuelson, Unbundling Fair Uses, *Fordham L. Rev.*, 2009, Vol. 77, p. 2537.

② 参见卢文祥：《智慧财产权不确定法律概念的剖析》，台湾瑞兴图书股份有限公司2006年版，第144页。

③ 参见蔡惠如：《著作权之未来展望：论合理使用之价值创新》，台湾元照图书出版公司2007年版。

经济性解释的角度考量，如果版权限制规定对于权利人的经济利益带来损害，即使承认该限制规定的存在可能促进公共利益，也应该否定其满足“三步检验标准”的要求。这就使得尽管在现阶段尚未造成权利人损害的利用形态，但如果认为这种利用可能在将来某一时点对于权利人具有重要性，将会被视为作品的“正常使用”。比如，某种对于权利人来说在现阶段不可能进行控制的作品利用行为，随着技术的发展，版权人可能通过技术保护措施等进行控制。在此种情况下，由于可以将其在现阶段评价为作品的“正常使用”，此权利限制规定就侵害了作品的“正常使用”。也就是说，在数字环境下，可以容许的版权限制规定的范围被缩小了。专家组报告的这一判断与美国在适用合理使用一般条款中第四要素的判断十分相似。在 1997 年 American Geophysical Union v. Texaco，Inc. 案①中，法院认定“版权交易中心”的存在，意味着已存在一个可行的市场机制，让使用者有途径就其复制行为获得许可，因此被告的复制行为造成了原告潜在的许可费收入的损失。也就是说，在判断合理使用第四要素“对于被使用作品的潜在市场或价值的影响”时，“版权交易市场”存在与否起到了核心的作用。一般来说，对于第四要素的理解往往应该以现实中版权人实际遭受的损失为标准。但是，该案却以权利人潜在的损失作为判断构成合理使用的标准，使得合理使用的范围被大大地缩小了。

对于专家组报告所体现的从经济性角度解释“三步检验标准”中第二个步骤的做法，可以从以下两种数字时代的作品利用机制中寻找一定的灵活性依据：

其一，处理孤儿作品问题的“禁止期限”机制，即作品在版权人的许可之下发表并经过一定的期限后，通过权利限制规定承认对于作品的利用行为。在发表并经过一定期限后，作品的正常使用已经实现，承认权利限制规定的合法性使“三步检验标准”中第二个步骤可能得以满足。其具体实践就是《欧盟孤儿作品指令》②中对于孤儿作品的利用采取的版权限制模式。该指令规定，利用者在经过审慎调查之后，如果仍旧不能发现作品

---

① See American Geophysical Union v. Texaco, Inc., 60 F. 3d 913 (2d Cir 1995).

② Directive 2012/28/EU of the European Parliament and of the Council of 25 October 2012 on Certain Permitted Uses of Orphan Works Text with EEA Relevance, *Offical Journal of the European Union* (L 299), 27 October 2012, pp. 5-12.

的版权人,可以通过权利限制条款使用该作品。其中,经过审慎调查仍然不能发现版权人这一事实,至少可以表明在调查的时点,版权人对于作品的正常使用并不十分关心,而审慎调查这一要件的设置有利于朝满足“三步检验标准”中第二个步骤的方向解释。

其二,除“禁止期限”机制外,第二种可能满足“三步检验标准”中第二个步骤解释的数字时代作品利用权利限制规定是版权人的“选择退出”机制。在这种机制下,版权人被赋予事先表明禁止他人对于其作品进行利用的义务;如果版权人未进行该意思表示,则表明版权人允许针对该作品的限制规定的适用。如果权利限制规定对于版权人的正常使用造成侵害,版权人可以通过“选择退出”机制避免版权限制规定的适用。因此,包含“选择退出”机制的版权限制规定并不损害“三步检验标准”中第二个步骤的功能。从具体实践来看,《伯尔尼公约》第 10 条之二第 1 款规定:“对在报纸或期刊上已发表的经济、政治和宗教问题的时事性文章,或无线电已转播的同样性质的作品,本联盟成员国法律有权准许在报刊上转载,或向公众作无线或有线广播,如果对这种转载、广播或转播的权利未作直接保留。也就是说,如果版权人未作直接保留,可以进行转载。”此规定可以说是“选择退出”机制的典型代表,且不违反“三步检验标准”中第二个步骤的要求。

如果严格依据美国版权案专家组报告中有关重视经济利益性判断的解释方法,至少可以在数字时代为“禁止期限”与“选择退出”两种机制寻找到正当化的定位。如果进一步从规范的层面解释“正常使用”要件,可能使得“三步检验标准”中第二个步骤更加易于应对数字时代的发展。具体来说,由于对作品的利用行为往往具有较强的外部性,如果仅从经济性视角进行考虑,可能会对经济性以外的利益有所忽视。因此,应该在“三步检验标准”中第二个步骤的判断中更多地融入经济性以外的标准。加拿大专利案专家组对于“正常利用”的解释明显采取了与美国版权案专家组不同的见解。特别是对于在特定领域内专利权的实施行为,要认定构成对于专利权的“正常利用”,不仅需要从实证的角度证明专利权人可以从该领域的专利权实施中获取较大收益,还需要从规范的角度证明该领域的专利权实施是为了满足专利法立法宗旨与目的之必不可缺少的一部分。因此,根据加拿大专利案专家组报告的论理可知,在“正常使用”要件的判断过程中，可能存在政策性介入的规范判断过程。与TRIPS协定第30条所述之专利权限制“三步检验标准”不同，在第二个步骤的设置上，版权限制“三步检验标准”缺少“不合理”这一用语，由此导致两个条款在解释上的不同。但是，事实上，加拿大专利案专家组报告并未突出论证“不合理”这一用语的规范含义，而仅仅从“正常使用”概念导出政策性介入的规范判断。因此，这一判断论理有可能成为今后在版权限制方面对于“三步检验标准”中第二个步骤判断上的有效借鉴。

3. “没有不合理地损害权利人的正当利益”

一般认为，这一要件是最容易进行权利人权利与使用者利益比较衡量的条款。如前所述，美国版权案专家组报告对于“正当利益”这一用语的解释同样存在经济性视角与规范性视角的区分。依据经济性视角，“正当利益”主要是指权利人根据其拥有的排他权而享有的经济价值。但是，美国版权案专家组并未单纯从经济性视角出发强调排他权的经济价值，而是更多地从版权的宗旨与目的出发进行规范性考察。对于具体何种利益可以被“规范”地评价为“正当利益”的问题，专家组并未给出明确的答案。因此，从结果上看，专家组仅仅依据经济利益的存在与否决定对“三步检验标准”中第三个步骤的判断。如果条约的起草者及缔约方认为权利人的“正当利益”直接等同于权利人排他权项下可以享受的经济利益，那么在立法时就完全没有必要采用“正当利益”这一用语，直接采用“没有不合理地损害权利人的利益”这一用语就足够了。“正当利益”用语表明，权利人利益的边界在于文化多样性以及表达自由的确保等版权所期望达到的公共政策目的。[①]

关于支付合理报酬是否对第三个步骤的判断有所影响，在“三步检验标准”的具体要件中未明确体现。其中，对于“衡平填补”与“三步检验标准”的关系问题，在《伯尔尼公约》斯德哥尔摩修订会议上曾有提及。第一主要委员会主席乌尔默曾以德国著作权法上的报酬请求权为例，对于某一行为是否不合理地损害权利人正当利益的判断进行了论述，即应考虑此种利用行为是否包含收益。乌尔默的这一见解并未遭到会议代表的反

① 参见《著作権法における権利制限規定の解釈と3 step test(6)》，第282页.

对，并被作为第一主要委员会报告书中的一部分予以采纳。[①]根据《维也纳条约法公约》第32条第2款的规定，这一解释可以作为《伯尔尼公约》第9条第2款的辅助性资料予以参考。从给权利人造成的损害程度看，如果权利限制规定超出了合理的范围，应该通过合理报酬的充分支付，使“三步检验标准”中第三个步骤得以满足；对于仅少量超出合理范围的情况，则只需支付低额的报酬就可以满足第三个步骤的要求；对于损害程度极其微小而可忽略不计的情况，则不需要支付报酬即可满足第三个步骤的要求。

① 参见史学清：《论著作权制度中的三步检验标准》，中国人民大学2010年博士学位论文。

第六章　商　　标

第一节　商标概述

一、商标发展史

以文字或符号标识产品或服务来源的做法具有悠久的历史。在古埃及时期，商标就被用来标识某一特定产品的出处，工匠们在其制作的陶器中加入独特的标记与符号。两千多年前，中国销往欧洲、地中海地区的瓷器等商品就有商标、产地标志等商业标识。现代意义上的商标制度是工业革命的产物。工业革命加快了劳动分工进程，规模经济要求生产去中心化，大型消费增加了购买者对有效信息的需求。同时，组织化贸易使标识的经济学优点获得更广泛的认可。商标时代由此诞生。工业革命后，生产技术、交通方式、营销策略的发展改变了商品的销售方式。与此同时，随着现代广告业与大规模零售业的出现，企业越发重视商标的价值与作用。[①] 在随后几个世纪，现代技术发展开启了消费扩张以及商品利用新潜能，商标的作用更加彰显。

早期的商标多表现为平面的图形与文字。后来，商标突破二维的限制，三维商标逐渐被纳入商标保护的范围。随着技术等的发展与进步，一些非传统的非视觉商标也逐渐被纳入这一范围。例如，中国 2013 年《商标法》第 8 条规定了声音商标的注册，美国、欧盟等对气味商标提供法律保护。另外，《新加坡商标法条约实施细则》还规定了全息图商标等的注

---

① See *Intellectual Property: Patents, Copyrights, Trade Marks and Allied Rights*, p. 606.

册方式。随着互联网经济的进一步发展，非传统商标在网络环境中的价值进一步彰显，如动态图形商标、声音商标等能更好地表达与适用。一些以数字形式存在但可以通过工具呈现的新商标形态也开始出现，如作为商标标志的数字图形界面。现今，数字图形界面在一些国家已经可以获得外观设计的法律保护，将图形界面纳入商标保护也应具有法律上的可行性。[1]

二、商标的价值与功能

商标是区别不同商品或服务提供者的标识，解决了在生产与消费距离逐渐加大的情况下如何识别商品来源的问题。在缺乏可认知的地理来源的情况下，商标事实上提供了重建、指导消费者选择的有益识别物。同时，生产者能够通过商标标识识别自己的产品，并可通过商标传达产品质量。随着现代广告业与大规模零售业的出现，企业越发重视商标的价值与作用。[2]

（一）识别商品的来源

识别功能是商标的核心功能，若没有识别性的标识，则不能作为商标注册与使用。识别功能为消费者识别被标识商品的来源提供保障，使其能够与他人提供的商品区别开来。因此，商标受保护的基础最终体现在具有识别功能上。

商标的识别性首先体现在商标所代表的来源信息上。也就是说，商标彰显了产品或服务的出处。商标的识别性还体现在商标彰显的产品或服务的特质上，即该产品或服务与同类产品或服务的区别性所在。将识别性界定为商标的核心功能意味着，对于商标的许可与转让需要采取审慎的做法。商标法需要确保在许可与转让过程中不会造成商标识别性功能的变异以及消费者利益的损害。但是，从另一角度看，随着现代商业的发展，商标的许可与转让模式发生了变化，商标单独转让的情况不断发生，商标的特许经营许可（许可方销售的可能不是商标权人的产品或服务）也不断涌现，这对传统的商标识别功能造成了冲击。因此，需要重新

---

① 参见湛茜：《新型商标跨国注册问题研究》，复旦大学 2012 年博士学位论文。

② See *Intellectual Property: Patents, Copyrights, Trade Marks and Allied Rights*, p. 606.

认识商标的识别功能。在此情况下，商标的识别功能需要确保消费者购买的带有同样商标的产品在某种程度上与那个单一的、匿名的来源相联系或为它所控制。

商标的识别功能意味着，要想通过使用方式获取商标权，使用行为必须使标识产生识别性，而要维持商标权，则必须使商标标识具有并保持识别性。仅仅具有象征性的使用行为不能获得商标权。另外，商标侵权意味着对商标识别性的伤害，制止侵权的目的就是防止对这种识别功能的损害。

（二）减少搜索成本与信息非对称性问题

商标传达了关于产品质量的信息，便利了消费者的购买决定；同时，通过对厂商声誉的杠杆激励，使得厂商生产出符合消费者期望质量的产品或服务。商标法的目标是促进经济效率，而基于信息不对称导致的市场失灵是商标法面临的主要问题。由于不了解商品质量，以及缺乏适宜与可靠的信息，消费者在购物时的搜索成本将会增加，企业则有可能在产品质量上误导消费者。如果出现这样的零和游戏，将会导致平均产品质量的下降以及市场规模的减少。最优的解决途径是创造一种机制，以避免质量的不确定性效果，而有品牌的产品就是这样一种机制。[①] 商标制度减少了信息搜索成本，同时降低了市场内的交易成本，促进了竞争均衡。作为具有显著性的标志，商标能"告知"消费者其所标识的产品的质量，即使这些质量特征不可亲眼看见。同时，商标也能促使企业放弃机会主义行为而愿意使其产品保持一贯的质量。商标法不仅仅是对企业的责任机制，同时也是一个事后市场规制体系。

（三）保障产品质量

商标具有促进生产者、经营者保障商品或服务质量的功能。一般认为，消费者通过商标识别生产者生产的产品，通过不断地使用该商标标识的产品而获取该产品的特质；如果这种特质正是消费者所偏好的，那么消费者就会持续地购买该产品。这样，生产者为了保持其产品对消费者的吸引力，就会尽量维持与改善该产品的质量。从另一个角度讲，如果生产

---

① See G. A. Kerlof, The Market for "Lemons": Quality Uncertainty and the Market Mechanism, *The Quarterly Journal of Economics*, 1970, Vol. 84, No. 3, p. 499.

者不能有效地维持其产品质量的稳定性与可预测性，消费者就可能会放弃购买产品，从而影响生产者的利益。

值得注意的是，商标虽然有质量保障功能，但并不意味着生产者生产的产品都是质量良好的，不存在质量问题。这是个应然与实然的问题。尽管现今各国产品的质量问题层出不穷，但商标在保障大多数产品质量的恒定性与可预期性方面还是发挥了重要作用。

商标的质量保障功能与识别功能并不是严格区分的概念。商标的质量保障功能以识别功能为出发点，其实现会进一步促进商标识别性的增加，从而更有效地扩张商标的识别功能。

（四）彰显企业形象

在现今的注意力经济背景下，商标的广告功能、彰显企业价值与形象功能越来越重要。商标无疑是企业广告、形象与价值的重要载体。作为广告载体，商标使得消费者能迅速认知其所期许的产品的生产者，并向具有类似偏好的消费者传达。同时，商标也是企业表达某种价值、传递企业形象的载体。企业所追求的价值以及其力图塑造的形象一般也通过商标的形式进行传递。企业通过商标传达的这种价值、形象无疑是吸引对此有认同感的消费者的关键。随着这种价值、形象不断在消费者脑海中积累，商标的商誉就会不断增加。因此，商标也是企业商誉的载体。但是，商誉积累到一定程度，商标可能就会彰显出某种独立的价值，商标权人可能就期待利用这种价值获取超额的利润。因此，商标的广告功能、形象传递功能以及商誉积累功能是商标权利人通过商标实现价值最大化的工具，是现今商标权利人最为重视的几个商标功能。

三、商标国际保护的历史与发展

如何保护商标是各国基于本国国情的自主选择。比如，美国各州通常以普通法保护基于使用而产生的商标专用权，而大陆法系国家则以保护注册商标为主。对注册商标的保护，也是现代商标法的基本任务之一。世界上最早的成文商标法——1857 年法国《商标法》确立的商标注册制度,[1]后来为各国商标法所吸收。即便是美国,也在1870年制定了《联邦商标法》,在继续保留各州法律保护使用商标专用权的同时,在全国实行统一的联邦注册商标制度。[2]

随着商品与服务的跨境流动越来越频繁,如何协调各国的商标制度成为国际社会面临的重要问题。《巴黎公约》与TRIPS协定是现今国际社会协调商标制度最重要的成果。除此之外,国际社会还订立了一系列涉及商标申请与保护的国际条约,主要包括:《减少虚假或欺骗性商品来源标志马德里协定》《商标国际注册马德里协定》《商标注册的货物与服务国际分类尼斯协定》《里斯本协定》《商标法条约》《新加坡商标法条约》等。

目前取得的注册商标保护国际协调成果中,《巴黎公约》与TRIPS协定是实体规定,其他则更多体现在程序性规定上,如《商标法条约》《商标注册的货物与服务国际分类尼斯协定》以及《建立商标图形国际分类维也纳协定》等国际条约。这些国际条约统一了各国在商标审查、注册方面的形式标准。但是,在商标实体制度方面,各国仍存在着较大的差异。从1994年完成的《商标法条约》[3]的制定过程可以看出统一实体法的艰难,该条约草案的建议稿中曾涉及商标的概念、商标的可注册性、商标权的内容、商标权的穷竭、对驰名商标的保护等实体性内容,但因存在较大分歧而在最终条约中被删除。该条约最终统一的仍只是有关商标申请、转让、续展等程序方面的规则,涉及商标实体规则的内容不多。

此外,一些区域贸易协定中也含有商标保护的内容,如《北美自由贸易协定》(第1708条)[4]、《欧共体商标条例》[5]等。

随着全球化的深入发展,一些发达的贸易强国企图通过相关国际协

---

① See Union internationale pour la protection de la propriété industrielle, Paris, A. Pedone, Éditeur, 1901, p. 8. 根据1901年巴黎公约联盟记载,法国《专利法》《商标法》的制定日期分别为1844年7月5日、1857年6月23日。

② See *Cases and Materials on Patent Law Including Trade Secret-Copyrights-Trademarks*, p. 891.

③ Trademark Law Treaty, 1996年8月1日生效。

④ See Frank J. Garcia, Protection of Intellectual Property Rights in the North American Free Trade Agreement: A Successful Case of Regional Trade Regulation, *American University Journal of International Law and Policy*, 1993, Vol. 8, No. 4, p. 817.

⑤ Council Regulation (EC) No. 40/94 of 20 December 1993 on the Community Trade Mark.

定进一步强化商标保护的范围与力度,从而为其产品在发展中国家的流通扫清障碍。比如,《跨太平洋伙伴关系协定》(TPP)第18条第18款规定:"作为商标注册的条件,任何缔约方不得要求拟注册的标识必须视觉上可感知,任何一方不得对仅由声音或气味组合而成的标识拒绝注册。"对于驰名商标,该协定规定,任何缔约方不得仅因驰名商标没有在其境内注册而拒绝给予保护。[①]

四、TRIPS协定的商标条款与《巴黎公约》

在对商标全面保护的意义上,TRIPS协定不是一个完整而独立的协定,它以《巴黎公约》关于商标权保护的规定为出发点,增加了一些补充性规定,因而是"Paris-plus"的商标部分。TRIPS协定第2条规定:"1. 就本协定第二、第三及第四部分而言,成员们应遵守《巴黎公约》(1967年)第1条至第12条及第19条。2. 本协定第一至第四部分的任何规定都不得减损成员们根据《巴黎公约》……相互可能已经承担的义务。"按照TRIPS协定,各成员的商标保护必须遵从《巴黎公约》的相关规定,对于TRIPS协定的解释和实施不能与《巴黎公约》发生冲突。值得注意的是,WTO成员与《巴黎公约》成员国并不一致,这意味着缔结TRIPS协定的非《巴黎公约》成员国也需要履行《巴黎公约》规定的义务。

TRIPS协定以《巴黎公约》为基础,强化了商标保护。TRIPS协定规定了商标的定义、商标权的内容以及权利保护的期限与限制等,并增加了服务商标与驰名商标保护的一些实质性条款。

TRIPS协定除与《巴黎公约》相关外,与其他商标条约并没有实质的关联性,但其他商标条约在解释TRIPS协定的相关条款时可能有参考价值与意义。

第二节　TRIPS协定的商标条款

对于商标的国际保护而言,TRIPS协定建立了最低的保护标准,这些标准是任何成员都必须遵守的。TRIPS协定关于商标保护的实质条

① 参见美国贸易代表办公室网:http://www.ustr.gov/,2016年1月30日访问。

款规定于第15条至第21条。这些条款涉及商标保护的主题、商标权的内容与例外、保护期、使用规定、许可与转让等。值得注意的是，由于TRIPS协定将《巴黎公约》的相关内容纳入其中，因而《巴黎公约》与商标相关的条款也可以依据TRIPS协定寻求相应的保护。

一、TRIPS协定下可保护的商标

TRIPS协定第15条第1款规定，任何能够将一个企业的商品和服务与另一企业的商品和服务区别开来的标志或标志组合，均能够构成商标。此种标志，尤其是包含个人姓名的文字、字母、数字、图形要素和色彩组合以及诸如此类的标志组合，有资格注册为商标。例如，各成员可要求标志在视觉上是可以感知的，并以此作为注册商标的一项条件。据此，对于视觉上可感知的标志，任何缔约方都有义务予以注册；而对于非视觉上可感知的商标，各缔约方可自主决定予以注册或保护与否。根据该条款的规定，“商标用于区分一企业与他企业商品或服务的标识或者标识组合。商标所有者拥有在市场上使用其商标以识别其特定商品或服务，或者授权（或许可）他人以付费或其他受益为对价而使用其商标的专用权。”①

（一）商品商标与服务商标

商标可以分为商品商标与服务商标。商品商标是用在商品上的商标。一般而言，商品商标附着于具体的商品，消费者可以直接认知，权利人可以通过商品本身传达商标信息。服务商标是用在服务上的商标。服务在某种意义上是人与人之间的交流，因而其商标一般通过店招、广告等形式进行宣传与使用。由于服务本身不具有流动性，对于服务商标而言，通过广告等载体彰显服务的定位就显得尤为重要。过去，商标注册和保护主要是针对商品而言的，因为根据《巴黎公约》第6条之六的规定，成员国可选择注册是否用于服务商标。然而，随着服务经济的兴起，以及商标作为区分服务来源的重要性日益显现，TRIPS协定第15条第1款规定，应该以与保护商品商标相同的方式保护服务商标。有关商标的规定同样适用于识别商品与服务的情况。

---

① *A Handbook on the WTO TRIPS Agreement*, pp. 54-55.

(二) 集体商标与证明商标

商标还可以分为集体商标与证明商标。依据《巴黎公约》第 7 条之二,成员国必须接受集体商标的注册。集体商标,是指以团体、协会或者其他组织名义注册的标志,供该组织成员在商事活动中使用,以表明使用者在该组织中的成员资格。集体商标不得许可非集体成员使用。证明商标,是指由对某种商品或者服务具有监督能力的组织所控制,由该组织以外的单位或者个人使用于其商品或者服务,用以证明该商品或者服务的原产地、原料、制造方法、质量或者其他特定品质的标志。与集体商标不同,证明商标的注册人不得在自己提供的商品上使用该证明商标。其原因在于,证明商标的注册人为监督、控制产品质量的组织,自然不能自己监督自己对证明商标的利用。另外,凡符合证明商标使用管理规则规定的条件,在履行该证明商标使用管理规则规定的手续后,就可以使用该证明商标,注册人不得拒绝办理手续。

(三) 传统商标与非传统商标

传统商标基本上是视觉可感知的商标,如文字商标、图形商标、组合商标、立体商标等。非传统商标有声音商标、嗅觉商标、味觉商标等。全息图商标、动作商标、位置商标等也是与传统商标不同的类型。TRIPS 协定要求各国必须对传统商标提供保护。在中国,《商标法》已对声音商标提供注册保护,而其他类型的非传统商标目前尚不能获得注册与保护。

(四) 商号

多数国家对商号提供某种法律保护。TRIPS 协定与《巴黎公约》均未对商业名称进行法律界定。如前所述,TRIPS 协定是否对商号提供法律保护的问题在美国商标案中得以澄清。上诉机构指出,通过将《巴黎公约》第 8 条纳入,TRIPS 协定对商号提供了法律保护。但是,不管是 TRIPS 协定还是《巴黎公约》,都未对商号的保护范围与水平作出规定,各国需要根据自己的立法决定保护的水平。《巴黎公约》第 8 条规定:“商号应在本联盟一切国家受到保护,没有申请或注册的义务,也不论其是否为商标的一部分。”因此,即使商号的注册是强制性的,商号获得保护也不应以注册为前提。

二、商标注册条件与要求

（一）显著性

根据 TRIPS 协定第 15 条第 1 款，任何可注册的商标必须是能将一个企业的产品或服务与其他企业的产品或服务区别开来的标志。这就是商标注册的显著性要求。作为商标注册的标志包括个人姓名、字母、数字、图形要素以及颜色组合和符号组合的文字。这意味着，根据 TRIPS 协定，原则上不限制构成商标的符号形式，其重点在于显著性，即这些符号能够区分一个企业与其他企业的产品或服务。成员可以要求标志具有视觉性感知并将其作为商标注册的条件，可以自行决定是否允许将诸如气味和声音一类符号注册为商标。

显著性，是指某一标识可以让消费者识别销售的商品来自某一特定企业，虽然有时是匿名的来源。[①] 商标的显著性，是指商标应当具备的足以使相关公众区分商品来源的特征。简言之，商标具有显著性意味着该标识具有识别商品来源的功能。商标的这种识别功能取决于商标标识与商品属性之间的联系：商标标识与商品属性之间的联系越紧密，显著性越弱；越无关联，显著性越强。同时，显著性强的商标对相近似标识的排斥力较强；反之，显著性弱的商标则对相近似标识的排斥力较弱。

按照商标标识与其标识的产品或服务的关联度，显著性可以分为固有显著性与获得显著性。固有显著性意味着，该标识具有内在的区分性，当它在商业中使用时，能起到识别特定来源的作用。固有显著性标识包括任意性、臆造性以及暗示性标识。同时，也有许多标识并不具有内在显著性，当它首次被用于产品或服务时，并不能马上向消费者传达其区别商品来源的信息。描述性标识一般必须通过使用获得第二含义后才能获得注册。通用名称一般不能注册，但在某些特殊情况下可能获得注册。申请时不属于通用名称，但在核准注册时已经成为通用名称的，仍应认定其属于本商品的通用名称；虽在申请时属于本商品的通用名称，但在核准注

---

① See Mary LaFrance, *Understanding Trademark Law*, 2nd edition, LexisNexis, 2009, p. 46.

册时已经不是通用名称的,则不妨碍其获得注册。[①] 显著性也可分为来源显著性与区别显著性。

根据 TRIPS 协定第 15 条第 2 款,除了显著性,WTO 成员也可以基于其他理由,包括商标注册人未获该商标原始所有人同意,或标志缺乏可视性而拒绝予以注册。下文将分析美国商标案涉及的该条款的"其他理由"。

(二)可视性

可视性,是指申请注册的商标必须是视觉上可感知的标志。典型的可视性商标是传统的文字、图形商标。对于成员是否可自主决定在其商标法中规定可视性要求,TRIPS 协定赋予成员自主选择权。

(三)合法性

《巴黎公约》第 6 条之三第 1 款(a)项规定:"本联盟各国同意,对未经主管机关许可而将本联盟国家的国徽、国旗和其他的国家徽记,各该国用以表明监督、保证的官方符号和检验印章,以及从徽章学的观点看来的任何仿制用作商标或商标的组成部分,应拒绝注册或使其注册无效,并采取适当措施禁止使用。"另外,一些国家还规定,违反公共利益与公共秩序等的标识不能获得商标注册。关于如何理解公共利益,各国或地区有不同的做法,兹不赘述。

值得注意的是,在美国商标案中,WTO 争端解决上诉机构明确指出,成员拒绝商标注册的理由不以 TRIPS 协定和《巴黎公约》提及的理由为限,成员可以基于各自的法律与政策决定商标注册的要求。因为根据 TRIPS 协定第 15 条第 2 款,第 1 款不得被理解为阻止一成员方以其他理由拒绝商标注册,只要这些理由不减损《巴黎公约》的规定。

(四)不损害他人的在先权益

TRIPS 协定虽然没有明确指出申请注册的商标不得侵犯他人的在先权益,但是在《巴黎公约》和 TRIPS 协定的相关条款中,规定了一些受法律保护的在先权益,因此侵犯这些在先权益的标识不能获得注册。依

① 参见上海杏灵科技药业股份有限公司与国家工商行政管理总局商标评审委员会第三人孙哲峰第 1416354 号"杏灵"商标争议行政纠纷案,北京市高级人民法院行政判决书(2011)高行终字第 11 号。

据美国商标案上诉报告的解释,“按原样注册”(as is)原则适用的对象是商标的“形式”(the form)。也就是说,成员可以在商标注册的其他方面适用国内的规则,如商标的定义以及商标的在先使用要求等。

1. 驰名商标

《巴黎公约》第 6 条之二第 1 款规定:“本联盟各国承诺,如本国法律允许,应依职权,或依利害关系人的请求,对商标注册国或使用国主管机关认定为驰名的,已经属于有权享受本公约利益的人所有并且用于相同或类似商品的商标构成复制、仿制或翻译,易于产生混淆的商标,应拒绝或撤销注册,并禁止使用。这些规定,在商标的主要部分构成对上述驰名商标的复制或仿制,易于产生混淆时,也应适用。”根据该条款的规定,驰名商标无论在该国注册与否,如果第三方注册的商标构成复制、仿制或翻译该驰名商标并易于产生混淆,则该商标的注册应该被禁止。

2. 地理标志

TRIPS 协定第 22 条第 3 款规定:“若某种商品不产自某个地理标志所指的地域,而其商标又包含该地理标志或由其组成,如果该商品商标中的该标志具有在商品原产地方面误导公众的性质,一成员应在其法律许可的条件下或应一利益方之请求,拒绝或撤销该商标的注册。”TRIPS 协定第 23 条第 2 款规定:“对于不产自由某一地理标志所指的原产地而又含有该产地地理标志的葡萄酒或烈酒,如果一成员的立法允许或应某一利益方之请求,应拒绝或撤销其商标注册。”因此,如果申请注册的商标包含地理标志或由地理标志构成,该商标的注册可能导致公众对商品的来源产生误会,则该商标将不能获得注册。对于葡萄酒或烈酒而言,如果商标含有地理标志或由地理标志组成,但该产品不是来自某一地域,此时该商标也不能获得注册。

(五) 不得拒绝注册的情形

《巴黎公约》第 6 条第 2 款规定:“本联盟任何成员国对成员国国民提出的商标注册申请,不得以其未在原属国申请、注册或续展为理由而予以拒绝,也不得使注册无效。”这就是所谓的商标独立保护原则。也就是说,一成员国给予商标提供的注册与保护不能以其在原属国是否获得注册与保护为前提。因此,一个商标即使在原属国未获得注册,成员国也应基于本国的法律考虑是否给予注册与保护。

(六)“按原样注册”的保护原则

按照《巴黎公约》的规定,各国商标注册与保护原则上是各自独立的。然而,《巴黎公约》为了限制各国在商标注册与保护方面的自由裁量权,规定了“按原样注册”的保护原则。《巴黎公约》第 6 条之五规定,在原属国正规注册的每一商标,除按本条规定予以保留外,本联盟其他国家应像其原属国那样接受注册申请和给予保护。各该国家在确定注册前可以要求其提供原属国主管机关发给的注册证书,该项证书无须认证。即在原属国取得注册的商标,如果没有侵犯第三人的在先权利,具有显著性且不违反道德和公共秩序,则其他成员国应同样给予注册与保护。对于已经在原属国注册的商标,这一原则实际上排除了其他成员国以其他理由拒绝注册的可能,从而极大地便利了已注册商标在各国的进一步注册与保护。下文在分析美国商标案时,将重点论及“按原样注册”的保护原则的例外问题。

(七)不得因产品或服务的性质拒绝注册

TRIPS 协定与《巴黎公约》都明确规定,使用商标的商品的性质不应成为该商标注册的障碍。因此,各国不能因注册商标所使用的商品或服务是非道德的、危险的或不受欢迎的就拒绝其注册要求。然而,这并不意味着成员不能规制商标所标识的产品的销售。这主要源于商标的消极权利特征,商标权的本质不是权利人可以销售或营销产品的权利,而是阻止第三方利用其商标。因此,销售行为的合法与否要受到其他国家法律的规制。也就是说,个人虽可以为枪支注册商标,但商标法并没有赋予权利人随意销售枪支的权利。商标法仅仅禁止竞争者将注册商标运用于相同或近似商品导致混淆的情形,并不赋予权利人销售产品的许可。因此,不能因为商标所标识的产品有问题就拒绝该商标的注册。

三、商标注册程序

(一)优先权

《巴黎公约》第 4 条相关款项规定了商标注册申请的优先权制度:已经在本联盟的一个国家正式提出商标注册申请的任何人,或其权利继受人,在其他成员国提出同一申请,在规定的期间内均可享有优先权。优先权的意义在于,申请人在某一成员国的第一次申请日可以作为后续在其他成员国申请的优先权日，相对于在优先权日与实际申请日之间提出的其他注册申请享有优先权。在成员国第一次申请注册的日期就是优先权日。依据《巴黎公约》的规定，从第一次商标申请之日起的6个月内，申请人可以主张优先权；6个月期满，优先权终止。

（二）申请公开

TRIPS协定第15条第5款规定："各成员应在商标注册前或在注册后迅速公布每一商标，并应对撤销注册的请求给予合理的机会。"设定这一条款，目的在于确保商标注册过程中的透明度。由于不同国家商标取得方式的不同，TRIPS协定提供了一定程度的灵活性。这意味着，各成员必须公开其商标注册情况，以便第三方能对相关商标的注册提出异议或无效的请求。

（三）异议程序

TRIPS协定规定，各成员可提供机会，以便第三方对商标的注册提出异议。也就是说，异议程序不是各成员商标申请程序中必须规定的程序。成员可自主决定是否在其商标法中纳入无效程序。另外，第三方可以基于何种理由提出异议，这也是由成员的法律自主决定的。当然，对于TRIPS协定规定的不得拒绝注册的情形，第三人不得将之作为提出异议的理由。

（四）商标使用取得

TRIPS协定第15条第3款规定："各成员可将使用作为注册条件。但是，商标的实际使用不得作为接受申请的一项条件。各成员不得仅以自某商标申请日起3年期满前未按原意使用为由拒绝该申请。"

根据该条款的规定，各成员可以将商标的使用作为注册的条件。但是，这种使用要求不仅仅是实际使用，意图使用也应满足使用的情况。该条款的规定其实是考虑了美国的相关做法，也为不同国家的商标取得制度提供了合法性基础。同时，根据该规定，成员不能仅仅因为意图使用没能在申请之日起3年内实现而拒绝其注册。这意味着，成员原则上可以要求申请人至少有实际使用的意图，但是申请人应该至少从申请之日起3年内实际使用该商标，成员不能因为该申请人在3年内未实际使用就取消其注册；3年后，若申请人有正当理由，成员可以取消该商标的注册申请。

也就是说，TRIPS 协定成员可以实际使用作为商标取得的基础，但不能仅仅因为申请人没有使用就拒绝其注册申请。此时，成员可以要求申请人作出意图使用的承诺，在 3 年内将实际使用该商标。如果申请人在 3 年内未实际使用该商标，成员可以拒绝其注册申请。

四、商标权的内容

TRIPS 协定第 16 条规定了注册商标权利人所享有的权利。该条第 1 款规定："注册商标的所有权人享有专有权，以阻止所有第三方未经该所有权人同意在商业过程中对与已注册商标的货物或服务的相同或类似货物或服务使用相同或类似标识，如此类使用会导致混淆的可能性。在对相同货物或服务使用相同标识的情况下，应推定存在混淆的可能性。上述权利不得损害任何现有的优先权，也不得影响各成员以使用为基础提供权利的可能性。"

值得注意的是，TRIPS 协定仅仅为商标权人提供最低水平的保护，许多成员的商标法对权利人的保护强度远远大于 TRIPS 协定的规定。因此，一国商标权人享有何种权利需参考其商标法的相关规定。

（一）注册商标与未注册商标

根据 TRIPS 协定第 15 条第 3 款，商标权既可以通过注册的方式取得，也可以通过使用的方式取得。TRIPS 协定虽然明确要求各成员对注册商标提供法律保护，但是它也不限制各国基于使用提供商标权保护的可能。

（二）排他权

TRIPS 协定第 16 条第 1 款明确商标权的本质是排他性权利，这意味着权利人有权阻止第三方未经许可利用与其相同或近似商标，导致混淆的行为。如前所述，商标法并不赋予权利人销售的许可，获得商标注册并不意味着获取销售商品的许可。因此，TRIPS 协定第 16 条第 1 款规定的注册商标所有人享有的"专用权"(exclusive right)，"其实这是'排他权'的意思……注册商标所有人根据这种权利，可以防止第三人未经许可而使用他的商标。所有人使用自己的商标并不需要有这样的权利。实际上，任何人在商品或服务上使用商标都不需要有法律的授权，只要他的商标不侵犯其他人的在先权利(包括注册商标)，而且也不违反法律的任何规定,就可以使用。"[①]这就是排他权的意义所在。

(三)"阻止在贸易过程中使用"

商标法是市场经济的重要制度,主要规范贸易(商业)过程中使用商标的行为。因此,根据 TRIPS 协定第 16 条第 1 款,第三方使用他人商标的行为必须是在贸易过程中才构成侵犯商标权的行为。如果行为人的使用行为不是在商业过程中,而仅仅是在私人环境中使用他人商标,则其行为应是合法行为。

(四)混淆可能性

根据 TRIPS 协定第 16 条第 1 款,在商业过程中的使用行为,如果其使用的标识与注册商标相同或近似,该标识所使用的产品与注册商标所标示的产品是相同或类似的,且这种行为可能使相关公众产生混淆,则该行为是侵权行为。如果将与注册商标相同的标识用于相关商品,根据 TRIPS 协定,此时应推定为存在混淆可能性。也就是说,此时应由被控侵权者来举证证明不存在混淆可能性。值得注意的是,混淆可能性的判断是个案的判断,应根据每一市场的具体情况进行判断。

混淆可能性是商标法的核心概念,也是对普通商标给予保护的唯一要素。[②] 也就是说,混淆是判断商标侵权的关键,即使在商标近似、商品类似的情况下,如果不存在混淆可能性,权利人也不能阻止他人对该近似商标的使用。从这种意义上讲,混淆可能是确立普通商标保护范围的唯一要素。

混淆可能性的判断是整体判断与评估,是对包括商品与服务的类似、商标的近似度、冲突标识的显著与突出部分、在先商标的显著性以及相关公众(特别是其注意程度与精明度)等相互关联要素的整体评估。欧洲法院认为,如果存在消费者可能相信争议商品或服务来自同一实体或经济上相互关联的实体的风险,就应认定存在混淆可能性(包括关联可能)。[③]欧洲法院同时认为,商品或服务在相关公众脑海中的认知在整体评估混

① 汤宗舜:《知识产权的国际保护》,人民法院出版社 1999 年版,第 186—187 页。

② 参见陈锦川主编:《商标授权确权的司法审查》,中国法制出版社 2014 年版,第 177—178 页。

③ See Canon Kabushiki Kaisha v. Metro-Goldwyn-Mayer Inc., C-39/97 (1998), para. 29.

淆可能性时起着关键性作用。[①]美国在进行混淆可能性判断时一般考虑以下因素：商标的近似性、商品的类似性、原告商标的强度、消费者的精明度、实际混淆的证据、被告的意图等。有美国司法界人士认为，上述要素没有哪一个是决定性的，但一般认为商标近似度具有最重要的影响；同时，实际混淆的证据是有价值的，但并不是根本性的要素。各个法院会根据案件的具体情况选择考量因素，上述因素并不是穷竭式的列举。另外，各个要素的权重在个案中也是不一致的。中国与世界上其他国家和地区在判断混淆可能性方面的做法实质上是一致的，一般考量商标的近似性、商品的类似性、商标的显著性与知名度、使用人的主观态度等因素。

在商标的近似性判断方面，各国法院一般会考虑标识本身的音、形和义等的近似性；在商品的类似性判断方面，法院一般会考量商品是否相互竞争、销售渠道、消费对象以及商标本身的认可度等。混淆可能性的判断是基于对商品上的标识的整体印象，但是即使标识非常相似，而商品非常不类似，也可能不存在混淆，反之亦然。

（五）驰名商标的特殊保护

所谓驰名商标，就是相关公众广为知晓的商标。TRIPS 协定第 16 条第 2 款并没有明确界定驰名商标的定义，仅规定在确定商标是否驰名时，各成员应考虑相关公众对该商标的了解程度，包括因促销而获得的对该商标的了解程度。因此，各成员在认定驰名商标时，需要考虑该商标的实际使用情况以及商标权人的广告投入、促销等行为。

《巴黎公约》和 TRIPS 协定明确规定，各国商标法应给予驰名商标特殊保护。对于驰名商标的特殊保护，各国不应以商标注册为前提，对未注册的驰名商标也应提供法律保护。但是，在一些国家，如中国，对于已注册的驰名商标的保护强度远远强于未注册的驰名商标。

《巴黎公约》第 6 条之二规定："(1) 本联盟各国承诺，如本国法律允许，应依职权，或依利害关系人的请求，对商标注册国或使用国主管机关认为在该国已经驰名，属于有权享受本公约利益的人所有，并且用于相同或类似商品的商标构成复制、仿制或翻译，易于产生混淆的商标，拒绝或

① See Lloyd Schuhfabrik Meyer & Co. GmbH v. Klijsen Handel BV, C-342/97 (1999), para. 25.

撤销注册,并禁止使用。这些规定,在商标的主要部分构成对上述驰名商标的复制或仿制,易于产生混淆时,也应适用。(2) 自注册之日起至少5年的期间内,应允许提出撤销这种商标的请求。本联盟各国可以规定一个期间,在这个期间内必须提出禁止使用的请求。(3) 对于依恶意取得注册或使用的商标提出撤销注册或禁止使用的请求,不应规定时间限制。”

值得注意的是,首先,《巴黎公约》对于驰名商标的保护还是以相同或类似的商品为限,并没有要求各国对驰名商标提供跨类别的保护。其次,对于驰名商标的保护是禁止对驰名商标标识的复制、仿制与翻译行为,以及虽然没有直接复制、仿制与翻译该驰名商标,但商标的主要部分构成对驰名商标的复制或仿制的情形。再次,驰名商标的撤销与禁止使用可以是主管机关的主动职权行为,也可以是应利害关系人的申请。最后,《巴黎公约》对于驰名商标的保护仍以混淆为基础,对于申请注册的商标是否可能引发对驰名商标的混淆应该由相关的商标审查机构进行判断,判断的方法与前述混淆可能性并没有实质差异。

此外,《巴黎公约》对于驰名商标的法律保护只适用于商品,而TRIPS协定第16条第2款将对于驰名商标的保护延伸至服务领域。

TRIPS协定第16条第3款规定:“《巴黎公约》(1967)第6条之二原则上应适用于与已注册商标的货物或服务不相类似的货物或服务,只要该商标在对那些货物或服务的使用方面可表明这些货物或服务与该注册商标所有权人之间存在联系,且此类使用有可能损害该注册商标所有权人的利益。”TRIPS协定将驰名商标的保护范围扩张至不相类似的商品与服务。值得注意的是,驰名商标所有人并不能阻止他人在所有不相类似的商品上注册该驰名商标,只有在该驰名商标被注册并会引发消费者认为二者之间存在联系,且对驰名商标注册人的利益带来损害时方可阻止。另外,TRIPS协定的跨类别保护只适用于已经注册的驰名商标。对于未注册的驰名商标是否可以享受跨类别的保护,由各成员基于自己的法律作出选择。同时,跨类别保护的前提不是混淆而是“联系”。也就是说,在跨类别保护的场合,即使相关公众没有混淆,明确知晓相关商品不是被控侵权人生产的,但相关公众相信该商标所标示的商品与商标权人之间有帮助关系存在,如许可、赞助、控制等,驰名商标权利人也可以阻止他人的注册与使用。

（六）许可与转让权

TRIPS 协定第 21 条规定："各成员可对商标的许可与转让设定条件，与此相关的理解是，不允许商标的强制许可，且注册商标的所有权人有权将商标与该商标所属业务同时或不同时转让。"商标的许可与转让涉及消费者利益的保护，因此各国基本上都对商标的许可与转让设定某些限制条件。比如，对商标许可行为，很多国家都规定不能进行商标的"裸许可"。也就是说，商标权人不能仅仅许可商标而对被许可商标的商品质量不问不理。TRIPS 协定没有限制各国对商标许可的规制，但规定各国不能对商标进行强制许可。关于商标转让，许多国家先前认为，商标不能作为一种资产单独转让，它必须同相关的商品与服务一并转移。

《巴黎公约》第 6 条之四规定："(1) 根据本联盟国家的法律，商标的转让只有在与其所属工农业或商誉同时移转为有效时，如该工农业或商誉坐落在该国的部分，连同在该国制造或销售标有被转让商标的商品的专有权一起移予受让人，即足以承认其转让为有效。(2) 如果受让人使用受让的商标事实上会具有使公众对使用该商标的商品的原产地、性质或基本品质发生误解的性质，上述规定并不使联盟国家负有承认该项商标转让为有效的义务。"

依据《巴黎公约》，成员国可以自主决定如何规制商标的转让行为。但是，依据 TRIPS 协定，成员在限制商标转让方面的规定受到一定的约束。比如，TRIPS 协定第 21 条明确规定，成员不能要求商标与相关的业务一并转移。该条在某种程度上也确认了商标的独立财产地位。

（七）其他要求

TRIPS 协定第 20 条规定："在商业过程中使用商标不得受特殊要求的无理妨碍，诸如要求与另一商标一起使用，以特殊形式使用或要求以损害其将一企业的货物或服务区别于另一企业的货物或服务能力的方式使用。这一点不排除要求将识别生产该货物或服务的企业的商标与区别该企业的所涉具体货物或服务的商标一起使用，但不将两者联系起来。"也就是说，成员可以对商标使用提出要求，只要这种要求不是不合理地妨碍商标的正常利用。[①]

五、商标权限制

TRIPS 协定第 17 条规定："各成员可对商标所授予的权利规定有限的例外，如合理使用描述性词语，只要此类例外考虑到商标所有权人和第三方的合法权益。"根据此条规定，各成员所规定的限制与例外必须是有限的例外。也就是说，各成员不能在其立法中规定对商标权的普遍限制。同时，成员对商标权的限制需要考虑商标权与第三方的合法利益。

在欧共体地理标志案中，专家组认为商标权的例外应该从法律而不是经济的角度进行评估。专家组认为，有限的例外是指对商标权非常窄的限制，而不是指该例外仅仅影响有限的商标或商标权人。换句话说，受到例外影响的商标权人的数量以及从该例外中获利的第三方的数量与有限的例外的解释并无关联，唯一有关的考虑是该例外仅仅影响到商标权范围内的有限部分。对于商标权与第三方的合法利益，专家组认为，这些利益显然不仅仅是商标所赋予的合法利益，还应包括权利人基于商标的信誉与产品质量可能获得的经济价值、利益。另外，专家组还认为："第 17 条限制性条款的唯一要求是'顾及'商标所有人的合法利益，不要对这些利益造成不合理的损害，与 TRIPS 协定第 13 条、第 26 条第 2 款、第 30 条以及通过 TRIPS 协定第 9 条第 1 款纳入的《伯尔尼公约》(1971 年)第 9 条第 2 款的规定不同。这表明，要求考虑商标所有人合法利益的较低标准。"[②]

在澳大利亚平装烟草案中，许多国家认为澳大利亚的相关做法构成对商标权的限制，与 TRIPS 协定的相关规定相违背。澳大利亚却认为基于公共健康的目的限制商标的使用具有合法性。[③]

---

① 参见王芳：《TRIPS 协定下注册商标的使用要求研究》，复旦大学 2013 年博士学位论文。

② EC-Trademarks and Geographical Indications, para. 7.671.

③ See Australia-Certain Measures Concerning Trademarks, Geographical Indications and Other Plain Packaging Requirements Applicable to Tobacco Products and Packaging, DS435/DS441/DS/458/DS467.

第三节 TRIPS协定的商标争端解决

一、美国商标案概述

（一）本案要点

1999年7月7日，欧共体根据DSU和TRIPS协定有关争端解决规定，请求与美国就其1998年《综合拨款法》第211节有关商标注册规定违反TRIPS协定一事进行磋商。双方两度磋商，均告失败。经欧共体请求，WTO争端解决机构成立专家组。专家组和上诉机构先后于2001年7月3日、2002年1月2日作出审理和复审裁决，美国部分败诉。该案系争的美国1998年10月21日生效的《综合拨款法》第211节(a)款、(b)款，涉及与古巴没收的美国公司资产相关的商标、商号或商业名称问题。欧共体指控该款项禁止与古巴有商业往来的欧共体公司持有的商标在美国注册，违背了TRIPS协定以及《巴黎公约》有关商标注册的规定，损害了其商标、商号或商业名称所有人的合法利益，造成欧共体有关权利的丧失和减损。美国则予以否认。

涉案的《综合拨款法》第211节(a)款规定："(1) 尽管有本法其他规定，根据1998年9月9日生效的〈联邦条款汇编〉第31编第515、527节，在一商标、商号或商业名称与曾使用于被没收之商业或资产的商标、商号或商业名称相同或实质相似的情况下，不得授权或批准任何相关交易或支付，除非经该商标、商号或商业名称原始所有人或其善意的利益继承人明示同意。(2) 任何美国法院不应承认、执行或以其他任何方式确认一指定国民根据普通法权利或依有关此类被没收商标、商号或商业名称的第515、527节所获注册而主张的权利。"

《综合拨款法》第211节(b)款规定："任何美国法院不应承认、执行或其他方式确认一指定国民或其善意的利益继承人依1946年《商标法》第44节(b)或(e)款，就与被没收之商业或资产的商标、商号或商业名称相同或实质相似的商标、商号或商业名称而提出的任何条约权利，除非经该商标、商号或商业名称原始所有人或其善意的利益继承人之明示同意。"

专家组和上诉机构的裁定如下：

第一，就该法第 211 节(a)款(1)项与 TRIPS 协定第 15 条第 1 款所纳入的《巴黎公约》第 6 条之二 A 款(1)项（“按原样注册”）是否相符而言，TRIPS 协定第 15 条第 1 款规定了商标定义以及商标注册的一些要求，但这不意味着成员有义务注册所有合格的商标。因此，上诉机构认定，该法第 211 节(a)款(1)项与 TRIPS 协定第 15 条第 1 款关于商标所有权的规定不抵触。上诉机构也同意专家组的认定，即该法第 211 节(a)款(1)项与《巴黎公约》第 6 条之五 A 款(1)项仅涉及商标的“形式”而非所有权的规定不抵触。①

第二，就该法第 211 节(a)款(2)项、(b)款与 TRIPS 协定第 16 条第 1 款（注册商标所有人的专用权、不损害在先权以及基于使用的权利）、第 42 条（公平与公正的程序）是否相符而言，由于 TRIPS 协定第 16 条第 1 款未规定商标所有人（将自由裁量权留给每个成员），上诉机构认定它们不抵触。同时，上诉机构推翻了专家组的裁定，认定该法第 211 节(a)款(2)项、(b)款本身与 TRIPS 协定第 42 条不抵触。因为根据 TRIPS 协定第 42 条，允许权利持有人诉诸民事程序，该条是程序义务条款，而该法第 211 节影响的是实体权利。②

第三，就 TRIPS 协定第 3 条第 1 款和《巴黎公约》第 2 条第 1 款（国民待遇）所涉利益继承者（successor-in-interest）问题，上诉机构认定该法第 211 节(a)款(2)项违反国民待遇义务，因为它对古巴国民设置了额外的程序障碍。上诉机构推翻了专家组的裁定，认定该法第 211 节(a)款(2)项和(b)款违反国民待遇义务，因为它们适用于曾是古巴国民的原始所有权人（original owners），而不是美国国民的原始所有权人。③

第四，就 TRIPS 协定第 4 条最惠国待遇而言，上诉机构推翻了专家组的裁定，认定该法第 211 条(a)款(2)项和(b)款违反最惠国待遇义务，因为只有在“原始所有权人”是古巴国民的情况下才适用系争措施，而对于非古巴国民的“原始所有权人”则不适用。④

---

① See US-Section 211 Appropriations Act, DS176/AB/R, para. 360 (a) (b).

② Ibid., para. 360 (c) (d).

③ Ibid., para. 360 (e).

④ Ibid., para. 360 (f).

第五，关于商号（TRIPS 协定的范围）问题，上诉机构推翻了专家组的观点，认定 TRIPS 协定涵盖商号，因为 TRIPS 协定第 2 条第 1 款将涵盖商号的《巴黎公约》第 8 条明确纳入，该法第 211 条（a）款（2）项和（b）款也以同样方式适用于商标和商号。[①]

（二）本案焦点

本案焦点在于，美国 1998 年《综合拨款法》第 211 节（a）款（1）项是否抵触已被纳入 TRIPS 协定的《巴黎公约》第 6 条之五 A 款（1）项的规定："凡原属国正规注册的每一商标，除有本条规定的留外，本联盟其他国家应与原属国注册那样接受申请和给予保护。各该国家在确定注册前可以要求提供原属国主管机关发给的注册证书。这项注册证书无须认证。"

根据欧共体的诉求，专家组首先解释了关于商标注册的 TRIPS 协定第 15 条第 1 款，指出：该款项规定，任何能够将一企业的商品或服务与另一企业的商品或服务加以区别的标识或标识组合，都可以注册为商标。但是，根据 TRIPS 协定第 15 条第 2 款，该第 1 款不能理解为阻止成员们以其他理由拒绝一商标的注册，只要这种理由没有违背《巴黎公约》的规定。那么，美国《综合拨款法》第 211 节有关款项以不是商标原始所有权人为由拒绝欧共体成员国的有关商标在美国注册，是否违背《巴黎公约》的规定？双方对此各执一词。

专家组认为："在审查这一问题时，我们认为《巴黎公约》（1967 年）第 6 条第 1 款可以作为有益的上下文。《巴黎公约》第 6 条第 1 款规定'商标的申请和注册条件，在本联盟各国由其本国法律决定'。《巴黎公约》第 6 条第 1 款肯定 WTO 成员有权在遵守 TRIPS 协定的国民待遇、最惠国待遇与其他保障的前提下，规定商标申请和注册的条件；申请人应是商标所有人，除非存在《巴黎公约》第 6 条第 1 款的例外，且广泛地调整商标注册事宜以致限制了成员以所有权为由拒绝商标注册的能力。这就是说，在遵守 TRIPS 协定第 15 条第 2 款前半句的前提下，TRIPS 协定和被纳入该协定的《巴黎公约》的规定均没有禁止成员们以申请人不是其相关国内法界定的商标所有人为理由，拒绝一商标注册。因此，我们认为 TRIPS 协定第 15 条第 2 款项下拒绝商标注册的'其他理由'可包括以申请人不

① See US-Section 211 Appropriations Act, DS176/AB/R, para. 360 (g).

是商标所有人为由拒绝商标注册的措施。”[①]简言之,《巴黎公约》没有明文排除“以申请人不是商标原始所有人为由拒绝商标注册”。因此,美国《综合拨款法》第 211 节有关款项未抵触《巴黎公约》。

专家组进一步解释:“根据《巴黎公约》第 6 条之五 A 款(1)项规定,‘凡原属国予以注册的商标’,在其他成员国也‘同样’准予申请和保护之前,实质上有两项必须满足的条件:一是该商标必须是‘正式注册’,二是该商标必须‘在原属国’正式注册。因此,只有在原属国正式注册才能主张第 6 条之五 A 款(1)项下利益。这一要求得到第 6 条之五 D 款的引证:‘任何人要求保护的商标,如果未在原属国注册,不得享受本条各规定的利益。’这些条件一经满足,‘凡原属国予以注册的商标’,其他成员国也‘同样’(英文 as is,法文 telle quelle)准予申请和保护’,只要符合该第 6 条之五规定的拒绝商标注册的理由。”[②]专家组指出:“我们注意到,‘同样’指的是‘商标’,且依据《巴黎公约》第 29 条第 1 款(c)项,如对各种文本的解释有不同的意见,应以法文本为准。法文用语‘同样’的不定式是指‘制造或商业的标志’,也是不定式。这一文本要素已经说明商标的形式应为‘本联盟其他成员国’主管机关‘同样’地接受,因为法文‘同样’一词首先是指一客体的形式。如果我们考虑该规定的上下文,则会进一步肯定:正确的解释是仅覆盖必须接受在该国申请注册和保护的商标形式。”[③]可见,《巴黎公约》第 6 条之五 A 款(1)项规定的是“必须接受在该国申请注册和保护的商标形式”,而不涉及商标原始所有权人问题。因此,美国以不是商标原始所有权人为由,拒绝接受注册或维持已在原属国注册之商标,不存在抵触《巴黎公约》上述规定的问题。

上诉机构支持专家组的上述条约解释,同时采取“无明文规定”的推理逻辑,即 TRIPS 协定第 16 条第 1 款和《巴黎公约》任何条款,均不干涉各成员国内认定商标等商业标识所有人的法律法规或措施。因此,在本案中,美国完全可以自行决定如何制定有关法律,只要提供“可利用”的民事司法程序,遵循国民待遇和最惠国待遇原则。

在美国提供“可利用”的民事司法程序,遵循国民待遇和最惠国待遇

---

① US-Section 211 Appropriations Act, DS176/R, para. 8.56.

② Ibid., para. 8.75.

③ Ibid., para. 8.77.

原则方面，上诉机构认为："美国未能根据国民待遇义务要求，证明在每一个案中，美国法院都会裁定美国的利益继承人的权利主张为无效。同时，正如美国所辩解的，即便美国法院不会实施美国国民的权利主张，但事实上，该措施本质上将非美国利益继承人置于比美国利益继承人不利的地位。即使我们接受美国关于不承认外国没收的学说，假定该学说适用于非美国国民与美国国民，该学说的任何适用也不能抵消1998年《综合拨款法》第211节(a)款(2)项的歧视，因为这会构成国民与非国民可能面临的不同障碍。"[①]在该案中，欧共体初步证明了第211节(a)款(2)项、(b)款歧视地对待古巴国民与非古巴国民，如当两者均为在美国注册的商标原始所有权人，且两者的商标均由相同或实质相似于使用在古巴被没收商业或资产之上的古巴商标之标识构成时；美国提出的依据其先前国内法可以抵消因第211节(a)款(2)项、(b)款均违反最惠国待遇的抗辩理由，不能成立。因此，上诉机构推翻了专家组对TRIPS协定中国民待遇和最惠国待遇原则的解释，认定美国有关法律有悖于这两项基本原则。

二、美国商标案的评析

美国商标案是TRIPS协定争端解决中较复杂的案件，涉及众多TRIPS协定条款和《巴黎公约》相关规定，同时涉及美国1998年《综合拨款法》相关规定。此案裁决对于TRIPS协定的理解与适用有着重要的参考与指导作用。

(一) TRIPS协定的保护范围

有意思的是，在所有已决的TRIPS协定争端中，争端双方一致认为专家组的裁决错误的，恐怕只有美国商标案所涉商号保护问题了。在该案上诉时，欧共体要求推翻专家组所作的TRIPS协定保护范围内不包括商号的裁决。美国对此表示同意，认为专家组错误地认定该协定不包括对商号的保护。[②]

该案专家组如此裁定的理由如下：首先，TRIPS协定第二部分第1节至第7节明文规定保护的知识产权类别不包含商号。根据《维也纳条

---

① US-Section 211 Appropriations Act, DS176/AB/R, para. 268.

② Ibid., paras. 324-325.

约法公约》第31条的解释原则对该协定第1条第2款有关知识产权的用语进行文义解释，这是一个总括性的定义，采用了“所有”这样的穷尽语，表明除此以外不存在TRIPS协定保护范围内的知识产权类别。其次，研究TRIPS协定第2条第1款关于将《巴黎公约》第1条至第12条、第19条纳入该协定的规定可知，该条款的前提是“就本协定第二部分……而言”，即限于该部分第1节至第7节。因此，该条款并没有扩大TRIPS协定的保护范围。最后，专家组还依据《维也纳条约法公约》第32条，审查了TRIPS协定第1条第2款和第2条第1款的谈判历史，进一步论证其认定的正确性。为何依据国际公法的解释惯例论证得出的结论被当事双方一致认为是错误的？其原因在于，对保护范围的理解不能仅仅囿于TRIPS协定的文本，必须将TRIPS协定纳入的其他涉及知识产权保护的国际条约的保护范围都纳入考虑范围。在解释TRIPS协定的保护范围时，专家组强调该协议“无明文规定”保护商号，因而美国没有保护商号的条约义务，尽管对商号的保护是《巴黎公约》的明文规定。上诉机构认为，专家组对此问题的推理存在错误，TRIPS协定下知识产权的保护范围不仅仅是该协定的相关规定，还必须将该协定明确纳入的其他知识产权协定的保护对象也纳入其中。因此，在TRIPS协定争端解决中，判断一客体可否获得该协定的保护，不仅要关注该协定本身，还要关注被其纳入的相关知识产权协定。

根据该案上诉机构的条约解释，首先，专家组没有对TRIPS协定第1条第2款以及所涉该协定第二部分第1节至第7节的条约文本作出细致的解释，忽视了该第1节至第7节“不仅涉及每一节的标题所表明的知识产权类别，也涉及其他类别的知识产权”[①]。突出的例子是，TRIPS协定第5节“专利”项下的第27条第3款(b)项规定，“成员们应为植物品种的保护提供专利或有效的专门制度”，这一非专利保护的“专门制度”就是通常所说的“植物新品种”保护制度。如果按专家组的解释，则该植物新品种也不在TRIPS协定的保护范围之内。这显然不符合条约文本的含义。因此，专家组仅从第二部分第1节至第7节的标题来解读TRIPS协定的保护范围是不对的。其次，专家组没有充分认识到，TRIPS协定第2条

① US-Section 211 Appropriations Act, DS176/AB/R, para. 335.

第1款明确将《巴黎公约》第8条纳入,作为该协定项下所有WTO成员应提供商号保护的最低义务。上诉机构的理由是:“《巴黎公约》第8条只涉及商号的保护,除此之外没有涉及任何其他对象。如果TRIPS协定的谈判者有意排除对商号的保护,就不会在该协定第2条第1款罗列被纳入《巴黎公约》的条款时有意包括第8条。”[①]这是专家组严重忽略的一点。尤其重要的是,根据《维也纳条约法公约》第31条解释通则进行解释所产生的一项推论就是,解释对条约中的所有条款都须给予其应有的意义及效果。如果按照专家组的误解,则被纳入TRIPS协定的《巴黎公约》第8条不复存在。这显然不符合条约文本的原意。

(二) 条约文本的解释

透过本案有关商号保护的解释可见,对澄清TRIPS协定有关条款的含义而言,条约文本的解释至关重要。如前所述,本案的焦点是美国1998年《综合拨款法》第211节(a)款(1)项是否符合《巴黎公约》第6条之五A(1)项的例外规定。《巴黎公约》第6条之五A项(1)款的“按原样”一词,其英文为“as is”,法文为“telle quelle”。专家组认为,英文与法文的含义并不完全相同,需要以法文文本为基础进行进一步分析。《维也纳条约法公约》第33条第1款规定:“条约约文经以两种以上文字认证作准者,除依条约之规定或当事国之协议遇意义分歧时应以某种约文为根据外,每种文字之约文应同一作准。”该条款意味着,在WTO争端解决过程中,条约解释可以参考具有同等效力的文本,每一文本应该具有相同的意义。但是,《巴黎公约》第29条第1款(c)项明文规定:“如遇不同文本解释存在歧义,以法文文本为准。”专家组以《巴黎公约》的法文文本为准,将“按原样”解释为“客体的形式”要求,从而认为《巴黎公约》第6条之五A款(1)项是指按照同样的形式给予商标注册与续展,而不涉及商标所有人的认定。上诉机构对此表示同意:“根据第6条之五A款(1)项,巴黎联盟国家有义务按原属国原样接受并保护已在原属国注册的商标,但这一规定不涉及所有权的问题。”[②]该案裁决意味着,未来在WTO争端解决中,如果当事方对法律文本的意义存在争议,在必要时,条约解释可依据

① US-Section 211 Appropriations Act, DS176/AB/R, para. 338.

② Ibid., para. 147.

《巴黎公约》和《伯尔尼公约》的法文文本加以解释。这种做法在《伯尔尼公约》第37条第1款(c)项中也有同样明确的规定。

上述有关《巴黎公约》第6条之五A款(1)项的解释，为涉案TRIPS协定第15条第2款有关例外规定的进一步解释提供了前提性条件，即按原样注册的义务仅指注册商标的形式，与商标所有权无关。因此，美国提出，根据TRIPS协定第15条第2款的规定，第1款"提供商标注册，包括按原样注册的义务"不能被理解为阻止成员们以其他理由拒绝一商标的注册，只要这些理由没有减损《巴黎公约》的规定。专家组支持美国的主张，即美国《综合拨款法》第211节(a)款(1)项不违反TRIPS协定第15条第1款，因为TRIPS协定第15条第2款中的"其他理由"一词可以包括依据国内法(该案为美国法)，美国正是基于商标申请注册人不是该商标原始所有权人而驳回其申请的。上诉机构也同意专家组的这一认定，并解释道：TRIPS协定"第15条第2款提及第15条第1款，同时清楚地表明拒绝商标注册的'其他理由'不同于第15条第1款已提到的理由，如缺乏标记的内在识别性，缺乏通过使用而获得的识别性，或缺乏可视性。"①因此，美国可以用TRIPS协定第15条第1款没有明确规定拒绝某商标注册的"其他理由"——不是申请注册的商标原始所有权人，拒绝《巴黎公约》第6条之五A款(1)项下的"按原样注册"，只要与该款项不抵触(经解释，该款项不涉及商标所有权人的认定)即可。

综上可见，对涉案条约文本的解释对于争端解决具有决定性作用。

(三) 国际义务与国内实施的关系问题

1. TRIPS协定第42条的程序公正与公平问题

TRIPS协定第42条涉及如何在国内民事司法程序中保障实施该协定项下保护知识产权的国际义务。美国商标案专家组认为，TRIPS协定第42条采用了"权利持有人"(right holders)一词，这意味着该案中权利持有人享有诉诸美国相关民事司法程序以充分证明其主张的权利，而根据美国1998年《综合拨款法》第211节(a)款(2)项，"任何美国法院不应承认、执行或以其他任何方式确认一指定国民根据普通法权利或依有关此类被没收商标、商号或商业名称的第515、527节所获注册而主张的权

① US-Section 211 Appropriations Act, DS176/AB/R, para. 158.

利。”美国法院可能先入为主，以符合该法第 211 节(a)款(2)项的限制条件为由，从一开始就不承认权利持有人的主张，从而影响到该权利持有人有效利用其程序权利。因此，该法第 211 节(a)款(2)项的规定违反了 TRIPS 协定第 42 条所要求的 WTO 成员提供公平与公正程序的义务。

然而，上诉机构认为，该法第 211 节(a)款(2)项要求美国法院对用于被没收资产之商标不予保护，这是法院判决的实体法根据之一。“TRIPS 协定第 42 条规定各成员有义务向权利持有人提供的权利，性质上属于程序性权利。这些程序性权利保障了其他成员的国民可获得符合 TRIPS 协定第 1 条第 3 款所述的国际最低标准的权利。”[①]因此，该条与该法第 211 节(a)款(2)项的规定没有关系，更谈不上抵触。上诉机构对 TRIPS 协定第 42 条的解释区分民事司法程序与法院判决，认为该条不适用于美国法院的判决问题。

2. TRIPS 协定的非歧视待遇问题

如前文所分析，本案系 TRIPS 协定争端解决中首次涉及国民待遇和最惠国待遇问题。国民待遇要求根据国内法授予外国国民不低于对待本国国民的知识产权待遇，并依据最惠国待遇将此类待遇立即、无条件地给予其他外国国民及其知识产权。这是通过国内法履行知识产权国际义务的基础。上诉机构部分推翻了该案专家组的认定，其复审的出发点是恪守从 GATT 时期延续至今并成为整个 WTO 两大基石的国民待遇和最惠国待遇。就知识产权保护而言，TRIPS 协定要求至少必须达到“不得有任何低于或少于”之非歧视待遇标准，而且必须将此类国民待遇立即、无条件适用于所有其他成员。根据非歧视待遇原则的适用例外规则，一旦指控方提供初步证据，被指控方必须提出非常有说服力的反证。虽然本案并没有涉及 TRIPS 协定第 3 条、第 4 条的法定适用例外规定，但上诉机构认为，美国既没有强有力的证据证明，根据“不承认外国没收”的说法百分之百地裁定美国国民作为被古巴没收资产有关的商标、商号或商业名称的利益继承人的权利主张无效，也未能证明其先前的国内法律可以抵消违反最惠国待遇的效果。这对于 WTO 成员在国内实施 TRIPS 协定的非歧视待遇原则具有重要的指导意义。

---

① US-Section 211 Appropriations Act, DS176/AB/R, para. 222.

第七章 专　利

本章以 TRIPS 协定的专利条款为依据，首先阐明专利的基本概念及其分类，其次重点分析这些专利条款的内容，最后剖析与 TRIPS 协定相关的专利方面的争端解决案件，以理解有关专利条款的意义。

第一节 专利概述

一、专利与发明创造

（一）专利的含义及性质

如前所述，人们通常将 1474 年《威尼斯专利法》作为近现代专利制度的开端。后经英国 1623 年《垄断法》有关专利的第 6 条例外[①]以及各国专利立法与司法实践推动，专利日渐成为厂商获得竞争优势的利器。但是，各国专利法通常并不对“专利”一词作出类似何谓“发明创造”等用语的明确定义。[②]这与最初采用的“专利”一词之含义被广泛接受有关。[③]下文将结合 TRIPS 协定的专利条款作进一步分析。

---

① 该法全称为：An Act Concerning Monopolies and Dispensations with Penal Laws, and the Forfeitures Thereof，即《关于垄断、刑法上的处置及其罚没的法案》，通常被称为《垄断法》(Statute of Monopoly)。See *Cases and Materials on Patent Law Including Trade Secret-Copyrights-Trademarks*, pp. 67-68.

② 德国等发达国家的专利法没有规定，参见 Patent Act of Germany (2016)；中国的专利法也没有规定，参见 2008 年《专利法》。

③ 英国 1623 年《垄断法》第 6 条例外所规定的“专利”，是指“专利函及授予的特权”(letter-patent and grants of privilege)。See *Cases and Materials on Patent Law Including Trade Secret-Copyrights-Trademarks*, p. 68.

1. 专利的含义

对于专利，TRIPS 协定未作具体界定。当代意义上的专利显然与发明相关。不同的学者有不同的解释，或认为法律意义上的专利是指专利权，即国家依法授予发明创造人享有的一种独占权；[①]或认为专利是经特定法域（主要是国家，但又不限于）的主管机关授予权利人拥有的独占权，除特定情形外，在该法域内和一定期限内，权利人有权禁止他人未经其授权而利用该专利发明。[②]完整的专利含义可以表述为：依据专利法等，国家有关机关对申请专利的发明创造，经过审查和批准，授予发明人特定的权利（主要体现为排他的商业使用权）；同时，为使发明创造者享有实施该发明创造的独占权利，要求权利人把申请专利的发明创造的技术内容公之于世，在保护期满后，该专利的技术方案等将进入公有领域。

专利不同于前述普遍适用自动保护原则的版权，或某些国家基于使用产生的商标专用权，它需要发明人或其他合格的人在特定法域提出要求保护的申请，满足一定的实体条件和形式要求，并经有关机关授权，方可获得专利。根据《巴黎公约》第 4 条之二的规定，每个法域的专利授权相互独立，即在一个法域的专利申请、授予或撤销并不影响在其他任何法域的主管机关对同一发明所采取的相应行为。

2. 专利的性质

由专利的含义可见，专利是发明人对其智力劳动成果所享有的法定权利，具有无形财产权的性质。但是，专利权被赋予的经济价值，对于专利权人而言是潜在的，须通过一定的途径方可实现。专利权与一般有形财产权在实现途径方面有着本质的区别：后者无须经过转化或产业化路径，就可给权利人带来经济利益或财富；前者是一种待实现的无形财产权，其实现需依赖专利保护，而保护的最终目标是促进社会科学技术进步，因为保护可以激励发明人和社会进一步加大研究与开发（R&D）的投入，以产出更多的新发明。专利保护之最终目标的实现需要满足特定的条件，专利制度由此而生。

专利制度是利用法律和经济的手段，保护、鼓励发明创造，促进技术

① 参见吴汉东主编：《知识产权法》（第三版），法律出版社 2009 年版，第 127 页。

② See *A Handbook on the WTO TRIPS Agreement*, p. 95.

进步的管理制度。它依据专利法等特定法律,通过授予发明人对发明享有独占权,保护、鼓励发明创造,进而推动科技进步和经济发展。[①]因此,对于专利而言,转化十分重要。一般情况下,不经专利权人许可,在专利有效期内,他人不得实施该专利,以保护发明创造者的利益和促进发明创造的信息交流。为减少社会研发成本的重复投入,便于技术转让、扩散和进步,作为获得保护的条件,专利申请人须公开专利保护申请中一定的发明信息。TRIPS 协定第 7 条的规定明确了知识产权制度旨在促进技术革新的发展、技术的转移和传播之目标,具有深刻的含义。专利制度的目标并非仅仅保护专利权,而是技术转让和扩散,保护和确权只是手段。专利制度是在权利人利益和社会公众利益之间寻求一种平衡的安排。

（二）发明创造

1. 发明创造的含义

TRIPS 协定未界定“发明创造”的含义。一般而言,欲获得专利,须先有发明创造。专利与发明创造密切相关,又不完全等同。同时,“发明创造”也不同于“发明”。中国《专利法》第 2 条第 1 款规定:“本法所称的发明创造是指发明、实用新型和外观设计。”据此,发明创造至少包括发明、实用新型和外观设计,发明只是其中一种。根据《韦伯斯特英语词典》之释义,“发明”(invent)是指“通过想象、内在的思维或试验等使用而首次产生的某种有用的东西之行为”;“创造”(creation)是指“产生或制造某种新东西”。[②]由此,发明创造可理解为:运用现有的科学知识和技术,首次制造出或提供先进、新颖、独特、具有一定经济或社会意义的事物及方法,以有效地满足某一实际需要。中国《专利法》第 2 条第 2 款至第 4 款分别规定:“发明,是指对产品、方法或者其改进所提出的新的技术方案。”“实用新型,是指对产品的形状、构造或者其结合所提出的适于实用的新的技术方案。”“外观设计,是指对产品的形状、图案或者其结合以及色彩与形状、图案的结合所作出的富有美感并适于工业应用的新设计。”事实上,将外观设计纳入“发明创造”的专利范畴有些勉强,这也是有些国家或地区的专利法不包含外观设计的缘故。按照德国联邦最高法院的判理,

---

① 参见谭启平:《专利制度研究》,法律出版社 2005 年版,第 10、16—18 页。

② See *Merriam Webster's Collegiante Dictionary*, 10th edition, Merriam-Webster, Incorporated, 1994, pp. 616, 272.

发明的本质是“为了直接获得因果关系上的可预见结果,人类活动之外的、可支配的自然力的按计划的利用”[①]。言外之意,发明创造肯定要利用自然力或自然规律,但又不等同于它们,而是运用它们的结果。

2. 发明创造的特点

发明创造一般具有以下特点:(1) 发明中应当包含创新的成分,即前所未有,且与现有技术相比具有一定的难度和进步。(2) 发明必须利用一定的自然规律或自然现象。(3) 发明必须是具体的技术性方案或设计。所谓具体,是指该方案或设计能够实施,能达到一定的技术效果,且具有可重复性。[②]

对发明创造授予专利权必须有利于推动其应用,提高创新能力,促进科学技术进步和经济社会发展。因此,发明创造并不等同于专利,不是所有的发明都能够获得专利。这就涉及可获得专利的主题(即专利保护的客体[③])问题以及授予专利的标准等(具体分析见本章第二节)。只有满足专利法规定的有关条件的发明才能成为发明专利,但不能因未获专利而否认其是一种发明。同时,发明创造并非都得通过专利法予以保护。有些发明人为了避免自己的发明创造被别人学习和超越,便以专有技术的方式占有技术,以便长期获得竞争优势。这一点是需要加以关注的。

二、专利的种类

(一) 学理与法律的分类

根据不同的学理标准,专利可以分为不同的种类。按发明的完成状况,可分为已完成和未完成的发明;如果仅仅有发明构思,则属于未完成的发明,是不能被授予专利的。按发明间的依赖或制约关系,可将发明分

---

① 转引自〔德〕鲁道夫·克拉瑟:《专利法——德国专利和实用新型法、欧洲和国际专利法》(第6版),单晓光等译,知识产权出版社2016年版,第154页。

② 参见吴汉东主编:《知识产权法》(第三版),第150—153页。

③ TRIPS协定第27条的英文标题是“Patentable Subject Matter”,可译为“可获得专利的主题”。参见《国际贸易的知识产权法》,第373页。该英文用语源于美国专利法判理。所谓“主题”,按照美国国会在通过《专利法》第101节时的解释,是指“隶属本标题之条件与要求”。因此,“主题”的含义相当于中国专利法学说以及《专利审查指南》采用的可获取专利的“客体”(相对于“主体”而言)。参见张乃根等编著:《美国专利法:判例与分析》,上海交通大学出版社2010年版,第31页。

为基本发明和改良发明。其中,改良发明是在基本发明的基础上作进一步的改进而获得的发明,在实施上有赖于基本发明。中国《专利法》第 51 条第 1 款专门为此规定了一种强制许可。有的国家在专利法上为此专设增补专利制度,即在基本专利的基础上进行增补,自然也就属于改良发明。此外,按创造高度的不同,可分为大发明和小发明;按发明人的国籍,可分为本国发明和外国发明;按发明的权利归属,可分为自由发明和职务发明;按发明完成人的数量,可分为独立发明和共同发明等。

实践中,各国或地区的专利法通常将发明依据成果形式分为产品发明和方法发明。作为完整意义上最早的成文专利法,美国 1790 年、1793 年《专利法》沿用了美国《宪法》第 1 条第 8 节第 8 款的用语"实用技艺"(useful art),以区别于"机械、产品或合成物"一类工业生产中的工艺、流程、方法等。1952 年修改的美国《专利法》代之以"实用工序"(useful process)一词,并沿用至今。[①] 在 TRIPS 协定第 27 条第 1 款中,相对于"产品"(products)的用语"工序"(processes)就是来自美国《专利法》。因此,即便中国《专利法》第 2 条第 2 款将发明专利的类别区分为产品和方法,至少在 TRIPS 协定项下,此方法也应解读为"工序"意义上的方法,且该协定的这一区分及条约用语适用于所有 WTO 成员。为论述方便,下文采用中国《专利法》中的"方法"一词。

区别产品和方法的意义在于,被授予专利权的两者的权利效力范围不尽相同,诉讼中有关举证责任的规定也有所不同。产品既可以是一个独立、完整的产品,也可以是一台设备或仪器中的零部件,主要包括:制造品,如机器、设备以及各种用品;材料,如化学物质、组合物等;具有新用途的产品。方法既可以是由一系列步骤构成的一个完整过程,也可以是一个步骤,包括制造方法,如制造特定产品的方法;其他方法,如测量方法、分析方法、通信方法等。严格区分产品和方法十分困难。一般而言,产品和方法的一个主要区别在于,方法在其实施过程中具有时间因素,即通常围绕着多个行为或若干现象的组合构成,其中包含时间延续的因素。

(二) 专利保护范围意义的立法分类

除了按专利技术成果的形式区分产品和方法专利,就专利保护范围

---

① 参见《美国专利法:判例与分析》,第 1 页,脚注 1。

意义而言，各国或地区的立法分类各异。

美国《专利法》保护发明专利（第 101 节）、设计专利（第 171 节）和植物专利（第 161 节）三类，但没有实用新型专利的类别。能否取得发明专利，完全取决于是否符合授权的实体条件（新颖性、非显而易见性和工业实用性）。关于保护期限，发明专利为自申请之日起 20 年（第 154 节，该规定准用于植物专利），设计专利为自授权之日起 14 年（第 173 节）。美国的设计专利采用发明专利的审查标准，要求很高，相当于准发明专利。

英国专利立法[①]规定的专利仅为发明专利。英国关于设计的立法[②]秉承其最初的工业版权保护传统，实行双轨制，即在提供经注册获得"准专利"的工业品外观设计之专门保护的同时，也允许类似文学艺术作品那样具有较高原创性的外观设计无须注册，在创作完成之时自动获得较短保护期之版权，并提供部分重叠的保护。[③]

在大陆法系国家中，德国将发明创造规定于《专利法》中，而实用新型和外观设计则分别由《实用新型法》和《外观设计法》加以调整。也就是说，德国《专利法》只调整发明创造专利，实用新型和外观设计另有专门的制度加以调整。[④] 它们往往也被"视为"专利，不过与发明专利相比，各有一些自己的特点。如实用新型权利的获得，一般只有形式审查而无须实质审查，只要申请文件齐备，并且在实用新型法的保护范围之内，即可获得实用新型保护；实用新型的保护期一般为自申请之日起 10 年。日本分别制定了《专利法》（特许法）和《外观设计法》（意匠法），前者的保护对象是"可获得专利的发明，即利用自然规律的技术思想的高度先进的创造

---

① 英国专利立法包括 1977 年《专利法》（1978 年 6 月 1 日生效）、1988 年《版权、设计与专利法》（1990 年 7 月 1 日生效）、2004 年《专利法》（2004 年 9 月 22 日生效）。See Colin Davies, Tania Cheng, *Intellectual Property Law in the United Kingdom*, Wolters Kluwer, 2011, p. 138.

② 英国 1787 年《白棉布印制者法》是近现代外观设计立法的开端，在加入《巴黎公约》后制定了 1883 年《专利、外观设计和商标法》，现行立法为 1949 年《外观设计注册法》和 1988 年《版权、设计与专利法》。

③ 参见刘新民：《TRIPS 协定下外观设计保护实体要求研究》，复旦大学 2017 年博士学位论文。

④ 参见《专利法——德国专利和实用新型法、欧洲和国际专利法》（第 6 版）。

（含产品发明、方法发明、计算机软件等）”[①]，专利权的期限为自专利申请之日起20年；[②]后者的保护对象“设计”是指“通过视觉能够产生美感的一件物品（包括一个物品的一部分，在第8条中除此之外适用）的形状、图案、颜色或其任何组合”[③]，保护期是“自注册成立之日起20年”[④]。

如前所述，中国《专利法》保护的专利包括发明、实用新型和外观设计。

在对各国有关专利立法的国际协调方面，《巴黎公约》第1条第2款规定，工业产权的保护对象主要有“专利、实用新型、工业品外观设计”等。该条款把专利、实用新型和工业品外观设计作为三个并行的内容。其中，专利主要指发明专利。也就是说，实用新型和工业品外观设计并不一定非得通过专利的方式予以保护，这给各国规定对实用新型、工业品外观设计的保护模式留下了许多空间。有意思的是，《巴黎公约》第5条之五规定“外观设计在本联盟所有国家均应受到保护”，而对于实用新型则无此规定。追溯《巴黎公约》的制定及修改可见，1883年《巴黎公约》作准法文本第2条规定的工业产权之一为“工业设计或模型”（les dessins ou modéles industriels），该公约1990年修订议定书未修改该条款。但是，1901年工业产权保护国际联盟对该文本的法文说明将之表述为“设计及与模型”（dessins et modéles），即平面及立体设计，[⑤]进一步明确这两者属于工业产权的范畴之一。不过，当时该公约并没有将保护外观设计作为强制要求各缔约国履行的一项义务。直到1958年，该公约里斯本修订文本新增的第5条之五才进一步规定：“外观设计在本联盟所有国家均应受到保护。”该条款在该公约1967年文本中得以保存。然而，该条款仍未明确规定保护的方式，缔约国“不仅可以通过设计保护的专门立法符合该

---

① Articles 1 & 2 of Japan Patent Act (Act No. 121 of 13 April 1959, as amended up to Act No. 55 of 10 July 2015).

② See Articles 21 of Japan Patent Act.

③ Article 2 of Design Act (Act No. 125 of 13 April 1959, as amended up to Act No. 55 of 10 July 2015).

④ Article 21 of Design Act.

⑤ Union internationale pour la protection de la propriété industrielle, Paris, A. Pedone, Éditeur, 1901, p. 8.

条款，而且可采用版权法或反不正当竞争给予保护”[①]。事实上，《伯尔尼公约》1948年布鲁塞尔修订文本新增的第2条第5款规定：“本联盟各国可通过其立法决定其法律适用于实用艺术作品以及工业品平面和立体设计，以及此类作品、平面与立体设计受保护的条件。”[②]《伯尔尼公约》1971年文本第2条第7款与此一致。

在第2条第1款、第9条第1款将包括上述《巴黎公约》(1967年文本)第5条之五和《伯尔尼公约》(1971年文本)第2条第7款在内的实体性条款纳入的同时，TRIPS协定又进一步规定：“成员们应为独立创造的、具有新颖性或原创性的外观设计提供保护。”(第25条第1款)“成员们应自行决定通过外观设计法或版权法来履行(纺织品外观设计的保护)义务。”(第25条第2款)

（三）中国专利法规定的发明、实用新型和外观设计三类专利的含义

发明专利并不一定要是经过实践证明可以直接应用于工业生产的技术成果，它可以是一项解决技术问题的方案或是一种构思，具有在工业上应用的可能性。但是，不能将这种技术方案或构思与单纯的课题、设想相混同，因为单纯的课题、设想并不具备工业上应用的可能性。不同学者对发明有着不同的学理解释。比如，有学者认为，专利法中的发明是指发明人研究出的、能够在实际应用中解决技术领域的某种问题的方法或设计。[③]也有学者认为，中国专利法上的发明就是指对产品、方法或者其改进所提出的新的技术方案。[④] 此外，有些组织并没有给出关于发明的明确定义，只是将其特征归结为解决技术问题的新方案。有些国家的国内法虽对发明进行了界定(如中国)，但一般而言，那些不是旨在给出任何直接的技术成果，而仅具有抽象性和理论性，诸如科学理论、美学创造、公

---

① G. H. C. Bodenhausen, *Guide to the Application of the Paris Convention for the Protection of Industrial Property* (as revised at Stockholm in 1967), BIRPI, 1969, p. 86; Additional Information: WIPO Handbook on Intellectual Property, p. 257. 参见 http://www.wipo.int/treaties/en/ip/paris/，2015年1月24日访问。

② Berne Convention for the Protection of Literary and Artistic Works, signed on 9 Sepetember 1886, revised at Brussels on 26 June 1948.

③ 参见张晓都编：《郑成思知识产权文集·专利和技术转让卷》，知识产权出版社2017年版，第5页。

④ 参见吴汉东主编：《知识产权法》(第三版)，第153页。

式、人类思维活动的规则和方法等被排除在发明之外。[①]

同发明一样，实用新型专利保护的也是技术方案。但是，实用新型专利保护的范围较窄，它只保护有一定形状或结构的新产品，不保护方法以及没有固定形状的物质。实用新型的技术方案更注重实用性，较发明而言，其技术水平要低一些。多数国家实用新型专利保护的都是比较简单的、改进性的技术发明，也可以称为"小发明"。实用新型是对产品的形状、构造或者两者的结合所提出的适于实用的新的技术方案，授予实用新型专利不需经过实质审查，手续比较简便，费用较低。因此，关于日用品、机械、电器等方面的有形产品的小发明，比较适合申请实用新型专利。

中国《专利法》第 23 条第 1 至 3 款对外观设计的授权条件进行了规定："授予专利权的外观设计，应当不属于现有设计；也没有任何单位或者个人就同样的外观设计在申请日以前向国务院专利行政部门提出过申请，并记载在申请日以后公告的专利文件中。授予专利权的外观设计与现有设计或者现有设计特征的组合相比，应当具有明显区别。授予专利权的外观设计不得与他人在申请日以前已经取得的合法权利相冲突。"由此规定可见，外观设计与发明、实用新型专利有着明显的区别，它注重的是设计人对一项产品的外观所作出的富于艺术性、具有美感的创造，这种创造不是单纯的工艺品，而必须具有能够为产业所应用的实用性。外观设计专利实质上是保护美术思想，而发明专利和实用新型专利保护的是技术思想。虽然外观设计和实用新型都与产品的形状有关，但两者的目的并不相同，前者的目的在于使产品形状具有美感，而后者的目的在于使具有特定形态的产品能够解决某一技术问题。例如，一把雨伞，若它的形状、图案、色彩相当美观，那么应申请外观设计专利；若它的伞柄、伞骨、伞头结构设计精简合理，既可以节省材料，又有耐用的功能，那么应申请实用新型专利。外观设计是指对产品的形状、图案或者两者的结合以及色彩与形状、图案的结合所作出的富有美感并适于工业应用的新设计。外观设计专利的保护对象是产品的装饰性或艺术性外表设计，这种设计可以是平面图案，也可以是立体造型，更常见的是两者的结合。

---

① See *A Handbook on the WTO TRIPS Agreement*, p. 95.

第二节 TRIPS 协定的专利条款

TRIPS 协定第二部分第 5 节的专利条款为第 27 条到第 34 条，共 8 条，规定了成员在专利的可获得性、范围和利用有关的标准方面应履行的义务。本节将依据 TRIPS 协定第 5 节各条款的顺序，具体阐释其内容。但是，对于 TRIPS 协定其他部分涉及专利的内容规定（如第 39 条有关药品专利的临床试验数据保护、第 40 条有关专利在知识产权协议许可中对反竞争做法的控制、第 65 条关于发展中国家成员保护产品专利的过渡期、第 70 条第 8 款对过渡期内药品与农化品专利既有权利的保护），除非特别需要，如第 70 条等，本节将不予论述。

一、可获得专利的主题

可获得专利的主题作为专利制度的基础，十分重要。在发生专利侵权纠纷时，法院首先可能会根据专利法判定涉案的发明技术是否属于可获得专利的主题，[①]即是否在专利法保护的范围之内；如果不是，案件审判可能就会结束。同时，它也是最复杂的部分，因为不同成员经济、技术发展水平的差异以及其不同时期的知识产权政策与技术本身的发展变化等，均会导致对可获得专利的客体规范的不同：或宽或窄，分歧难免。比如，随着技术的发展，生物技术及其产品该不该被授予专利？互联网背景下的商业交易模式不断发展，创意产业日新月异，与它们相关的商业方法（主要涉及商业模式，多与不公平竞争相关，受商业秘密法的保护）和软件程序（传统认为应该受版权保护）是否应被纳入专利保护的范围？如果纳入，是否违背传统上理解的发明专利须“运用一定的自然规律”之要求？这些问题颇值探讨。WTO 争端解决机构迄今审理的 37 起涉及 TRIPS 协定的案件中，涉及可获得专利主题的案件最多，也验证了这一判断。[②]

---

① 参见张乃根：《美国专利侵权的等同原则——案例分析及其比较》，载《比较法研究》1995 年第 3 期。

② 如前文表 2-3 所列，涉及 TRIPS 协定第 27 条的案件包括 DS36、DS50、DS79、DS114、DS153、DS171、DS196、DS199、DS224，共 9 个；涉及第 70 条的案件包括 DS36、DS37、DS50、DS79、DS170、DS171、DS196，共 7 个。

（一）可获得专利的主题概述

TRIPS 协定第 27 条的标题“可获得专利的主题”(patenable subject matter)，也称为专利法保护的客体、对象，即依法应被授予专利权的发明创造。如前所述，多数国家或地区可获得专利的主题是发明和实用新型。对于外观设计，不同国家或地区的立法存在差异。根据中国《专利法》第 2 条第 1 款的规定，专利保护的发明创造是发明、实用新型和外观设计三种。不同的知识产权，其涉及的主题各不相同。对于专利而言，其涉及或保护的客体主要是发明创造。TRIPS 协定第 27 条第 1 款第 1 句规定：“在遵守下述第 2 款、第 3 款（即可以排除可获得专利的发明）的前提下，在所有技术领域内的任何发明，无论是产品还是方法，只要是新颖的、含有一发明步骤和工业上适用的，应当可获得专利。”该条款中，“应当”(shall)这一表示强制性条约义务的用语，确立了可获得专利的主题的一般标准，其他任何被排除出可获得专利的情形即被视为例外。①该规定直接源于美国《专利法》第 101 节②，是美国国内专利法演变为国际协调法制的实例之一。有人说，TRIPS 协定中的专利条款是美国的胜利，③这是恰如其分的。除了第 65 条第 4 款（发展中国家成员保护产品专利的过渡期）、第 70 条第 8 款（过渡期内对药品与农化品专利既有权利的保护）以及第 27 条第 2 款和第 3 款（可排除专利保护的主题）的规定，TRIPS 协定第 27 条第 1 款第 2 句规定，专利的取得和专利权的享受应不分发明地点、技术领域以及产品是进口的还是当地生产。对该协定第 27 条的规定，可从三个角度来解读：(1) 有资格获得专利保护的发明之领域，应涵盖所有技术领域；(2) 发明获得专利保护需满足一定的实体条件和形式要求；(3) 有时某些发明即使符合授予的条件，也有可能被排除在专利授权之外。④

TRIPS 协定第 27 条规定的“无论是产品还是方法”表明，不论何种

---

① See Daniel J. Gervais, *The TRIPS Agreement: Drafting History and Analysis*, Sweet & Maxwell, 4th edition, 2012, p. 429.

② 美国《专利法》第 101 节规定：“任何人发明或发现任何新颖和实用的工序、机械、产品，或合成物，或任何上述各项新颖的和实用的改进，符合本法规定之条件予要求，均可取得专利权。”

③ See *The TRIPS Agreement: Drafting History and Analysis*, 4th edition, p. 429.

④ See *A Handbook on the WTO TRIPS Agreement*, p. 97.

形式，只要是发明创造出的发明或方法，均应在可以申请专利的范围之内；其所规定的“所有技术领域”表明，任何技术领域的前述产品或方法均应在专利主题的范围之内。因此，原则上，除非 TRIPS 协定允许的特别排除，成员不可以排除任何发明的可得专利性。

当然，对这里的“产品”进行界定，在技术相对简单的时代，一般仅限于工业制造品等，较为容易把握。然而，随着生物技术等高新技术的出现，产品专利的定义可能会遭到挑战。比如，20 世纪 70 年代之后，随着生物技术的发展，对基因、微生物等是否在可获得专利的范围之内就不那么容易界定。再如，随着网络技术的突飞猛进，方法专利不再限于原先的制造方法、服务方法等，对商业方法，特别是那些没有运用自然规律的商业方法，能否授予专利，也变得日渐复杂。下文将会对商业方法和计算机软件等可专利性进行探讨。在此，简要介绍一下判定一项技术是否属于可获得专利的主题之一般标准。

这个标准由美国联邦最高法院在 1980 年 6 月审理的 Diamond v. Chakrabarty 案中确立。[①] 首先，该案判决强调：“自然法则、物理现象和抽象观念是不能取得专利权的。因此，在地底下发现的新矿物或在森林里发现的新植物都不是可获得专利权的主题。同样，爱因斯坦的质能方程：$E=mc^2$ 不能取得专利权；牛顿的万有引力定律也不能。”[②]其次，该案判决认定：“本案的专利权人生产了一种与自然界里发现的任何细菌截然不同并具有潜在的重大实用价值的新细菌。他的发现不是大自然的造化，而是他的杰作。因此，这是第 101 节规定的可取得专利权的主题。”[③]最后，该案判决阐明了驳回美国专利局主张的理由：“正如政府所承认的，1930 年法不包括杂交植物，因为栽种不可能重复长出典型的新品种。然而，在 1970 年之前，人们一般都认为，典型的重复生产是可能的，因而植物专利的保护是合适的。1970 年法延展到这种保护。该法的语言或历

---

① See Diamond v. Chakrabarty, 447 U.S. 303 (1980). 值得关注的是，1980 年不仅对美国，而且对世界来说，都是知识产权制度发展领域一个重要的开端。除了该案之外，美国在同年颁布有关促进技术转让的《拜杜法案》，标志着美国的国内亲专利时代的到来。参见刘银良：《美国专利制度演化掠影——1980 年纪略》，载《北大法律评论》（第 14 卷 · 第 2 辑），北京大学出版社 2013 年版。

② 参见《美国专利法：判例与分析》，第 63 页。

③ 同上。

史都表明，该法的制定并非因为第101节不包括活体……国会已履行了其宪法职责，在第101节规定了可取得专利权的主题。本法院则负责解释国会已采用的语言。在解释法律时，我们的职责是：如果出现疑义，就根据立法史和法律的宗旨对待已有的法律。本案并没有出现疑义。专利法的主题条款使用了广义词，以实现宪法与法律的目标，即采取一切可利用的方法，为着杰弗逊所说的社会与经济利益，促进‘科学与实用技艺的发展’。当国会的目标要求广义的术语时，宽泛的一般语言不一定就是含糊不清的。”①

归纳该案判理可知，判断一项发明是否属于可获得专利的法定主题之方法为：(1)“自然规律、物理现象和抽象的观念”不是可获得专利的主题；(2)一个“非自然地产生的制品或合成物——人类创造性的产物(有一个与众不同的名称、特性与用途)”是可获得专利的主题；(3)“在地下发现的一种新的矿物或在野外发现的一种新的植物不是可获得专利的主题。发现是‘自然的表现，所有的人都可以自由获取并对任何人都不具有排他性’”；(4)“由人工或机器从使用给定的原材料到使用这些原材料的新形态、品质、特性或组合所生产的物品”属于第101节的“制品”，是可获得专利的主题。②此后，这一标准得到广泛认可。

各国或地区的专利法对可授予专利权的主题均有规定。上文已讨论过中国、美国专利法的有关规定。根据日本《专利法》第2条，可获得专利的发明是利用自然规律的技术思想之高度先进的创造(含产品发明、方法发明、计算机软件等)。③

基于公共利益的考虑，TRIPS协定第27条第2款、第3款规定，WTO成员“可以”(may)对专利保护的范围作某些限制性规定。不同于该协定第27条第1款的强制性条约义务，这两款都属于任择性条约义务。这些“可以”(而非“应当”)排除的可获得专利的主题包括：(1)对出于“保护人类、动物或植物的生命或健康或避免对环境造成严重损害”的目的而拒绝授予有关发明的专利，不可仅因法律禁止而排除(这说明，原

---

① 《美国专利法：判例与分析》，第64—65页。

② 参见张晓都：《美国专利法中的生物技术发明》，载《中国知识产权报》2003年7月12日。

③ See Articles 2 of Japan Patent Act.

则上,法律本身不可禁止授予某一发明的专利)。(2)某些特定的主题,如人类或动物的诊断、治疗和外科手术方法;除微生物以外的植物和动物,以及除非生物方法和微生物方法以外,实质为生产植物和动物主要是生物的方法。

根据 TRIPS 协定,中国《专利法》第 5 条规定:“对违反法律、社会公德或者妨害公共利益的发明创造,不授予专利权。对违反法律、行政法规的规定获取或者利用遗传资源,并依赖该遗传资源完成的发明创造,不授予专利权。”相应地,《专利审查指南》(2010)规定:“审查员应当参照本指南第二部分第一章第 3 节的规定,对申请专利的发明是否明显违反法律、是否明显违反社会公德、是否明显妨害公共利益三个方面进行审查;对依赖遗传资源完成的发明创造,应当审查遗传资源的获取或利用是否明显违反法律、行政法规的规定……上述所称违反专利法第 5 条的发明创造,不包括仅其实施为法律所禁止的发明创造。”[①]根据中国《专利法》第 25 条及《专利审查指南》,科学发现,智力活动的规则和方法,用原子核变换方法获得的物质,对平面印刷品的图案、色彩或者二者的结合作出的主要起标识作用的设计等,都不在授予专利权的范围之内。一项发明创造如要获得专利,除了应符合可获得专利的法定主题外,还须满足特定的实体条件(授予专利的标准),如必须是新颖的(新颖性)、先进的(创造性或非显而易见性)和实用的(工业实用性)。也就是说,并非所有的发明创造都能够取得专利。这三项实体条件也被称为“积极性条件”。但是,TRIPS 协定没有就这些条件作出任何规定,而是留给各国或地区自行酌定。

总之,在特定时期,各国或地区专利法的保护范围虽有所区别,但如今 WTO 成员原则上必须按 TRIPS 协定规定的保护范围,为可获得专利的主题提供保护。

(二)商业方法和计算机软件程序的可专利性

商业方法(business method),是指为处理或解决商业经济活动或事务而由人类智力创造的方法或规则,或商业企业运营的一种方式或方式的一个方面。[②]专利法意义上的商业方法除适用于传统意义上的商业外,

---

① 国家知识产权局:《专利审查指南》(2010),知识产权出版社 2010 年版,第一部分第一章 7.2。

② See Bryan A. Garner, *Black's Law Dictionary*, 8th edition, West Group, 2004, p. 212.

还包括诸如营业、交易、事务、行业等多种含义。因此，商业方法专利申请应理解为，涉及专门适用于商业、金融、行政、管理、监督或预测目的等方面的数据处理系统、方法或二者结合的专利申请。就商业方法发明的自身结构而言，通常由两大部分组成：一是非技术性的规则和方法，二是信息技术。[①]非技术性的规则和方法是指诸如商品交易的流程、行政管理的规则、事务处理的步骤等由人类智力活动创造的规则和方法；信息技术则涉及计算机硬件、计算机软件、计算机网络和通信网络等多个相关、相邻的技术领域。因此，就技术层面而言，商业方法发明的实质在于以自动化的手段（如利用计算机网络平台）实现相关智力活动的规则和方法。[②] 商业方法专利于20世纪90年代中期在美国出现。1998年，美国联邦巡回上诉法院对州街道银行案的判定确认对涉案软件予以专利保护："1952年《专利法》颁布后，商业方法已经并将继续适用于与其他任何工序或方法的可获得专利之相同法律要求……无论权利要求是否直接与第101节的主题有关，均不应以这是商业方法而非其他东西为由驳回。"[③]之后，美国专利商标局设立了专门审理由计算机执行的商业方法专利申请的部门。从此，软件厂商和其他利用计算机软件进行资料或资源管理、传递、提取与分配的企业，便将在日常生产经营活动中开发出来的软件程序申请专利保护。在政府的鼓励下，美国企业掀起了电子商务专利热。互联网络和电子商务相关专利的申请，与网络技术和电子商务的发展密切相关。[④]根据美国《2000年商业方法专利促进法》提案的表述，商业方法包括：(1) 一种经营、管理和以其他方式操作某一企业或组织，包括适用于财经信息处理的技术或方法；(2) 任何应用竞技、训练或个人技巧的技术或方法，包括由计算机辅助实施的技术或方法；(3) 上述二者所描述的由

---

① 参见杨振东：《金融商业方法专利的攻与防——跨国银行与发展中国家之间的较量》，载《电子知识产权》2009年第10期。

② 参见谭毅：《我国商业方法专利申请状况及分析》，载《中国知识产权报》2008年12月3日。

③ State Street Bank & Trust Co. v. Signature Financial Group, Inc., 49 F. 3d. 1368 (Fed. Cir. 1998). 参见《美国专利法：判例与分析》，第47—48页。

④ 参见王晋刚：《商业方法专利方兴未艾》，载《中国发明与专利》2005年第9期。

计算机辅助实施的技术或方法。[①]

1998年以后的十多年，美国授予的商业方法专利呈爆炸式增长。但是，在美国联邦巡回上诉法院于2008年判决的In re Bilski案之后，美国对商业方法专利有所遏制。该案认为，作为美国《专利法》第101条“工序”类别的商业方法专利，其问题在于“如何认定一项权利要求，尤其是本案申请人的第1项权利要求是否属于‘新颖的和实用的工序’”[②]。该案判定，某一主题是否属于专利保护范围的唯一标准就是所谓“机械或转换”标准（machine-or-transformation test），即“根据第101节，某一权利要求的工序属于可获得专利的主题，应符合：(1) 与特定机械或装置有联系。(2) 将一特定物品转换为不同的形态或事物。某一含有基本原理的权利要求的工序利用了特定的机械或装置，不覆盖其他不以权利要求的方式来利用该特定机械或装置。某一利用基本原理转换特定物品为特定的不同形态或事物的权利要求的工序，也不涵盖其他以不同于权利要求的工序的方式转换同一物品，或做其他任何事。”[③]该案中的专利申请的权利要求所描述的方法不依附于任何机械，也不涉及转换某一物品的形态，因此联邦巡回上诉法院认定这些权利要求不属于可获得专利的主题。

2014年6月，美国联邦最高法院在Alice Corporation Pty. Ltd. v. CLS Bank International et al.案中，进一步收窄了商业方法软件可获得专利的主题范围，对授予商业方法专利提出更为严苛的要求。该判例指出：本法院一贯坚持《专利法》第101条所规定的可获得专利保护的主题，该条规定隐含了一项例外，即“自然法则、自然现象和抽象观念”不属于此类主题。本法院在适用第101条的例外时，必须区别这些人类创造的“基本模块”（building block），它们本身不能算作专利，只有将其嵌入一些更为实体化、更具创造力的东西，才能获得专利性。本案专利的权利要求并没有将这个抽象的概念嵌入一个有专利性的发明。本法院在认定该项概念属于抽象的概念之后，在此基础上，又认定其并没有将这个抽象的概念嵌入一个有专利性的发明，而只是使用了具有一般性功能的计算机予以

---

① 参见蔡步青：《后Bilski时代电子商务商业方法专利之因应与挑战》，载《网络法律评论》2012年第2期。

② In re Bilski, 545 F. 3d. 493, (Fed. Cir. 2008).《美国专利法：判例与分析》，第51页。

③ 《美国专利法：判例与分析》，第53页。

实施，因此专利权人的第二项权利主张是无效的。仅将抽象概念附加在具有很高的共通性且在本领域已经广为人知的方法的常用步骤上，不足以达到专利法所要求的“嵌入”。即便将计算机引入这个方法之中，也不能改变这一事实。同理，即便专利人在专利说明中明确指出“用计算机来实施它”，或者将相关抽象的概念引入一个特定的技术领域内，也是不能改变其非专利性的。[①]美国专利商标局随后依据上述判理，修订《2014 年专利合法性主题的专利申请审查的中期指南》[②]，作为《专利审查指南》的补充。该指南要求专利审查员首先决定申请专利的权利要求是否指向《专利法》第 101 条的四项法定主题（工序、机械、产品、合成物）之一。如果符合，则审查员应根据该案所阐明的专利合法性主题的“两步分析法”（two-step analysis），将申请专利权利要求作为整体作最宽泛的解释。“这一分析要求认定一项权利要求是否指向‘自然产物’例外与该权利要求是否包括显著超过例外的分析步骤分开。此外，整体分析的使用也应该基于指向司法例外的权利要求，而不仅仅是‘涉及’某一例外。”[③]

从该案判理来看，美国关于软件专利保护的司法实践趋向于限制软件专利的范围，以尽可能减少“垃圾专利”，维护软件专利权人和软件专利行业从业者的利益，并有助于该领域的技术发展，符合专利法的基本精神。从法律角度来看，该案进一步清楚地界定了美国《专利法》第 101 条中所谓“抽象观念”的范围，将广为使用的商业方法和商业步骤纳入其中，有利于以后相关案件的裁决。在软件专利领域，该案判决具有一定的里程碑意义。该案明确将具有普通功能的、通用的计算机实施软件操作排除在可获得专利的主题之外。仅仅通过计算机操作抽象概念或者实现该抽象概念所指向的方法，并不能为其专利主张添加“额外的特征”，使其主张成为可获得专利的主题。也就是说，法院并不将具有普通功能的、通用的计算机或其操作的软件之实施过程视为一项专利元素中具有发明性质的元素。这在一定程度上使得软件专利的范围更加清晰、确定。

---

① See Alice Corporation Pty. Ltd. v. CLS Bank International et al., 573 U. S. __, 134 S. Ct. 2347.

② 2014 Interim Guidelines for Examination of Patent Applications for Patent Subject Matter Eligibility, http://www.uspto.gov/patents/law/exam/interim_guidance_subject_matter_eligibility.jsp.

③ Ibid., note 2.

中国《专利法》本身没有明确排除商业方法的专利申请和授权。2017年《专利审查指南》修改时明确规定，涉及商业模式的权利要求，如果既包含商业规则和方法的内容，又包含技术特征，则不应当依据《专利法》第25条排除其获得专利权的可能性。①事实上，关于不排除包含技术特征的商业方法申请获得专利的主题规定并非本次修改的突破，这在之前的审查实践中已经有所体现。该指南实质上明确了"商业方法相关发明"的授权可能性，即只有结合了计算机及网络技术的商业方法才具有可专利性。这一修改迎合了网络经济下新技术、新运营模式的需求。

总之，虽然TRIPS协定第27条第1款第1句设置了WTO成员应当为所有技术领域的任何发明，不论产品或方法，提供获得专利的可能性之强制性义务，除非属于该协定第27条第2款、第3款的例外。但是，各成员在审查是否满足授予专利的实体性条件(新颖性、创造性或非显而易见性、工业实用性)之前，均可依据其专利法酌定申请专利的发明创造是否满足可获得专利的主题要求。以上有关可获得专利的主题概述以及商业方法和计算机软件相关问题的分析，已充分证明在履行TRIPS协定第27条项下强制性义务时，各成员仍享有酌定的余地。

二、专利权与保护期

(一) 专利权概述

专利权是发明创造人或其权利受让人对特定的发明创造在一定期限内依法享有实施专利技术的专有权。② 专利权是知识产权的一种，具有财产权属性及由其衍生出来的相应处分权。专利是世界上最大的技术信息源。据统计，世界科技信息的90%—95%来自专利。③申请和获得专利的前提之一是披露技术方案，而专有技术是采取保密措施且不公开的。从财产属性的角度看，专利权是一种对世权，但又受到很多限制，有相对性。其典型特征表现在三个方面：(1) 排他性，指专利权人对其拥有的专

---

① 参见国家知识产权局《关于修改〈专利审查指南〉的决定》(2017)(局令第74号)第1条。

② 参见WIPO根据英语正式文本所翻译《巴黎公约》中文文本第5条A款(2)项有关"专有权"的翻译；《国际贸易的知识产权法》附录三，TRIPS协定中文文本第28条第1款"专有权"。

③ 参见许燕宏、闫坤：《基于数据挖掘技术的专利分析及实证研究》，载《河北企业》2015年第6期。

利权享有独占或排他的权利，未经其许可或者出现法律规定的特殊情况，任何人不得使用，否则即构成侵权。这是专利权最重要的法律特点之一。(2) 时间性，指法律对专利权所有人的保护不是无期限的，而是有时间限制的。超过专利期限便不再受到保护，专利权随即成为人类共同财富，任何人都可以利用。(3) 地域性，指任何一项专利权，只有依一定地域内的法律才能得以产生并在该法域内受保护。这是专利区别于有形财产的重要法律特征。同时，依一国或地区法律取得的专利权具有独立性，只在该法域内受到法律保护。

专利权的主体是专利所有人，即依法享有专利权并承担相应义务的人。专利权主体包括原始主体和继受主体两大类。

原始主体是直接源于发明创造而获得专利权的，又有两种：(1) 发明人或设计人。这是指对发明创造的实质性特点做出创造性贡献的人。在完成发明创造的过程中，只负责组织工作的人、为物质技术条件的利用提供方便的人以及从事其他辅助性工作的人，均不是发明人或设计人。其中，发明人是指发明的完成人，设计人是指实用新型或外观设计的完成人。发明人或设计人只能是自然人，不能是单位、集体或课题组。发明创造是智力劳动的结果。发明创造活动是一种事实行为，不受民事行为能力的限制。因此，无论从事发明创造的人是否具有完全民事行为能力，只要他完成了发明创造，就应认定其为发明人或设计人。(2) 法人或其他组织。对于职务发明创造来说，多数国家规定专利权的主体应该是该发明创造的发明人或设计人的雇主，通常以法人或其他组织形式存在，中国称之为“单位”(包括各种所有制类型和性质的内、外资企业)。职务发明创造是执行本单位的任务或者主要利用本单位的物质技术条件所完成的发明创造。

继受主体是指根据流转等方式从原始主体处获得专利权的组织或个人，一般被称为“受让人”，通常经合同或继承依法取得该专利权。专利申请权和专利权可以转让。专利申请权转让后，如果获得专利权，那么受让人就是该专利权的主体；专利权转让后，受让人就成为该专利权的新主体。一个组织或个人接受其他组织或个人委托所完成的发明创造，如果双方约定发明创造的申请专利权归委托人，从其约定，申请被批准后，委托人为专利权人。如果委托、受托单位或个人之间没有协议，构成委托开发的，申请专利权以及取得的专利权归受托人，但委托人可以免费实施该专利技术。需要明确的是，在继受专利申请权或专利权之后，受让人并不因此而成为发明人、设计人，该发明创造的发明人、设计人也不因发明创造的专利申请权或专利权转让而丧失其特定的人身权利。此外，从专利实施的角度看，广义上的受让人还应包括专利许可的被许可方（独占许可的被许可人、排他许可的被许可人和一般许可的被许可人），他们通过合同约定获得专利实施的权利。

（二）专利权的内容

TRIPS 协定第 28 条第 1 款规定："专利应授予其所有人下列专有权：(a)专利主题如系产品，则阻止第三方未经其同意的如下行为：制造、使用、许诺销售、销售或为这些目的而进口该产品；(b)专利主题如系方法，则阻止第三方未经其同意而使用该方法的行为，以及以下行为：使用、许诺销售、销售或为这些目的而进口至少是以该方法直接获得产品的行为。"这些专有权是基于专利本身的性质而产生的独占实施权。

在该条款中，独占实施权，是指专利权人对其专利产品或专利方法依法享有进行制造、销售、许诺销售或者使用的专有权。专利技术的价值通过实施才得以实现，实施专利技术可为实施人带来相应的财产利益。专利权人申请专利的直接目的就是垄断该项技术的实施权。早期的专利权人就是发明人，自己发明、申请和取得专利，并实施专利技术。随着科技的进步和发展，技术越来越复杂，一个发明人不可能发明与某一产品相关的所有技术，转让、许可和分享成为不可避免的现象。许诺销售（offering for sale）是以做广告、在商店橱窗中陈列或在展销会上展出等方式作出销售商品的意思表示，其内涵比要约广泛。为订立合同而发出的销售专利产品以及依照专利方法直接获得产品的要约，固然属于许诺销售；在合同法中属于要约邀请的寄送价目表、拍卖公告、招标公告、商业广告等，也属于许诺销售。但是，也有一些许诺销售行为实际上连要约邀请都谈不上，如对准备投产的产品的宣传性展示。如前所述，即使是进入合同成立阶段，要约的被接受也仍然应当属于许诺销售。因此，无论是要约还是要约邀请，都不能代替许诺销售的法律含义。另外，销售一般是指买方支付价款，卖方交付标的物的实际行为。如果仅有销售的意思表示，而没有实际交付的行为，则不形成销售。进口权，是指专利权人依法享有的禁止他人未经许可或授权,以经营为目的进口专利产品的权利。

TRIPS协定第28条第2款规定:“专利所有者还应有权转让或以继承方式转移该专利,以及缔结许可合同。”显然,专利权人在其制造、使用、销售等权利之外,还有两种权利:处分其专利权和自己不使用但允许他人有偿使用其专利的权利。同时,作为一种民事财产权,专利权还可以通过继承转移。转让权是专利权人将其专利所有权转让给他人的权利,一旦转让行为完成,原专利权人将丧失该专利所有权。根据中国《专利法》第10条,转让专利权的,当事人应当订立书面合同,并向国务院专利行政部门登记,由国务院专利行政部门予以公告。专利权的转让自登记之日起生效。中国单位或者个人向外国人转让专利权的,必须经国务院有关主管部门批准。许可权是使用权的转让,是指专利权人许可他人实施其专利技术并收取专利使用费。许可他人实施专利主要通过许可合同的方式。根据中国《专利法》第12条,当事人应当订立实施许可合同。虽然该条没有明确是书面合同,但《专利法实施细则》(2010年修订)第14条第2款规定:“专利权人与他人订立的专利实施许可合同,应当自合同生效之日起3个月内向国务院专利行政部门备案。”因此,许可合同也应当是书面的,否则无法备案。

除了TRIPS协定明确规定的上述权利之外,根据WTO成员的法律法规,专利权人还享有其他权利。如根据中国《专利法》及相关法律法规,专利权人还享有:(1)标注权。即专利权人享有在其专利产品或者该产品的包装、容器、说明书、广告中标注专利标记和专利号的权利。专利标记包括“专利”等字样或者“P”符号。根据中国《专利法实施细则》第84条第1款,“在未被授予专利权的产品或者其包装上标注专利标识,专利权被宣告无效后或者终止后继续在产品或者其包装上标注专利标识,或者未经许可在产品或者产品包装上标注他人的专利号”属于法律禁止的假冒专利的行为。(2)禁止权。即专利权人有禁止他人实施其专利技术的权利。中国《专利法》第60条规定:“未经专利权人许可,实施其专利,即侵犯其专利权……”这说明,若非经其书面同意,专利权人可拒绝许可、禁止他人实施其专利技术。禁止权与垄断性的实施权互为补充。《专利法》第48条第2项规定:“专利权人行使专利权的行为被依法认定为垄断行为,为消除或者减少该行为对竞争产生的不利影响的”,国家根据具备实施条件的单位或者个人的申请,可给予强制许可。(3) 出质权。根据中国《担保法》第 75 条,专利权人依法享有以其专利权出质的权利;根据《专利法实施细则》第 14 条第 3 款,以专利权出质的,由出质人和质权人共同向国务院专利行政部门办理出质登记。(4) 放弃权。即专利权人在专利权保护期限届满前的任何时候,以书面声明的形式或不交年费的方式放弃其专利权的权利。根据 TRIPS 协定第 1 条第 1 款,此类超出该协定最低义务的权利只要与该协定有关规定不相抵触即可。

(三) 专利保护期

TRIPS 协定第 33 条规定:"保护期在自提出申请日期起 20 年期限结束之前不应终止。"专利保护的期限就是专利的时间性,即专利权人对其发明创造所拥有的排他性商业使用权只在法律规定的时间内有效。期限届满后,权利人对其发明创造就不再享有相应的权利。在 TRIPS 协定签署之前,各国或地区对发明专利保护期的规定有所不同。通过该协定的协调,各国或地区的相关规定现已趋向一致。此外,加拿大专利期限案澄清了有关专利保护期过渡期内对既有权利的保护问题,下一节将进一步分析。

对于实用新型一类专利的保护期,《巴黎公约》和 TRIPS 协定都没有作出明确规定;至于外观设计,TRIPS 协定将其作为专利之外的知识产权。中国《专利法》根据国情,将实用新型和外观设计均纳入专利保护范围,该法第 42 条规定:"发明专利权的期限为二十年,实用新型专利权和外观设计专利权期限为十年,均自申请日起计算。"

三、专利申请与授权的条件

TRIPS 协定第 29 条规定了专利申请人的条件。此外,该协定第 27 条第 1 款第 1 句规定,在符合可获得专利的主题这一前提下,专利授予的实体条件为新颖性、创新性或非显而易见性、工业实用性,除非属于例外情形。下文将从两个维度展开论述:其一,专利申请人的条件;其二,专利授权的条件。

(一) 专利申请人的条件

TRIPS 协定第 29 条第 1 款规定:"成员们应当要求专利申请人以足够清晰和完整的方式披露其发明,以便于该领域专业技术人员能够实施该发明，并可以要求申请人指明在申请日或该申请之优先权日，发明人所知的实施该发明的最佳方式。"就披露申请专利的发明以及最佳方式本身而言，这是专利申请的程序要求。各国或地区的专利法通常都将授予专利的实体条件与专利申请的程序要求的充分披露分别加以规定。

中国《专利法》第 26 条第 3 款规定，申请发明或者实用新型专利的"说明书应当对发明或者实用新型作出清楚、完整的说明，以所属技术领域的技术人员能够实现为准；必要的时候，应当有附图。"美国《专利法》第 112 节(a)款至(f)款规定，专利申请的说明书(specification)应当包括"使能够"(to enable)、"书面说明"(written description)、"权利要求的限定"(limitation of claims)和"最佳方式"(the best mode)，四者缺一不可，构成一个整体性的关于专利申请人的法定要求。[①]

在专利审查的意义上，充分披露是审查符合可授予专利的实体条件之必要前提，如果专利申请缺乏充分披露，就难以确定其是否符合实体条件。[②] 鉴于充分披露对于专利授予的至关重要性，各国或地区的专利法都将未满足充分披露要求作为拒绝授予专利的理由。比如，中国《专利法实施细则》第 44 条规定，对专利申请的初步审查包括说明书；第 53 条规定，发明专利申请经实质审查应当予以驳回的情形包括申请不符合《专利法》第 26 条第 3 款，即未满足法定的充分披露要求。由于中国对实用新型专利不实行实质审查，因此在此类专利侵权诉讼中，人民法院根据《专利法》第 26 条第 3 款审查涉案专利的说明书，明显违反《专利法》第 26 条第 3 款而导致说明书无法用于解释权利要求的，如该专利权因此被请求宣告无效，则应中止诉讼；如该专利权未被请求宣告无效，则由人民法院根据权利要求的记载确定专利权的保护范围。[③]

TRIPS 协定第 29 条第 1 款第 1 句的前半句规定了"应当"(shall)的强制性条约义务，而后半句要求专利申请人指明其发明最佳方式的义务，采用了"可以"(may)，因而属于任择性条约义务。中国《专利法》对此未

---

① See Courtenay C. Brinnckerhoff, et al., *American Invents Act: Law & Analysis*, Wolters Kluwer, 2012.

② 参见吕炳斌:《TRIPS 协定下专利申请的披露要求研究》，复旦大学 2011 年博士学位论文。

③ 参见《最高人民法院关于审理侵犯专利权纠纷案件应用法律若干问题的解释》(法释〔2016〕1 号)第 3 条。

作明确规定，但是《专利审查指南》要求将最佳方式作为说明书的重要组成部分，应当提供“实现发明或者实用新型的优选的具体实施方式……它对于充分公开、理解和实现发明或者实用新型，支持和解释权利要求都是极为重要的。”(2.2.6)此规定中的“优选的具体实施方式”与“最佳方式”相似。但是，美国《专利法》第 112 节(a)款规定，说明书“应当阐明发明人实施其发明所采用的最佳方式”，属于强制性的法定要求。相比之下，中国仅在《专利审查指南》中作出这一要求，且既不是强制性的，也不是“最佳”，而是“优选”(可以是一个实施例，必要时应当给出至少两个实施例)。可见，TRIPS 协定第 29 条第 1 款第 1 句的后半句赋予 WTO 各成员自行酌定是否要求专利申请人提供或如何提供最佳方式的权利。

TRIPS 协定第 29 条第 2 款规定：“各成员可要求专利申请人提供关于申请人相应的国外申请和授予情况的信息。”这是一项任择性条约义务。这些信息有助于提高专利审查的效率，减少不必要的审查成本，“特别是对于发展中国家的专利局而言，可以帮助促进和加快其专利审查程序。然而，该要求并不影响专利申请独立性。”[1]

除了上述有关专利申请人的充分披露条件以及提供外国申请和授权信息的最低义务外，根据 TRIPS 协定第 1 条第 1 款，WTO 成员在不抵触该协定的前提下，可自行制定超出最低义务的专利申请人的条件。比如，中国《专利法》第 26 条第 5 款规定：“依赖遗传资源完成的发明创造，申请人应当在专利申请文件中说明该遗传资源的直接来源和原始来源；申请人无法说明原始来源的，应当陈述理由。”这对于加强与专利相关的生物遗传资源的保护具有重要的保障意义，与充分披露要求是一致的。说到底，专利申请与授权审查所考虑的充分披露都旨在使社会公众充分了解国家授予专利权人的专有权究竟是什么技术，如何实施，以及何时专利期满而成为真正的公共产品。这也是专利权人以充分披露行为换取国家授予其一定期限专有权的“对价”(英美法中合同成立的要件)。[2] 从经济以及便于技术转让的角度看，充分披露的意义非同小可：一是通过披露，可以减少或消除社会上重复研发造成的浪费现象(先申请原则和一项发明

---

① 《TRIPS 协定与发展：资料读本》，第 525 页。

② 参见沈达明、冯大同编：《国际贸易法》，法律出版社 1983 年版，第 19 页。

一项专利原则使重复研发变得没有意义)；二是告知社会公众，那些有潜在需求的主体可以知道谁将来可能拥有相关技术，为技术的许可或转让创造条件。

(二) 专利授权的条件

根据 TRIPS 协定第 27 条第 1 款第 1 句，专利的授权必须满足一定的条件，申请专利的发明应在可获得专利的主题范围内，并依据肯定性或否定性规定分为积极条件(该第 1 句后半句“专利可授予所有技术领域的任何发明，无论是产品还是方法，只要它们具有新颖性，包含发明性步骤或非显而易见的，并可供工业应用”)和消极条件(该第 1 句前半句“在遵守第 2 款和第 3 款规定的前提下”)两类。

1. 积极条件

积极条件是指专利必须满足的正面条件或肯定性条件，即通常所说的新颖性、创造性和工业实用性。

新颖性是授予专利最基本的积极条件之一，也是必要条件。即不具备新颖性的技术方案是绝不应当被授予专利权的。从一般意义上理解，新颖性的核心在于一个“新”字。申请专利的技术不能与现有技术中的内容一模一样，这便是“新”的含义。在专利法上，判断新颖性的参照系是现有技术。现有技术是指在某一时间之前，在特定技术领域内，现有的技术和知识的总和。如果申请专利的方案属于现有技术范围，则该方案不具备新颖性。判断一项技术方案是否属于现有技术的范围，就是看该技术的内容是否已经公开而为公众所知。如果能够确定申请专利的技术是否已经公开或者与已经公开的技术内容相同，则可以确定其是否具备新颖性。公开，即公之于众。一项技术处于公开状态，即意味着这项技术已经不再是秘密。任何非特定人只要对这项技术有兴趣，不需要采用任何特殊手段便可以合法地获得这项技术的全部内容。至于这项技术有什么人知晓、有多少人知晓，均不影响其已经处于公开状态。专利法中的“公开”必须是针对非特定人的公开。这里的“非特定人”或称“不特定人”，是相对于特定人而言的。所谓特定人，是指对于发明创造负有保密义务，或者按社会观念应当并且能够保密的人。一项发明创造为特定人所知晓，不论这种特定人有多少，都不能构成专利法意义上的公开。判定一项技术的公开状态，可以从空间和时间两个角度去考虑，这便引出了公开的地域

(空间)标准和时间标准。地域标准是判定一项技术在怎样的地域范围内公开才算进入现有技术领域,而时间标准则是判定什么时候公开的技术才可在特定申请案的新颖性审查中作为现有技术。地域标准主要有两个,即相对标准和绝对标准。相对标准是只把在本国领域内公开的技术作为现有技术,至于仅仅在国外公开而未在国内公开的技术,则不属于现有技术范围。在这一基础上建立起来的新颖性概念被称作"相对新颖性"或"国内新颖性"。绝对标准则是在世界范围内考察技术的公开状态。不论在哪一国家,只要一项技术已经公开,就认为它已成为现有技术,从而丧失新颖性。以此为基础的新颖性概念被称作"绝对新颖性"或"世界新颖性",也称"全球新颖性"。时间标准也主要有两种:一种是以发明完成为界限判定现有技术的范围,即发明标准;另一种则是以申请专利的时间为标准划定现有技术的界限,即申请标准。中国 2008 年修改《专利法》,对发明和实用新型专利均采用全球绝对新颖性要求(第 22 条第 2 款界定新颖性为发明或者实用新型均为申请日之前从未有任何其他人提出同样的申请,不属于"申请日以前在国内外为公众所知的技术")。

具备新颖性的关键在于"前所未有",强调"新";而创造性的核心则在于"实质特点",侧重于"难"。中国《专利法》第 22 条第 3 款规定:"创造性,是指与现有技术相比,该发明具有突出的实质性特点和显著的进步,该实用新型具有实质性特点和进步。"第 5 款规定:"本法所称现有技术,是指申请日以前在国内外为公众所知的技术。""实质性特点"是指发明创造与现有技术相比所具有的本质性的区别特征,且这种区别特征应当是技术性的。通常情况下,该区别特征就是该发明创造的发明点之所在。"进步"则是指发明创造与现有技术的水平相比必须有所提高,而不能是一种倒退。实际操作中,判断的方法是:如果一项发明创造的完成对于普通技术人员而言存在难度(即"非显而易见"),则该发明创造具备创造性。

在专利审查程序中,实用性的审查判断相对简单。在审查程序上,也是最先审查实用性,然后再进行新颖性和创造性审查。实用性是指一项发明创造能够在产业上进行制造或者使用,并能够产生积极效果。专利法中的实用性条件意味着,获得专利的发明创造不能是一种纯理论的方案,它必须能够在实践中得到应用。对于产品专利而言,这种应用可表现为产品的制造或者使用；对于方法专利而言，则表现为方法的使用。新颖性、创造性仅是授予专利的条件；而实用性不仅作为条件存在，同时也是发明创造的目的。

2. 消极条件

消极条件是否定性条件，即一旦具备这些条件，则不能被授予专利。这方面的条件通常通过两种方式规定：一是概括性或笼统性的规定，如违反法律规定或社会公序良俗的发明，不可能被授予专利；二是通过列举的方式，规定某些发明不能被授予专利。如 TRIPS 协定第 27 条第 2 款规定，若阻止某项发明在境内的商业利用对保护公共秩序或公共道德，包括保护人类、动物或植物的生命或健康，或避免对环境造成严重污染是必要的，成员可拒绝给予该项发明以专利权，只要此类拒绝不是仅因为其国内法禁止这种利用。根据 TRIPS 协定第 27 条第 3 款的规定，成员对以下情况也可不授予专利：(1) 对人类或动物的医学治疗的诊断、治疗和外科手术方法；(2) 微生物以外的动植物，非生物和微生物生产方法以外实为动物和植物主要是生物的生产方法。然而，各成员应以专利形式，或以一种特殊有效的体系，或以综合形式，对植物种类提供保护。

TRIPS 协定第 32 条规定，各成员应提供对撤销或收回专利的决定进行司法审查的机会。也就是说，专利权获得后并非一劳永逸，行政机关的裁定要接受司法的最终审查。如果相关人员或其他主体对已授权专利有异议，司法机关可以作出最终裁定。

四、专利权的强制许可使用

(一) 强制许可的定义

强制许可，是指一国或地区的专利主管机关根据具体情况，不经专利权人许可，授权他人实施发明或者实用新型专利的一种法律制度。强制许可是一种非基于双方平等协商而发生的专利使用权的转让。实施人所获得的实施权是普通实施权，不具有独占性，不得再许可第三人实施，不得转让。同时，强制许可实施人应当向专利权人支付合理的使用费。

强制许可的类型有：(1) 防止专利权滥用的强制许可。具备实施条件的单位以合理的条件请求发明专利权人或者实用新型专利权人许可其实施相关专利，但未能在合理的时间内获得许可时，国务院专利行政部门根据该单位的申请，可以给予实施该发明专利或者实用新型专利的强制许可。(2) 为了公共利益目的的强制许可。在国家出现紧急状态或者非常情况时，或者为了公共利益的目的，国务院专利行政部门可以给予实施相关发明专利或者实用新型专利的强制许可。(3) 交叉强制许可。一项取得专利权的发明或者实用新型比之前已经取得专利权的发明或者实用新型具有显著经济意义的重大技术进步，其实施又有赖于前一发明或者实用新型的实施的，国务院专利行政部门根据后一专利权人的申请，可以给予实施前一发明或者实用新型的强制许可。

强制许可作为一种限制专利权人滥用自己权利以及平衡权利人利益与社会公共利益的一种有效措施，其价值非同小可。尽管在现实中强制许可很少发生，但其所产生的威慑作用是不容忽视的。

(二) TRIPS 协定规定的强制许可

TRIPS 协定第 31 条虽然没有直接使用"强制许可"一词，但其中的"未经权利人授权的其他使用"表明其实质就是强制许可。

TRIPS 协定第 31 条规定："如果一成员的法律允许未经权利人授权而对专利的标的事项作其他使用，包括政府或经政府许可的第三者的使用，则应遵守以下规定：(a) 此类使用的授权应根据专利本身的条件来考虑。(b) 只有在拟议中的使用者在此类使用前已作出以合理的商业条件获得权利人授权的努力，而该项努力在一段合理时间内又未获成功时，方可允许此类使用。在进入全国性紧急状态、其他极端紧急状态或为公共的非商业性目的而使用的情况下，成员可放弃上述要求。即使是在进入全国性紧急状态或其他极端紧急状态的情况下，仍应合理地尽早通报权利人。至于公共的非商业性使用，若政府或订约人在未查专利状况的情况下得知或有根据得知，一项有效的专利正在或将要被政府使用或为政府而使用，则应及时通知权利人。(c) 此类使用的范围和期限应限制在被授权的意图之内；至于半导体技术，只应用于公共的非商业性目的，或用于抵消在司法或行政程序后确定的反竞争的做法。(d) 此类使用应是非独占性的。(e) 此类使用应是不可转让的，除非是与享有此类使用的那部分企业或信誉一道转让。(f) 任何此类使用之授权，均应主要是为授权此类使用的成员域内市场供应之目的。(g) 在被授权人的合法利益受到充分保护的条件下，当导致此类使用授权的情况不复存在和可能不再发生时，有义务将其终止；应有动机的请求，主管机关应有权对上述情况的继续存在进行检查。(h) 考虑到授权的经济价值，应视具体情况向权利人支付充分的补偿金。(i) 任何与此类使用之授权有关的决定，其法律效力应接受该成员域内更高机关的司法审查或其他独立审查。(j) 任何与为此类使用而提供的补偿金有关的决定，应接受成员域内更高机关的司法审查或其他独立审查。(k) 若是为抵消在司法或行政程序后确定的反竞争做法而允许此类使用，则成员没有义务适用上述第(b)项和(f)项规定的条件；在决定此种情况中补偿金的数额时，可以考虑纠正反竞争做法的需要；若导致此项授权的条件可能重新出现，则主管机关应有权拒绝终止授权。(l) 若此类使用被授权允许利用一项不侵犯另一项专利(第一项专利)就不能加以利用的专利(第二项专利)，则下列附加条件应予以适用：(1) 第二项专利中要求予以承认的发明，应包括比第一项专利中要求予以承认的发明经济意义更大的、重要的技术进步；(2) 第一项专利的所有者应有权以合理的条件享有使用第二项专利中要求予以承认之发明的相互特许权；(3) 除非是与第二项专利一道转让，否则第一项专利所授权的使用应是不可转让的。”

如前所述，WTO 成立后，其框架下知识产权制度发展的最主要成就是对 TRIPS 协定第 31 条的修正。截至 2017 年 1 月 23 日，签署并批准该修正案的成员达到所有成员的 2/3，修正案才得以生效。生效后的 TRIPS 协定修正案的内容变成 TRIPS 协定文本的第 31 条之二，并且直接使用了“强制许可”一词。此外，修正案的附件也变成 TRIPS 协定的附件。该条规定的核心内容是，允许发展中国家成员出于公共健康的需要，在特定条件下颁发药品专利的强制许可证书，但不能超过必要的限度，并要支付合理的费用给权利人；同时，为了利用规模经济以增强药品的购买力，并促进药品的本地生产，如果一发展中或者最不发达的 WTO 成员是《关于有区别和更优惠的互惠待遇以及发展中国家更充分参与的决定》意义下的区域贸易协定的成员，且该区域贸易协定至少一半以上的现有成员属于联合国最不发达国家名单上的国家，则在确保该成员的一项强制许可项下生产或者进口的一种药品能够出口到有关区域贸易协定下其他遭受共同公共健康问题的发展中国家或者最不发达国家成员市场的必要限度内，该成员在第 31 条(f)项下的义务(强制许可的授权应主要为供应授权此种使用的成员域内市场)不再适用。这一修正将有利于发展中国家或者最不发达国家成员对某些药品的使用。

五、方法专利的举证责任

鉴于方法专利的特殊性,TRIPS协定第34条对涉及方法专利诉讼的举证责任作出如下规定:“1. 在第28条第1款(b)项所述及关于侵犯所有者权利的民事诉讼中,若一项专利的标的事项是获取某种产品的工艺,司法机关应有权责令被告证明获取相同产品的工艺不同于取得专利的工艺。因此,各成员应规定,至少在下列之一种情况下,任何未经专利所有者同意而生产的相同产品,若无相反的证据,应被视为是以取得专利的工艺获取的:(a) 如果以该项取得专利的工艺获取的产品是新的;(b) 如果该相同产品极有可能是以该工艺生产的,而专利所有者又不能通过合理的努力确定实际使用的工艺。2. 只要上述(a)或(b)项所述及的条件得到满足,任何成员均应有权决定上述第1款所指明的举证责任应由有嫌疑的侵权者承担。3. 在举出相反证据时,应考虑被告保护其生产和商业秘密的合法权益。”

在WTO争端解决机构审理的案件中,美国诉阿根廷药品专利及农化品试验数据保护案和美国诉阿根廷某些专利及试验数据案涉及TRIPS协定第34条。美国认为,阿根廷不当地限制司法机关在涉及方法专利被侵权的民事诉讼中举证责任的转移。经双方磋商,阿根廷政府同意修改其专利法,以符合该条款的要求。①

六、专利权的例外

(一) 专利权的例外概述

专利权的例外,是指专利法允许第三人在某些特殊情况下,可以不经专利权人许可而实施其专利,且其实施行为不构成侵权的一种法律制度。当实施行为人以专利权的限制作为其抗辩理由时,该行为人应当负举证责任。有人将专利权的效力分为正面效力和负面效力,即对专利权的限制和专利权的例外。专利权的正面效力就是前文所分析的专利权人依法

---

① See DS171/3, DS196/4, IP/D/18/Add.1, IP/D/222/Add.1, 22 June 2002.

享有的权利的积极行使及其带来的效果：若专利是就产品授予的，则任何单位或者个人未经专利权人许可，不得为生产经营目的制造、使用、许诺销售、销售、进口其专利产品；若专利是就方法授予的，则专利权人有权禁止他人未经许可为生产经营目的使用其专利方法以及使用、许诺销售、销售、进口依照该专利方法直接获得的产品。权利人发现侵权事件后，可以从流通领域的制造、销售、进口及使用等任何环节追究侵权人的责任。

专利权的例外具体体现在以下几方面：

第一，专利权在时间上不是无限的，即专利期满后，该发明的技术方案进入公有领域。在地域方面，专利权也受到限制。

第二，专利权在权利行使方面受到诸多限制：(1) 专利权用尽（专利权的穷竭），即专利权人自己或者许可他人制造的专利产品被合法地投放市场后，任何人对该产品进行销售或使用，不再需要得到专利权人的许可或者授权，且不构成侵权，专利权人所有的排他权因此而用尽。(2) 先用权人的实施（先行实施权或先用权），即非专利权人在专利申请日以前已经制造相同产品、使用相同方法，或者已经做好了制造、使用的必要准备，并且仅在原有范围内继续制造、使用的，不视为侵犯专利权。(3) 临时过境，即交通工具临时通过一国领域，为交通工具自身需要而在其设备或装置中使用有关专利技术的，不视为侵犯专利权。(4) 为科学或实验目的的使用，即非营利性实施专利技术的行为不被视为侵犯专利权。(5) 善意使用或销售行为，即虽为生产经营目的，但第三人不知道是未经专利权人许可制造并销售的专利产品（包括依据专利方法直接获得的产品）而加以使用或者销售的，只要能证明其来源合法，就不承担赔偿责任，但应停止侵权。(6) 强制许可以及授予专利权的其他例外等（具体分析见前文）。

第三，国家对专利的推广或政府征用许可。即根据国家和社会利益的需要，有关行政管理机关可以采用行政手段对获得专利的发明创造进行推广应用。但是，对于外国专利权人的专利，不适用国家征用许可。例如，中国《专利法》第 14 条规定："国有企业事业单位的发明专利，对国家利益或者公共利益具有重大意义的，国务院有关主管部门和省、自治区、直辖市人民政府报经国务院批准，可以决定在批准的范围内推广应用，允许指定的单位实施，由实施单位按照国家规定向专利权人支付使用费。"

(二) TRIPS 协定的专利权例外规定

TRIPS 协定第 30 条规定:“各成员可对专利授予的专有权规定有限的例外,只要此类例外没有不合理地与专利的正常利用相冲突,也未损害专利所有者的合法利益,同时考虑第三方的合法利益。”这一条规定没有给出具体的专利权受到限制的例外,但它确立了三个基本标准:(1) 给予专利权限制的措施或规定必须是“有限的”,不能喧宾夺主,例外只能是次要的、辅助的,独占权的保护和运用才是主要的、基础的。(2) 不能与专利权人的正常利用不合理地相冲突,即例外规定不能影响权利人权利的正常行使。(3) 兼顾到第三方的利益,同时没有损害专利权人的合法利益。这一点体现出专利权人利益与社会公众利益之间的平衡。其实,TRIPS 协定的例外条款给各成员制定与本国或地区经济、技术发展水平相适应的专利制度留下了一定的灵活空间。[①]下文将对涉及专利权例外条款的案件作进一步分析。

第三节 TRIPS 协定的专利争端解决

截至 2018 年 1 月底,涉及 TRIPS 协定专利条款的争端解决案件共有 11 起。[②] 其中,经专家组审理及上诉复审的案件有 2 起——印度专利案(美国)和加拿大专利期限案,专家组审结的案件有 2 起——印度专利案(欧共体)和加拿大药品专利案。如前所述,由美国和欧共体先后提起的印度专利案只是因欧共体请求才分案审理的,两案的实际案由以及涉及 TRIPS 协定的专利条款都完全一致,且美国起诉的案件先经上诉复审解决,因此更有意义。这些案件中,有些虽涉及发展中国家成员的过渡期或新旧专利的保护期限转变,且随着时间的推移,引起争端的情况已不复存在,但是其条约解释判理仍具重要的指导意义。对于今后仍有可能引起争端的专利条款,如专利权及其例外等,更要特别关注。以下将扼要分

---

① 参见张乃根:《论 TRIPS 协议的例外条款》,载《浙江社会科学》2006 年第 3 期;马忠法:《TRIPS 协议规则下政府可以享有的知识产权立法选择——以促进技术转让为重点》,载《重庆理工大学学报(社会科学)》2010 年第 10 期。

② 如表 2-3 所示,这些案件分别为 DS36、DS37、DS50、DS79、DS114、DS153、DS170、DS171、DS196、DS199 和 DS224。

析印度专利案(美国)、加拿大专利期限案和加拿大药品专利案。

一、印度专利案

(一)核心问题

该案的核心问题是,印度在作为发展中国家成员享有的过渡期内,其专利法没有为其他 WTO 成员已授权并许可销售的专利药品提供独占经销权,从而违反了 TRIPS 协定第 70 条第 8 款、第 9 款。争议的措施有二:(1) 印度是否建立了"邮箱"申请制度,以便据此申请药品和农产品的专利;(2) 印度是否建立了授予此类产品独家销售权的机制。

上诉机构认定,印度药品和农药产品专利申请基于其"行政惯例"申请制度,与 TRIPS 协定第 63 条的透明度义务不一致。该制度没有为就该类发明申请专利提供一个路径,以确保在 TRIPS 协定第 70 条第 8 款(a)项下的申请。如果它与印度专利法的强制性规定相冲突,在行政指导下的专利申请备案理论上可能会遭到法院的拒绝。同时,印度没有建立授予此类产品独家经销权的机制,因而违反了 TRIPS 协定第 70 条第 9 款。此外,上诉机构认为,专家组有关"合法期望"(legitimate expectations)标准的解释不正确。因为根据判理,这仅适用于"非违约之诉"。

(二)条约解释的判理

1. TRIPS 协定的解释原则

该案是第一起经上诉复审的 TRIPS 协定争端解决案件,其中关于该协定的解释判理尤为重要。TRIPS 协定第 27 条第 1 款第 2 句规定,根据该协定第 65 条第 4 款,发展中国家成员可推迟履行将可获得专利的主题扩展到所有技术领域,包括药品与农化品专利,但在过渡期内应依据该协定第 70 条第 8 款提供此类专利申请的方法。同时,依据该协定第 70 条第 9 款,一旦提出此类专利申请,则应提供其独占经销权。由于本案的关键在于过渡期内如何提供此类专利申请的方法以及独占经销权的问题,因此涉案的条约解释不是 TRIPS 协定第 27 条,而是其第 70 条第 8 款、第 9 款以及有关透明度义务的第 63 条。

上诉机构针对专家组采用的所谓"合法期望"解释原则指出,在其复审的第一起美国汽油案中,"根据《维也纳条约法公约》第 31 条的规则,确立了解释《建立WTO协定》时所适用的适当方法。在解释TRIPS协定或其他适用协定时,这些规则必须得到尊重和适用。本案专家组创设了自己的条约解释原则,这既不符合国际公法解释惯例,也与GATT/WTO既定做法相悖。无论是专家组还是上诉机构,都必须以《维也纳条约法公约》所确立的条约解释原则为指导,并且必须既不增加也不减少《建立WTO协定》规定的权利与义务。"①这是对所有TRIPS协定相关争端解决均具有指导意义的判理。

上诉机构回顾了"合法期望"解释原则的由来,指出它是基于GATT第23条第1款(b)项提起"非违约之诉"的上下文发展而来的。TRIPS协定第64条第2款规定:"自《建立WTO协定》生效之日起5年内,1994年GATT第23条第1款(b)项和(c)项不得适用于本协定项下的争端解决。"该条款的含义很清楚:自《建立WTO协定》生效之日起5年内,TRIPS协定项下允许的唯一诉因是GATT第23条第1款(a)项规定的"违约之诉"。本案涉及违反TRIPS协定的义务,然而专家组所援引的成员有关竞争条件的"合法期望"却将GATT第23条项下"违约之诉"与"非违约之诉"的不同法律依据混合成一个统一的诉因。这既不符合GATT第23条,也与TRIPS协定第64条相悖。

上诉机构认为专家组误解了《维也纳条约法公约》第31条的解释规则,因为专家组援引了该解释规则,却又认为依据该规则中的"善意解释"原则,可要求保护"合法期望",该期望来自TRIPS协定对知识产权的保护。"专家组错误地适用了《维也纳条约法公约》第31条,错误地理解了国际公法解释惯例的上下文中的'合法期望'概念。当事方对条约的合法期望是通过条约本身的语言来体现的。条约解释者的任务就是通过考察条约的用语来确定当事方的意图。这应当遵循《维也纳条约法公约》第31条所确定的条约解释原则。但是,这些解释原则既没有要求也不能容忍将条约中没有的用语添加进去,或者将缔约方无意使用的概念引入该条约。"②这也是对所有TRIPS协定,乃至所有WTO相关争端解决均具有指导意义的判理。也就是说,《维也纳条约法公约》第31条的解释规则

① India-Patents (US), para. 46.

② Ibid., para. 45.

应依条约用语,按其上下文并参照条约之目的及宗旨,善意地解释其通常意义。善意解释本身不是孤立的,而是贯穿在上下文中,并应参照条约之目的及宗旨,解释条约用语的全过程。解释的基础是条约用语本身,而非脱离条约用语的合法期望。这是较澄清 WTO"非违约之诉"更为重要的、有关条约的基础性判理。

2. 对 TRIPS 协定第 70 条第 8 款的解释

在澄清"非违约之诉"的适用和《维也纳条约法公约》第 31 条的解释规则之后,上诉机构依据 TRIPS 协定第 70 条第 8 款的条约用语,首先明确:"根据第 70 条第 8 款(a)项的措辞,'尽管有 TRIPS 协定第六部分的规定',该条款仍适用。由第 65 条、第 66 条和第 67 条组成的 TRIPS 协定的第六部分,允许在 TRIPS 协定某些条款的适用中有某些'过渡安排'。但是,允许成员在某些特定期限内推迟履行 TRIPS 协定的一些义务的'过渡安排'不适用于第 70 条第 8 款。因此,尽管存在允许发展中国家成员的'过渡安排',特别地给予其更多时间来履行 TRIPS 协定下的某些义务,但是对于第 70 条第 8 款中的义务而言,不存在此类'过渡安排'。"[①]然后,上诉机构着重解释了什么是第 70 条第 8 款(a)项所设计并要求的提交邮箱申请的"方法"。在这一点上,上诉机构同意专家组的看法,即单从这些用语通常含义的分析中不能得出该条款要求的何种"方法"之确定解释。因此,根据《维也纳条约法公约》第 31 条所确立的条约解释一般规则,"为了辨别第 70 条第 8 款(a)项措辞的特定含义,我们也必须根据该条文的上下文,以及 TRIPS 协定的目标及宗旨来解读该条文。"[②]

上诉机构的解释路径是:

其一,将 TRIPS 协定第 70 条第 8 款(b)项和(c)项作为解释第 70 条第 8 款(a)项的上下文。该(b)项和(c)项要求,成员根据第 70 条第 8 款(a)项所提供的"方法"必须从 1995 年 1 月 1 日起允许提交药品和农化品的专利申请,并保存这些申请的申请日和优先权日,以便可以授权专利性的标准以这些日期为准适用,并且最终授予的专利保护日期也始于申请

① India-Patents (US), para. 53.

② Ibid., para. 55.

日。因此，为了防止发明丧失新颖性，如要实现第70条第8款规定之目的，申请日和优先权日需要有充足的法律依据。更进一步说，如果可以，一项申请必须能够授予申请人依据早些时候的申请请求优先权的权利，该早些时候的发明是有关随后申请或者优先权日的已请求的发明。对于没有充分法律依据的申请日和优先权日，基于该第70条第8款建立的机制将会被视作不起作用。

其二，根据TRIPS协定序言所确定目标及宗旨，该协定致力于推动对知识产权有效及充分的保护。因此，根据第70条第8款(a)项的规定所要求提供的“方法”必须允许“提交邮箱申请并就邮箱申请分派申请日及优先权日”。进言之，根据第70条第8款(a)项所建立的该“方法”还必须提供一种能够根据这些日期保持新颖性和优先性的合理的法律基础。这是从第70条第8款(b)项和(c)项的必要实施中必然作出的解释。

其三，在印度法律中，构成“合理的法律基础”的是什么？上诉机构指出：“我们必须首先忆及TRIPS协定的一项重要的一般规则。TRIPS协定第1条第1款在其相关部分规定：‘各成员应自行决定在其法律制度和实践中实施本协定规定的适当方法。’因此，成员可自行决定在其法律制度的上下文中如何最好地满足TRIPS协定项下义务。同时，作为一成员，印度‘可自行决定合适的履行方法’，在其法律制度中履行TRIPS协定下义务。”①

其四，通过对印度辩称其提供的“行政指南”为履行TRIPS协定第70条第8款(a)项的“方法”之国内法审查，上诉机构得出结论：“我们不认为印度的‘行政指南’为有关申请确定申请日和优先权日以维持发明的新颖性以及申请优先权提供了合理的法律基础。”②

3. 对TRIPS协定第70条第9款的解释

鉴于印度已经承认有必要制定相关法律，根据该第70条第9款的规定授予独占经销权，并且目前没有制定相关法律，上诉机构认为，接下来要解决的问题是，自《建立WTO协定》正式生效之日起，印度未能建立适当机制以授予独占经销权，是否构成对TRIPS协定第70条第9款所规定义务的违背。结论很清楚：“依据第70条第9款的措辞，该款仅适用于

① India-Patents (US), para. 59.

② Ibid., para. 70.

第 70 条第 8 款(a)项下所申请专利产品的情况。如同第 70 条第 8 款(a)项,第 70 条第 9 款适用于'尽管有第六部分的规定'。第 70 条第 9 款特别援引了第 70 条第 8 款(a)项,并以串联方式提供一揽子权利与义务,以适用于第 65 条规定的过渡期。因此,显而易见,第 70 条第 8 款(a)项与第 70 条第 9 款都是意图自《建立 WTO 协定》生效之日起适用。"[①]

(三)简要评析

该案是 TRIPS 协定下第一起上诉复审案。此前有关知识产权争议的申诉虽已有 4 起(DS28、DS36、DS37、DS42),但均以双方和解而结束。因此,该案的影响非同一般。虽然该案涉及的核心问题是 TRIPS 协定第 70 条第 8 款和第 9 款关于该协定生效后,印度对其可获得专利的主题下的药品和农化品未提供保护,以及未通过适当机制保障权利人相应独占经销权的义务,但是前提是该协定第 27 条第 1 款关于对所有技术领域的发明(包括药品和农化品的发明)提供专利保护。如何通过争端解决机制促使成员履行义务,并且能够在法律依据上提供行之有效的方式,是该案的实质所在。此外,该案涉及 TRIPS 协定第 63 条项下透明度问题以及第 65 条规定的过渡期安排。

如果将上述问题结合在一起考虑,可以发现当初发达国家成员在设计这些条款时的良苦用心:第 27 条主要涉及可获得专利的主题范围,除了公共秩序和法律强制规定排除在可获得专利的主题范围之外,凡是发明,只要符合"三性"(新颖性、创造性和实用性),都应得到法律保护。然而,针对药品、农化品等与发展中国家人民密切相关且有着巨大商业空间的领域,发达国家成员(主要是其药品和农化品制造巨头)是不愿意轻易放弃自身利益的,哪怕是过渡期(对多数发展中国家成员而言至多有 10 年时间)的利益(在当时的 WTO 成员中,印度人口最多,面积最大,潜在的市场也最大)。[②] 下文讨论的加拿大专利期限案实际上并未给美国带来太大影响,但是美国得理不饶人,也不放过。这也从侧面说明了问题。发达国家成员(主要是美国、欧盟成员国、日本等)为了获取发展中国家成员的让步,在 TRIPS 协定中规定了过渡期安排。但是,为了过渡期内在

---

① India-Patents (US), para. 82.

② 参见《TRIPS 协定:理论与实践》,第 152—159 页。

药品、农化品领域的利益不至于损失过重，它们又制定了该协定第70条“对既有主题的保护”之规定。这样，虽然发展中国家成员没有义务在过渡期内授予可获得专利的主题下的药品与农化品专利权，但要提供相应的将来获取权利的便利，以及在特定时期内虽未获得专利，但要给予独占经销权。

随着时间的流逝，涉及发展中国家成员的过渡期义务履行问题已无实际意义(最不发达国家成员仍有过渡期)。然而，该裁定的历史意义在于，使印度实质上履行了TRIPS协定第27条第1款项下的义务，将药品和农化品纳入其法律保护的范围内。该裁定在当下的价值是，随着技术的发展，该案所涉及的可获得专利的主题会被不断拓展，所遵循的标准就是：“所有技术领域的任何发明，无论是产品还是方法，它们要具有新颖性、包含发明性步骤，并可供工业应用”，以及不违反法律和社会公序良俗。此外，仍需明确的一点是，TRIPS协定第70条第8款和第9款主要是规定发展中国家成员在过渡期内的义务。不论怎么说，该案的裁决得到印度的实施，对TRIPS协定有效运行的示范意义重大。

二、加拿大药品专利案

(一) 核心问题

本案的核心问题是，加拿大《专利法》的监管审查例外条款和允许一般药品生产商在某些情况下无视授予专利权人权利的储备例外条款与TRIPS协定的专利例外条款是否相符。涉及产品主要是来自欧共体的专利药品。专家组认为，基于TRIPS协定第30条，加拿大的监管审查规定是合理的。该规定满足了TRIPS协定例外条款的三项累积条件：(1) 必须受到限制；(2) 不能“不合理地与专利的正常利用相冲突”；(3) 考虑到第三方的合法利益，不得“不合理地损害专利权人的合法利益”。这三项累积条件是判断TRIPS协定第30条例外条款是否正当的必要条件。专家组还认为，欧共体没有能够证明加拿大监管审查条款基于技术领域因素(本案中对药品不利)，造成该协定第27条涉及的法律或事实方面的歧视。但是，对于储备例外条款(涉及该协定第28条第1款之专利权人权利和第30条之例外)，加拿大实际上承认其违反了TRIPS协定关于授予专利权人排他权的规定。对于加拿大就TRIPS协定第30

条所作的辩解,专家组认为加拿大的措施是不合理的,因为对储存数量没有设限将导致拓展市场的排他性大幅缩减,加拿大没有做到该协定第30条所要求的"限制"。因此,专家组裁定,储备例外条款与TRIPS协定第28条第1款不相符合,因为它构成了对专利权人所授予的排他权的实质缩减。至于举证责任问题,由于TRIPS协定第30条是例外条款,因此应诉方加拿大负有举证责任,证明其规定符合该协定第30条的内容。

(二)条约解释的判理

1. TRIPS协定的解释原则

虽然本案没有经上诉复审,但是专家组对于TRIPS协定解释原则的阐述仍具有十分重要的判理价值。鉴于本案的核心问题是对TRIPS协定的专利例外条款的解释,其前提是该协定第27条关于包括药品专利在内的所有技术领域的专利保护以及第28条关于专利权利的规定,专家组认为:"在结合先前主要国际知识产权制度的TRIPS协定框架内,就解释TRIPS协定具体条款在本案系第27条和第28条之目的而言,可作为上下文者不限于TRIPS协定本身的文本、前言和附件,还包括与TRIPS协定相结合的国际知识产权制度,以及任何当事方之间与《维也纳条约法公约》第31条第2款意义内有关的任何协议。因此,正如专家组将进一步阐明的,《伯尔尼公约》第9条第2款是解释TRIPS协定第30条的重要上下文。由于在解释TRIPS协定规定时不得不扩展上下文,因此在考虑TRIPS协定谈判历史时,专家组得出结论,解释还可能适当超出TRIPS协定谈判历史,研究被结合的国际知识产权制度的谈判历史。"① 显然,相比印度专利案,本案涉及更多的条约解释问题。尤其是本案作为第一起有关TRIPS协定下知识产权的限制与例外的争端案件,尽管是专利例外,但是其解释不得不追溯到知识产权国际保护中最早的关于例外的规定,即《伯尔尼公约》第9条第2款。于是,本来是TRIPS协定的专利例外条款引起的解释问题,首先要解决的却是如何理解源于版权例外的知识产权例外之一般问题。这就是上述判理所具有的一般性指导价值所在。

① Canada-Pharmaceutical Patents, paras. 7.14-7.15.

2. TRIPS 协定第 30 条的适用及解释

根据《维也纳条约法公约》,条约解释是在条约适用中发生的问题。本案首先要解决的是加拿大《专利法》的储备例外条款是否违反 TRIPS 协定第 28 条,以及加拿大辩称这属于 TRIPS 协定第 30 条授权的例外是否站得住脚。其中,后者是关键,因而也是专家组的解释重点。

专家组解释:"TRIPS 协定第 30 条规定凡列为例外者需满足三项条件:(1) 该例外措施必须'有限';(2) 该例外措施没有'不合理地与专利的正常利用相冲突';(3) 该例外措施没有'不合理地损害专利权人的合法利益,并顾及第三方的合法利益'。这三项条件是累积的,是必须满足的分开的、独立的要求。未能满足其中一个,则不符合该协定第 30 条例外规定之要求。当然,上述三项条件必须在相互关系中加以解释。必须推定其中任何一个和另外两个的含义均不相同,否则将导致同义反复。通常情况下,并列的语序暗示,一个例外如果符合第一项条件,则不可以违反第二项或第三项条件;如果一个例外符合第一项和第二项条件,那么它仍然可能违反第三项条件。该协定第 30 条之句法表明,一个例外如果是有限的,则亦可能不满足其余两项条件或其中任一条件。该语序亦表明,一个例外即使没有'不合理地与正常利用冲突',也可能'不合理地损害专利权人的合法利益。'"[①]这是在 TRIPS 协定的争端解决中第一次将第 30 条的三项例外条件解释为一个相互关联的"累积"例外规则。这一判理对版权例外、商标例外等都是适用的。

为了进一步解释第一项条件"有限例外",专家组追溯道:"TRIPS 协定第 30 条的文本源于《伯尔尼公约》第 9 条第 2 款的文本。然而,该第 30 条中的'有限例外'一词与《伯尔尼公约》第 9 条第 2 款中的对应词语含义不同,因为后者为'在一定的特殊情况下'。专家组审查了该第 30 条谈判的历史文件,以便查明为何谈判者选用短语'有限例外'取代'在一定的特殊情况下'。谈判记录只是表明,在起草过程中很早就采用了'有限例外'一词,并早于决定采用《伯尔尼公约》第 9 条第 2 款的文本之前。但是,该记录没有指出为什么后来选择采用《伯尔尼公约》第 9 条第 2 款。"[②]这表

① Canada-Pharmaceutical Patents, paras. 7.20-7.21.

② Ibid., para. 7.29.

明，TRIPS 协定的知识产权例外，尤其是专利例外条款虽然源自《伯尔尼公约》第 9 条第 2 款，但是条约用语不完全一样，更侧重于兼有数与质两方面含义的“有限”(limited)一词。为此，专家组认为：“储备例外是否属于‘有限’例外取决于它对专利权人阻止他人‘制造’和‘使用’专利产品的权利造成的损害程度。通过从源头上切断竞争产品的供应和防止此类产品的使用，在整个专利期限内，除了排他性销售的权利保护，排他性‘制造’和‘使用’的权利可提供这方面的保护。储备例外对于生产数量没有任何限制，势必导致最后 6 个月专利期限的保护不复存在，其他可能有的后果就更不用说了。仅此影响，就可以说‘储备例外’实际上完全取消了专利期内的这些权利。”①因此，储备例外根本不符合三项例外条件中的第一项条件，根据“累积”规则，没有必要分析其他两项条件。

至于监管审查例外，专家组认为：“加拿大的监管审查例外属于 TRIPS 协定第 30 条规定的‘有限例外’。谓其‘有限’，是因为它对该协定第 28 条第 1 款规定的权利减损程度有限。如果该例外仅仅允许为满足监管许可程序要求而进行，那么专利权人未授权的行为程度和范围均比较有限。即使监管许可程序可能要求检测产品的实际产量以验证其生产的可靠性，只要是单纯为了监管许可程序，并不将最终产品用于商业销售，专利所有人的权利本身就并不会因这些生产线的运转而受到进一步的损害。”②

根据例外的“累积”规则，满足了“有限例外”，还必须进一步论证其他两项条件——“正常利用”和“合法利益”。专家组认为：“专利权人使用专利权阻止他人向监管部门递交申请而享有事实上的额外市场专有权期限不应被视为‘正常’。在这种情形下，市场专有权的额外期限并非实施专利权的自然或正常结果，而是专利法和产品监管法结合的无意识结果。专利权与监管过程所需融合时间，延长了相关专利权的市场专有权的正常期间。这同样是一种利用形式，却是专利权人实际上不能控制的利用。”③基于药品专利以及药品销售监管的特点，根据监管审查例外而制造少量送检样本并没有不合理地与专利的正常利用相冲突。

---

① Canada-Pharmaceutical Patents, para. 7.34.

② Ibid., para. 7.45.

③ Ibid., para. 7.57.

相对而言,“合法利益”更难界定。专家组认为:“为了确定‘合法利益’一词在该上下文中的含义,必须按照它在法律推理中通常使用的含义来理解——作为一个规范性权利要求,以保护那些被相关公共政策或社会规范论证为‘正当的’利益。这就是通常在‘甲没有合法利益能够做乙事’这一表述中用词的含义……现行 TRIPS 协定第 30 条更具一般性的文本显然源自《伯尔尼公约》第 9 条第 2 款的文本。《伯尔尼公约》第 9 条第 2 款规定了对版权持有人排除他人未经许可复制其版权作品的权利例外……但是,《伯尔尼公约》第 9 条第 2 款原文并非一成不变地被 TRIPS 协定第 30 条采纳。《伯尔尼公约》第 9 条第 2 款规定的最后一项条件(‘合法利益’)仅指作者的合法利益,而 TRIPS 协定谈判者在第 30 条中增加了须考虑‘第三方的合法利益’。由于缺少关于 TRIPS 协定谈判过程的进一步说明,专家组认为,只能依据原文的变化而赋予其实质意义,即只有在‘合法利益’一词比法律的利益具有较为广泛的利益时,‘第三方的合法利益’一句才有意义。”[①]综合加拿大的监管审查例外对专利权人及第三方的合法利益之影响考虑,专家组得出其没有造成不合理的损害之结论。

(三)简要评析

本案的实质是专利权人的利益保护与一般例外的关系问题,即权利人利益与社会公众利益之间的平衡问题,涉及的法律问题是如何理解和适用 TRIPS 协定第 30 条“授予权利的例外”条款。其实,对于争端解决的法律适用,不论是国内法规定还是国际条约,无一例外都是对规范的解释。对于条约的解释,就需遵循《维也纳条约法公约》第 31 条、第 32 条和第 33 条有关解释的规范。如上所述,本案涉及的主要是对于 TRIPS 协定第 30 条例外条款的理解和适用。

授予发明人专利权(对于产品专利,权利人享有制造、使用、许诺销售、销售或进口等权利;对于方法专利,权利人享有通过该方法直接获得产品的使用、许诺销售、销售或进口等权利;不论是产品专利还是方法专利,权利人均有通过继承方式让渡、转让以及与他人签订许可合同的权利),意在鼓励发明创造(此为 TRIPS 协定第 28 条“授予权利”之初衷)。

① Canada-Pharmaceutical Patents, paras. 7.69-7.71.

然而,任何权利都不能绝对,因此 TRIPS 协定第 30 条又对授予的权利规定了例外。结合该协定第 7 条(目标)、第 8 条(原则)、第 31 条(非经授权利用专利)、第 40 条(契约性许可中反竞争惯例的控制)及其他条款,可知知识产权制度的利益平衡原则之重要性。不过,例外不能任意使用,它必须符合一定的条件或标准,即例外必须是有限的、不能"不合理地与专利的正常利用相冲突"以及不得"不合理地损害专利权人的合法利益"。专家组认为,这三项条件是累积的、独立的,必须推定每一项条件所拥有的含义,不能扩张,也不能限缩。本案涉及加拿大专利法的两个例外条款:一个是监管审查例外条款,另一个是储备例外条款。专家组根据 TRIPS 协定第 30 条确立的三项条件,对其进行逐一的、严格的分析与推理,最终认定加拿大的监管审查例外条款符合 TRIPS 协定,而储备例外条款违背了符合 TRIPS 协定的义务,加拿大需要进行修改。专家组裁定是正当合理的,加拿大没有提起上诉程序并接受了专家组的建议就是明证。

本案有关专利的三项例外条件的"累积"性解释判理为前述美国版权案全面阐明的"三步检验标准"提供了依据。这是该判理最重要的意义。

三、加拿大专利期限案

(一) 核心问题

本案的核心问题是,加拿大《专利法》第 45 节规定的、在 1989 年 10 月 1 日后申请的专利的保护期(自授权之日起 17 年)在 TRIPS 协定生效后,有可能少于后者所规定的自申请之日起 20 年的最低标准。TRIPS 协定第 70 条第 1 款规定,对于在本协定对所涉成员适用之日前发生的行为,本协定不产生义务;而该条第 2 款规定,除非另有规定,本协定对于在本协定对所涉成员适用之日已存在的、在上述日期在该成员中受到保护的、符合或随后符合根据本协定条款规定的保护标准的所有主题产生义务。也就是说,要注意"行为"与"由于行为如申请、授权等产生的权利"的区别。第 70 条第 1 款仅适用于在 TRIPS 协定对某成员生效之日失效的专利相关的先前授权行为,而不适用于在该生效日仍有效的专利(既有权利)相关的先前授权行为。因为根据第 70 条第 2 款,对于在该协定生效前发生的行为所产生的既有权利,该协定应当适用。因此,对于在该协定生效日仍有效的专利而言,加拿大《专利法》规定的自授权之日起 17 年的专利保护期与TRIPS协定第33条规定的不少于自申请之日起20年不相符合。

（二）条约解释的判理

1. 对TRIPS协定第70条第1款的解释

上诉机构解释："在知识产权领域，区分'行为'与因这些'行为'创设的'权利'具有根本的意义。比如，在专利领域，依据TRIPS协定，专利授予（这显然是'行为'）至少赋予专利权人如下实体性权利：国民待遇（第3条）、最惠国待遇（第4条）、在所有技术领域的产品与方法专利（第27条第1款）、保护期（第33条）以及在方法专利的情况下'举证责任倒置'（第34条）。因此，我们所要考虑的有关第70条第1款的关键问题是：如果公共机关依据旧法的'行为'所创设的专利在TRIPS协定对加拿大生效之日（即1996年1月1日）前继续有效，可否以该日期之前'发生的行为'为由，将这些专利排除在TRIPS协定第70条第1款的实施范围之外？术语'行为'的通常含义表明对这一问题的回答必须是否定的。某'行为'往往是'所做的'，并且'发生的行为'表明所做的事现在已完成或结束。这就排除了尚未结束的情况，包括现存的权利与义务。确实，该协定第70条的标题'现存主题的保护'从文本上确认了第70条的侧重点在于将那些在对某成员生效之日仍存在且符合保护要求者纳入其'主题'范围。"①上诉机构认为，相反的解释将几乎排除在整个TRIPS协定适用于成员生效日仍有效的知识产权，这显然有悖于该协定之目的及宗旨。

2. 对TRIPS协定第70条第2款的解释

上诉机构认为，该条款的关键问题为加拿大在1989年10月1日前申请的已授权专利是否属于在TRIPS协定对加拿大生效之日"存在……并得到保护的主题"。

上诉机构解释："就专利而言，第70条第2款所指'主题'就是发明。'主题'一词的通常含义为'讨论、阐述、艺术作品所涉及的题目或表现的事项'。第70条第2款的同一句中对'主题'一词的限定语'保护'以及该句结束处的短语'符合依据本协定保护要求'提供了可参考的上下文。如上所述，第70条的标题是'现存主题的保护'。因此，我们可以推论，就第

① Canada-Patent Term, paras. 56-58.

70 条之目的而言,‘主题’是根据 TRIPS 协定‘保护’或‘符合保护要求的’。在本案中,专利是保护的手段,专利所保护的都必须是第 70 条第 2 款所指的‘主题’。TRIPS 协定第 27 条、第 28 条、第 31 条和第 34 条也采用了与专利相关的‘主题’一词,并提供了对解释同样有用的上下文。一方面,第 27 条标题是‘可获得专利的主题’,规定‘任何发明均应可获得专利’,明确了某发明必须符合可获得专利的要求,以及即便符合这些要求也可能被排除出可获得专利的发明类别。另一方面,第 28 条、第 31 条和第 34 条中的‘主题’一词均与依据第 27 条要求已授予专利有关。也就是说,这些条款与已授予专利所保护的发明有关,但又区别于第 27 条所指‘可获得专利’之发明。这些条款确认了这一结论:‘发明’是专利方面有关的‘主题’,第 70 条第 2 款的‘主题’在专利方面是指可获得专利的发明或专利发明。因此,第 70 条第 2 款设置了在 TRIPS 协定对成员生效之日所有此类现存发明的义务。”①

这是关于专利的条款中对“主题”一词最全面、权威的解释。同时,该解释区分了 TRIPS 协定第 27 条“可获得专利的主题(即可获得专利的发明)”与第 28 条(授予的权利)、第 31 条(授予权利的例外)和第 34 条(方法专利的举证责任)中的“主题”(即已授予的专利所保护的发明),由此澄清第 70 条第 2 款“现有主题”(既有权利,指的是已授予专利保护的发明)。可见,在中文语境下,如将“主题”翻译为“客体”,与 TRIPS 协定的用语是不吻合的。

在澄清 TRIPS 协定第 70 条第 2 款所用“主题”一词的确切含义的基础上,上诉机构维持了专家组的认定,即根据 TRIPS 协定第 70 条第 2 款,在该协定适用于加拿大之日,“存在并得到保护的主题”应依该协定加以保护。加拿大应将 TRIPS 协定第 33 条规定的提供自申请之日起至少 20 年专利保护期限的义务适用于 1989 年之前申请、已授权并在该协定生效日仍有效的专利。

(三) 简要述评

本案争议的法律问题主要是加拿大专利保护期限是否与 TRIPS 协定第 33 条相符合,以及对 TRIPS 协定第 70 条第 1 款和第 2 款的理解与

---

① Canada-Patent Term, paras. 65-66.

实施问题。加拿大《专利法》规定的专利保护期为自授权之日起 17 年，与 TRIPS 协定规定的专利保护期不少于自申请之日起 20 年显然是有区别的：申请之日与授权之日有时间差，而法律规范需有明确的表达，两个条文所传递的信息应该是明白无误的，不存在歧义。加拿大以“实际”保护期等同于 TRIPS 协定规定的期限为由进行抗辩，遭到拒绝。该案专家组和上诉机构认为美国的观点是较为合理的。原则上，一部法律或一个条约只对其生效之后的行为产生约束力。然而，专家组和上诉机构认为，为了充分、公平地保障专利权人的正当利益，第 70 条第 2 款针对专利等知识产权有别于一般财产属性的权利、保护特点等，对于由于申请和授权行为产生的专利权利进行了区分，即对在 TRIPS 协定生效前发生的相关行为不适用，但对生效前发生的行为所产生的既有权利仍可以适用。这样的解释是较为符合第 70 条第 2 款甚至整个第 70 条的宗旨及精神的。因此，加拿大最终接受了争端裁决并修改了其国内法。这表明，成员国内法律规范与 WTO 相关协议规定的强制性义务必须保持一致是确定的、严格的，[①]不允许有任何差异。

从上述案件可见，TRIPS 协定的争端解决与其他国际法争端解决相同，其关键往往是对相关条约的解释。WTO 争端解决涉及或处理的与专利相关的 11 起案件中，有 7 起没有第三方参与。其余 4 起有第三方参与，在 DS50 和 DS79 中，欧共体和美国互为第三方；另外 2 起涉及的第三方也较少，印度均在其中。这说明，代表发达国家成员意志的强制性义务规范已得到绝大多数成员的遵守；而对发展中国家成员有利的条款要么过于弹性，要么因发展中国家成员没有能力与发达国家成员对抗，即使发达国家成员不履行 TRIPS 协定规定的义务，也无力申诉。在中国加入 WTO 之前，在运用 TRIPS 协定方面，似乎只有印度与发达国家成员有一定的较量能力。

---

① 参见韩立余：《世界贸易组织(WTO)案例分析》，中国人民大学出版社 2002 年版，第 346 页。

第八章　其他知识产权

TRIPS 协定第二部分第 3 节、第 4 节、第 6 节和第 7 节分别规定了有关地理标志、外观设计、集成电路布图设计和未披露信息的保护。在前述版权与相关权、商标、专利这三个知识产权的主要类别之后，本章将分节论述 TRIPS 协定下其他知识产权的保护。

第一节　地 理 标 志

一、地理标志和其他商业标识的关系

"地理标志"(geographical indications)，顾名思义，一般指的是一种地理名称，但它不是一种普通的地理名称。这种特殊的地理名称已经承载所指代的商品的特定质量、信誉或其他重要特征，从而成为一种无形财产。地理标志在一般情况下是直接描述地理区域的名称，但也可能包含对地标、公众熟知的风光、公知人物熟知的商业外观的描述（间接性地理标志）。这些所谓的"间接性地理标志"在很多国家也受到保护。①

在本质上，地理标志仍然是一种商业标志。有些国家（如美国）明确规定，地理标志可作为联邦注册的集体商标和证明商标。②但是，地理标志与其他商业标识相比，既有共性也有特殊性。因此，不少国家或地区或以专门立法保护地理标志，如欧盟理事会《关于保护农产品和食品地理标

① See Albrecht Conrad, The Protection of Geographical Indications in the TRIPS Agreement, *The Trademark Reporter*, 1996, Vol. 86, pp. 11-12.

② See US Code Title 15, Chapter 22-Trademark, §1054 Collective Marks and Certification Marks Registrable.

志和原产地名称条例》(以下简称《欧共体地理标志条例》)[①];或以商标法与地理标志法给予双重保护,如中国《商标法》(2013 年修正)第 3 条第 3 款规定,证明商标包括"用以证明该商品或者服务的原产地、原料、制造方法、质量或者其他特定品质的标志"。《商标法实施条例》(2014 年)第 4 条规定,地理标志可以"作为证明商标或者集体商标申请注册"。同时,《地理标志产品保护规定》(2005 年)也给予地理标志产品专门保护。考虑到地理标志与商标的共性与特殊性,尤其是各国和地区的立法差异,TRIPS 协定第二部分在商标之后,单独设一节规定地理标志的保护。

与商标和商号等其他商业标识一样,地理标志是一种指示性标志,在本质上也具有来源指示功能。"在古代,地理标志是指示产品来源的主流方式。随着生产力和产品关系的发展,旨在区别一个厂家的产品和其他厂家的类似产品的其他类型的指示性标志开始流行。由此,特定的生产者的名称成为商号。"[②]

从指示来源意义上而言,地理标志、商号和商标三者之间的关系是由大变小的过程。其中,地理标志最为宽泛,商标最为精确。在现代商业活动中,企业普遍使用的是精确到以某个特定产品或服务为指示对象的商标。然而,地理标志由于反映和代表着特定地域的特定商品的质量或品质,仍然具有重要的商业价值,因此为很多企业所使用。

地理标志与一般的货源标志从表面上看有一定的相似性,同为地名,但两者具有本质上的区别。地理标志不仅表示产地,更为重要的是表示产品的质量和信誉。在这一点上,地理标志和商标有类似之处。商标也具有一定的品质保障功能,如中国商标立法对商标权人、被许可人都施加了品质保障要求。然而,地理标志的质量和信誉完全或主要取决于该地

---

① Regulation on the Protection of Georgraphical Indications and Designations for Agricultural Propducts and Foodstuffs, 2081/92. 该条例于 1993 年 7 月 25 日生效。由于该条例引起欧盟与美国、澳大利亚的争端,WTO 专家组裁定其有悖于非歧视待遇原则。欧盟于 2006 年 3 月 1 日对该条例进行修改。详见本节相关案例评析。

② Opening Remark of Dr. Grigoriev at the Symposium on the International Protection of Geographical Indications, held at Santenay, France, 9 and 10 November 1989. Cited from M. G. Coerper, The Protection of Geographical Indications in the United States of America, with Particular Reference to Certification Marks, *Industrial Property*, July/August 1990, Vol. 29, p. 232.

的地理环境，包括自然因素和人文技艺方面的因素。概言之，地理标志的品质保障源于特定因素。

尽管在来源指示、品质保障功能上和商标等商业标识具有类似之处，但地理标志有其特别的品性。地理标志依附于“地理”而存在，有赖于特定地理区域的自然环境或人文技艺因素。从构成上看，商标的构成可以是文字、字母、图案乃至声音、气味等。但是，地理标志的构成一般是以文字形式呈现的地名。从主体上看，地理标志的主体不是单个主体，而是区域共有。地理标志具有区域排他性，但不具有个体意义上的排他性。因此，作为商标注册的地理标志通常为集体商标或证明商标。

地理标志作为一种无形财产，与商标等其他标识一样具有经济价值，并且这些无形财产的经济价值都难以确定。一国拥有的地理标志的价值直接影响其在国际谈判中的立场。美国、英国等国家的厂家使用的地理标志数量远远低于商标数量，甚至几乎可以忽略不计。然而，具有保护地理标志传统的法国、西班牙、意大利、德国和瑞士等欧洲大陆国家的地理标志被广泛地应用于葡萄酒、烈酒和农业产品，甚至还包括少部分的工业制造品。对这些国家而言，地理标志的法律保护至关重要。在国际贸易中，地理标志对葡萄酒、烈酒和农业产品（主要是奶酪）具有重要意义，但对其他的农业产品和工业产品的重要性就显得较低。同时，那些推动地理标志保护的国家一般并不只是关注地理标志的经济价值，地理标志同时也被视为这些国家“文化遗产”的一部分。[①]

相比其他商业标识而言，地理标志往往被不特定数量的诸多厂家用于商业活动，更易产生淡化和通用化的问题。地理标志的本质属性决定了它并不能识别单一的商业来源，也不能确定数量和识别明确的来源主体。地理标志同时被多个厂家使用，其风险就是可能退化为商品通用名称，消费者可能将其理解为一类产品的名称，而不再将其与特定地域相关联。真正的原产地生产者当然希望避免地理标志的通用化。避免地理标

---

① See M. G. Coerper, The Protection of Geographical Indications in the United States of America, with particular Reference to Certification Marks, *Industrial Property*, vol. 29, 1990; reprinted in Symposium on the International Protection of Geographical Indications (Wiesbaden, Germany 1991), WIPO Publication No. 713 (E), 1992, p. 77 (citing the Franch delegate Marie-Helene Bienayme's speech at a WIPO symposium on geographical indications).

志的通用化也是国际谈判中的一个重要话题。在 TRIPS 协定谈判中,葡萄酒和烈酒的地理标志保护是欧共体将地理标志纳入乌拉圭回合谈判议题的主要考虑所在。避免地理标志,尤其是葡萄酒和烈酒的地理标志的淡化和通用化也是一个难题。TRIPS 协定对避免葡萄酒和烈酒的地理标志的通用化作了一定的规定。

二、TRIPS 协定下地理标志的保护

(一) TRIPS 协定纳入地理标志条款的由来及其意义

与其他知识产权不同,地理标志在乌拉圭回合谈判中并非一个外来的全新主题。对原产地名称的保护早在 GATT 中就有体现。GATT 第 9 条第 6 款规定:“各缔约方应互相合作,以期防止使用商品名称假冒产品的真实原产地,从而损害一缔约方领土内受其立法保护的产品的特殊地区或地理名称。”然而,该规定并没有成为地理标志保护的谈判起点,因为它主要针对的是与包括地理标志在内的原产地标志相关的非关税壁垒,而不涉及地理标志保护的实体标准。因此,乌拉圭回合的 TRIPS 协定关于地理标志保护的实体标准谈判不得不另起炉灶。

TRIPS 协定第 22 条至第 24 条关于地理标志的保护,源自地理标志的经济价值。欧共体和瑞士是 TRIPS 协定起草谈判中地理标志议题的提出者。1990 年春季,欧共体提出的 TRIPS 协定草案中包括地理标志保护条款。[①]接着,包括美国在内的其他国家也提出了相关草案。美国提出的草案第 18 条针对地理标志保护提议如下:“订约方应当通过提供证明商标或集体商标注册的方式来保护证明区域来源的地理标志。”[②]美国基于其国内法立场,在国际谈判中提倡通过商标法来保护地理标志,并且所提议的地理标志也只是“证明区域来源的地理标志”。尽管“区域”

---

① See Draft Agreement on Trade-Related Aspects of Intellectual Property Rights, Communication from the European Communities, GATT Doc. MTN. GNG/NG11/W/68, 29 March 1990. 参见 WTO 官网:https://docs. wto. org/gattdocs/q/UR/GNGNG11/W68. PDF, 2018 年 3 月 9 日访问。

② Draft Agreement on The Trade-Related Aspects of Intellectual Property Rights, Communication from the United States, GATT doc. MTN. GNG/NG11/W/70, 11 May 1990. 参见 WTO 官网:https://docs. wto. org/gattdocs/q/UR/GNGNG11/W70. PDF, 2018 年 3 月 9 日访问。

(regional)一词存在解释空间,但这一定义的范围过小,也存在模糊性,并不成熟。欧共体国家吸收了《里斯本协定》的经验,在 TRIPS 协定谈判时,不再要求建立地理标志的国际注册制度,而是转向寻求和确保对地理标志的有效保护。国际注册制度的暂缓讨论为各成员提供了保持其国内或区域内立法的机会和自由,阻力自然变小。

TRIPS 协定的成员范围更为广泛,且有实施条款和争端解决机制的保障。应该说,TRIPS 协定纳入地理标志保护具有重大意义,使地理标志的国际保护迈上了一个新台阶。

(二) 地理标志的含义

TRIPS 协定第 22 条第 1 款首先对地理标志进行了定义:"就本协定而言,'地理标志'指识别一货物来源于一成员领土或该领土内一地区或地方的标识,该货物的特定质量、声誉或其他特性实质性地归因于其地理来源。"

TRIPS 协定第 22 条第 1 款由《里斯本协定》第 2 条发展而来。《里斯本协定》第 2 条规定:"在本协定中,原产地名称系指一个国家、地区或地方的地理名称,用于指示一项产品来源于该地,其质量或特征完全或主要取决于地理环境,包括自然和人为因素。"与该定义相比,一个重要区别是,TRIPS 协定的定义未强调地理标志必须是"地理名称",而是使用"标志"这一表述,这也是为某些 WTO 成员将"间接性地理标志"纳入保护范围保留空间。

根据 TRIPS 协定,地理标志本质上是保护货物或产品的特定质量、声誉、其他特性和地理来源之间的联系。与商标类似,地理标志保护的也是这种联系。地理标志需要在产品的特性和地理来源之间建立关联性,这一基本规定源于法国。法国法律中最初并无此规定,这一关联性要求是其法院在司法实践中发展起来的。[①]这种关联性的考虑因素包括特定区域的土壤、气候、植物群或动物群。[②]切断商标联系功能的行为,典型的

---

① See Albrecht Conrad, The Protection of Geographical Indications in the TRIPS Agreement, *The Trademark Reporter*, 1996, Vol. 86, pp. 32-33.

② See A. Devltian, La Protection des Appellations d'origine et des Indications de Provenance at 4 (1968). Cite from Albrecht Conrad, The Protection of Geographical Indications in the TRIPS Agreement, *The Trademark Reporter*, 1996, Vol. 86, p. 33.

如反向假冒,即构成侵权。对于地理标志而言,也是如此,其保护需要满足此联系功能。若有人切断此联系功能,也构成侵权。这种联系要达到的程度是"实质性地归因于"(essentially attributable to)。对此,国际条约中并不存在判断标准。"实质性"的判断或多或少具有一定的主观性,这为各成员的具体实施保留了一定的空间。

TRIPS 协定的定义和《里斯本协定》的定义相比,另一个重要区别是,前者删除了"包括自然和人为因素"这一限定。有论者认为,这一删除可以解释为剔除了人为因素。[①]这一观点尚有探讨空间。在删除"包括自然和人为因素"这一限定之后,余下的条件就是特定品质"归因于其地理来源"。但是,特定地理来源的人文因素可能对产品的形成也有影响。无论是自然因素还是人文因素,只要对产品的品质产生影响,形成因果关系,就仍然满足前述关联性要求。只不过,这种人文因素也必须具有地理属性,是某地特有的人文因素。否则,地理标志的保护就可能只限于农业方面的产品了。中国《商标法》第 16 条第 2 款规定:"前款所称地理标志,是指标示某商品来源于某地区,该商品的特定质量、信誉或者其他特征,主要由该地区的自然因素或者人文因素所决定的标志。"这一定义参照了《里斯本协定》的定义,也不违反 TRIPS 协定的定义。TRIPS 协定虽要求特定品质归因于地理来源,但对地理来源所指向的具体因素并没有规定,成员可自行酌定并进一步加以明确。

最后,值得注意的是,地理标志的保护类型只限于产品或货物,并不包括服务。在 TRIPS 协定起草过程中,1990 年草案(W/76)曾将服务也作为选项纳入草案条款,但最后被删除。[②]

(三)地理标志保护的实质性标准:消费者保护和反不正当竞争保护

TRIPS 协定第 22 条第 2 款规定,各成员应当向地理标志的利害关系方提供两方面的法律保护:第一,要求成员提供法律手段,防止商家使用虚假性的地理标志误导公众,这在本质上是消费者保护导向。第二,要求成员提供法律手段,防止商家在使用地理标志时构成《巴黎公约》第 10 条之二范围内的不正当竞争行为。总体而言,TRIPS 协定对地理标志的法

---

① See Lee Bendekgey, Caroline H. Mead, International Protection of Appellations of Origin and Other Geographic Indications, *The Trademark Reporter*, 1992, Vol. 82, p. 765.

② See *The TRIPS Agreement: Drafting History and Analysis*, 4th edition, p. 358.

律保护强调消费者保护和反不正当竞争保护，这和商标法的制度架构具有很高的相似度。防止消费者混淆，本质上是在保护消费者的识别利益。因为地理标志和商标一样，在消费者购物过程中都是作为识别来源的工具。反不正当竞争保护，本质上是在保护商家的利益。

地理标志保护的一个重要方面是防止消费者混淆和误认。TRIPS 协定第 22 条第 2 款和第 4 款都是围绕防止消费者混淆和误认而展开的。TRIPS 协定第 22 条第 2 款的用语比较灵活和宽泛，给各成员的实施保留了一定的自由度。该款规定了地理标志的利害关系方请求反混淆保护的两个基本条件：地理描述性和误导性。地理描述性一般较易认定，但也存在一些特殊情形，典型有二：第一种情形是地理名称的通用化问题。如果一个地理名称已经退化为描述某一类产品，成为一个通用名称，此时就转变为一种特殊情形。TRIPS 协定第 24 条第 6 款将其作为一个例外进行了专门规定，下文再行分析。第二种情形是"间接性地理标志"问题。比如，不是使用地名，而是使用某地的标志性建筑作为产品的标识，是否属于地理标志意义上的地理描述？TRIPS 协定下的地理标志保护是否包含"间接性地理标志"并不明确。然而，从 TRIPS 协定第 22 条第 2 款中的"使用任何手段标明或暗示所涉货物来源于真实原产地之外的一地理区域"表述看，任何标志，甚至是暗示性的标志，都被包含在内，只要在产品和产地之间能建立关联性。

TRIPS 协定第 22 条第 4 款也是围绕保护消费者的识别利益而展开的。该条款将消费者的识别利益保护进一步延伸，规定地理标志的保护应当适用于虽然在文字上表明货物来源的真实领土、地区或地方，但却虚假地向公众表明该货物来源于另一领土的地理标志。这一规定主要针对的是同名的情况。典型的例子是，美国有不同的地方名为"华盛顿"，中国也有不同的地方名为"鼓楼区"，在这种同名的情况下，如果某个地点享有地理标志的保护，其他同名地点的厂家就不得将这一地理标志用在特定的商品上，否则会引起公众误认。

TRIPS 协定第 22 条第 2 款将《巴黎公约》第 10 条之二纳入其中，要求各成员向地理标志的利害关系方提供法律手段，防止他人以不正当竞争的方式使用地理标志。这一条款源于欧共体的提案，欧共体主张对地理标志进行"强保护"，意图阻止任何不正当竞争性质的关于地理标志的使用行为。因此,将《巴黎公约》第 10 条之二纳入地理标志保护条款就成为一种符合逻辑的选择。然而,就《巴黎公约》第 10 条之二的立法历史而言,1958 年《巴黎公约》修正会议曾明确拒绝将地理标志保护纳入《巴黎公约》第 10 条之二的反不正当竞争法。[①] TRIPS 协定将《巴黎公约》第 10 条之二规定的反不正当竞争行为规制扩展到地理标志,实际上并不是简单地纳入该条款,而是扩大了该条款的适用范围。

反不正当竞争被视为一个"边界不确定的古老原则"。[②]《巴黎公约》第 10 条之二第 2 款对其进行了一个抽象的定义,即"凡在工商业事务中违反诚实的习惯做法的竞争行为均构成不正当竞争行为"。这个定义高度抽象,可能包括的行为非常之广。关于什么是"诚实的习惯做法",取决于特定的社会背景和商业环境。中国《反不正当竞争法》(2017 年修订)第 2 条第 2 款根据该法自 1993 年以来的实施经验,进一步将"不正当竞争的行为"界定为"经营者在生产经营活动中,违反本法规定,扰乱市场竞争秩序,损害其他经营者或者消费者的合法权益的行为"。该定义无疑包含"违反诚实的习惯做法"。《巴黎公约》对反不正当竞争法的定义具有灵活性,可能被解释得非常宽泛。这也符合欧共体对地理标志进行"强保护"的政策取向。《巴黎公约》第 10 条之二第 3 款列举了三种尤其应当禁止的不正当竞争行为:一是以任何手段对竞争者的营业所、商品或工商业活动产生混淆性质的一切行为;二是在经营商业中,具有损害竞争者的营业所、商品或工商业活动的信用性质的虚伪陈述;三是在经营商业中,使用会使公众对商品的性质、制作方法、特征、用途或数量易于产生误认的表示或陈述。这里所列举的第三种行为尤可适用于地理标志。

他人误导性甚至欺诈性地使用地理标志的行为,在一般情况下会同时构成对消费者识别利益的侵害,也会构成对地理标志的利害关系人的竞争利益的侵害,两者具有重叠性。TRIPS 协定分别规定了消费者识别利益保护和反不正当竞争保护,其价值取向不同。TRIPS 协定从两方面规定对地理标志的保护,旨在构建地理标志保护的完整体系。

---

① See J. Thomas McCarthy, Veronica Colby Devitt, Protection of Geographic Denominations: Domestic and International, *The Trademark Reporter*, 1979, Vol. 69, p. 199.

② See Randal C. Picker, The Digital Video Recorder: Unbundling Advertising and Content, *The University of Chicago Law Review*, 2004, Vol. 71, No. 1, pp. 205-202.

（四）地理标志的主体：利害关系人

TRIPS协定的地理标志条款并没有使用地理标志的“权利人”一类的表述，而是使用了“利害关系人”（interested parties，或译为“利害关系方”）这一表述。本质上，这是由于世界上不同国家对地理标志是否采取权利化的保护模式存有分歧。TRIPS协定最后采取“利害关系人”这一主体用语，但是对于何谓“利害关系人”，其解释可能会引发问题。

《巴黎公约》第10条第2款关于“虚伪标志”的规定中也使用了“利害关系人”这一表述。根据该条，“凡从事此项商品的生产、制造或销售的生产者、制造者或商人，无论为自然人或法人，其营业所设在被虚伪标为商品原产的地方、该地所在的地区，或在虚伪标为原产的国家，或在使用该虚伪原产地标记的国家者，无论如何均应视为利害关系人。”该条款规定的利害关系人包括生产者、制造者或商人。在TRIPS协定语境下，地理标志的利害关系人包括诚实使用地理标志的生产者、制造者或商人，这一点毫无疑问。问题是，地理标志的保护主体可能不限于商业主体。那么，还有哪些主体符合地理标志的利害关系人之标准？

有学者提出，原产地的政府或国际组织可以成为利害关系人，该政府或国际组织可以对其他国家的地理标志保护制度或相关的商标注册制度施加影响。[①] 但是，根据《巴黎公约》第10条，政府或国际组织并不是商业标志保护的利害关系人。即使存在利害关系，也不能作过分广泛的解释，不能认为存在任何程度上的利害关系即可。利害关系人应当与所保护的地理标志具有直接的经济关联。地理标志本质上是一种商业标志，是一种可以产生经济价值的标志，这也是WTO将其纳入与贸易有关的知识产权议题的原因所在。因此，对于利害关系人的解释，需要确立经济关联性标准，将政府和国际组织排除在外。地理标志可能对政府而言具有一定的价值，政府也需要保护其文化传承价值，但这并不能使政府成为地理标志的利害关系方，政府也不能以利害关系方的身份要求参加其他国家的地理标志保护程序。政府如果对其他国家的地理标志保护程序不满，可以选择通过WTO争端解决程序解决。

---

① See Eleanor K. Meltzer, TRIPS and Trademarks, or GATT Got Your Tongue? *The Trademark Reporter*, 1993, Vol. 83, p. 18.

接下来的问题是,政府主管机关是否可以成为地理标志保护的利害关系人?美国法院曾允许法国国家原产地命名管理局(INAO)参与诉讼,其理由是:INAO实质上是在代表地理标志产品生产者的利益,而生产者本身具有诉讼主体资格。[①]美国法院在给予INAO诉讼主体资格时采用了"三步分析法",考虑了如下因素:一是INAO的成员具有诉讼主体资格;二是INAO寻求保护的利益符合这一机构的宗旨;三是诉讼请求或救济并不必然要求INAO的成员直接参与。[②]该案中,美国法院明确赋予外国地理标志的政府主管机关诉讼主体地位,但程序意义上的诉讼主体地位并不能直接等同于实体意义上的利害关系人。一方面,TRIPS协定规定利害关系人是实体意义上的。另一方面,TRIPS协定并不协调成员境内的诉讼程序。因此,如果某国依据诉讼法拒绝给予他国地理标志的政府主管机关诉讼主体资格,也不违反TRIPS协定,只要该国仍然向地理标志产品的生产者、制造者或销售者等利害关系方提供保护。概言之,TRIPS协定并不要求将地理标志的政府主管机关纳入利害关系人的范畴,也不禁止将之纳入利害关系人的范畴。WTO成员在此问题的解释和适用上具有灵活性。

关于地理标志利害关系人的最后一个问题是,消费者或消费者团体能否成为地理标志保护的利害关系人?如上所述,地理标志的保护围绕着消费者识别利益展开,消费者是一种事实上的利害关系人。同时,在很多国家,消费者团体也可以发起反不正当竞争之诉。[③]尽管消费者事实上的确是利害关系人,但WTO并不要求成员必须给予消费者或消费者团体在地理标志保护案件中的主体地位。毕竟,WTO是关于国际贸易的组织,而不是关于消费者保护的国际组织。概言之,TRIPS协定的地理标志保护条款并不反对将消费者或消费者团体作为地理标志的利害关系人,但也不要求必须将消费者或消费者团体作为地理标志的利害关系人。在这方面,由于"利害关系人"这一术语本身具有一定的模糊性,WTO成

---

① See INAO v. Vintners International Co., Inc., 958 F2d 1574, 22 USPQ2d 1190 (CAFC 1992).

② Ibid.

③ See Germany, Article 13(2) of the Act Against Unfair Competition (UWG); Switzerland, Article 14(2) of the Act Against Unfair Competition (UWG).

员在解释和适用上也具有灵活性。

（五）葡萄酒和烈酒地理标志的特殊保护

TRIPS协定第23条规定了对葡萄酒和烈酒地理标志的附加保护。这种附加保护本质上是一种反淡化的特殊保护。一般地理标志的保护以混淆理论为基础，要求不能造成消费者的混淆或误认。葡萄酒和烈酒地理标志的保护则是以淡化理论为基础，并不以混淆为要件。混淆理论和淡化理论的界分还体现在一般商标和驰名商标之间。对于一般商标和驰名商标而言，反淡化的特殊保护有其知名度、高价值为支撑。但是，在地理标志领域，对某类产品的地理标志提供这些特殊保护，在理论上很难论证其正当化，这主要是欧共体在国际谈判中要求对葡萄酒和烈酒地理标志加强保护的结果。

TRIPS协定第23条共有4款。第1款是核心条款，要求每一成员应为利害关系人提供法律手段，以防止将识别葡萄酒的地理标志用于并非来源于所涉地理标志所标明地方的葡萄酒，以及防止将识别烈酒的地理标志用于并非来源于所涉地理标志所标明地方的烈酒，即使货物的真实原产地已标明，或该地理标志用于翻译中，或附有“种类”“类型”“特色”“仿制”及类似表达方式。从该款规定可见，葡萄酒和烈酒的地理标志实际上得到了“物权化”的保护，并非来源于所涉地理标志所标明地方的厂家不得使用，其他地方的厂家也不得使用这些地理标志或类似的表达方式，即使不会造成消费者混淆。葡萄酒和烈酒地理标志的保护扩大到地理标志的译名，或“种类”“类型”“特色”“仿制”之类的表述，这种扩大保护明显是为了维护地理标志的区别力，避免地理标志被淡化为某类产品的通用名称。

就防止地理标志淡化的策略而言，欧共体在谈判中曾提出三方面的方案：第一，法律直接禁止地理标志演化为商品通用名称。[①]这一方案过于激进，TRIPS协定并未采用。第二，防止其他厂家使用“种类”“类型”“特色”“仿制”之类的表述，避免地理标志的广泛使用和识别力淡化。TRIPS协定采纳了此方案。就葡萄酒和烈酒而言，尽管在地理标志前加

---

① See EC Draft, Presented on 29 March 1990 (GATT Doc. TN. GNG/NG11/W/68), Article 21(1).

上“仿制”之类的表述不会造成消费者误认和混淆，但仍然属于 TRIPS 协定明文禁止的行为。第三，防止主要含义属于描述地理名称的商标的注册。这也被纳入 TRIPS 协定第 23 条第 2 款。该条款要求在商标注册中对葡萄酒和烈酒的地理标志提供特殊保护。

就一般地理标志而言，TRIPS 协定第 22 条第 3 款规定了地名标志的注册问题。根据该条款，如果一商标包含的或构成该商标的地理标志中所标明的领土并非货物的来源地，且在此类货物的商标中使用该标志会使公众对其真实原产地产生误解，则在立法允许的情况下，该成员可依职权或在一利害关系方的请求下，拒绝该商标注册或宣布注册无效。换言之，对于一般地名商标的注册而言，TRIPS 协定仍然以公众混淆为标准去判断是否允许注册。TRIPS 协定在国际条约中第一次明确规定地名的商标注册问题。从体系上而言，这与 TRIPS 协定关于地理标志的实质性条款（第 22 条）所确立的消费者识别利益的保护一致。判断地名能否注册为商标，一个关键的过滤条件是会否误导消费者。

对于葡萄酒和烈酒，TRIPS 协定第 23 条第 2 款规定，对于一葡萄酒商标包含识别葡萄酒的地理标志或由此种标志构成，或一烈酒商标包含识别烈酒的地理标志或由此种标志构成，一成员应在其立法允许的情况下，依职权或在一利害关系方的请求下，对不具备此来源的此类葡萄酒和烈酒，拒绝其商标注册或宣布注册无效。换言之，葡萄酒和烈酒的地理标志的禁止注册并不考虑公众是否会产生误解，而只考虑客观上此类葡萄酒和烈酒是否来源于此地。

TRIPS 协定第 23 条第 1 款和第 2 款给葡萄酒和烈酒的地理标志提供了较强有力的反淡化保护。同时，这一反淡化保护制度还需结合 TRIPS 协定第 24 条第 6 款规定的例外予以解读。该条款规定，如果任何其他成员关于货物或服务的地理标志与一成员以通用语言的惯用术语作为其领土内此类货物或服务的普通名称相同，则 TRIPS 协定的地理标志保护条款不得要求该成员对其他成员的相关标志适用地理标志保护的规定。如果任何其他成员用于葡萄酒产品的地理标志与在《建立 WTO 协定》生效之日一成员领土内已存在的葡萄品种的惯用名称相同，则 TRIPS 协定并不要求该成员对其他成员的相关标志适用此协定关于地理标志的保护规定。由此可见，TRIPS 协定关于葡萄酒和烈酒的反淡化保护是面向未来的规定，旨在防止此类地理标志在未来被淡化和退化为商品通用名称。对于已经退化为商品通用名称的地理标志，法律很难去改变这种事实状态。

TRIPS 协定除了给予葡萄酒和烈酒地理标志特殊的反淡化保护之外，还进一步设置了两个条款：

TRIPS 协定第 23 条第 3 款规定，在葡萄酒的地理标志同名的情况下，在遵守第 22 条第 4 款规定的前提下，应对每一种标志予以保护。每一成员应确定区分所涉同名标志的可行条件，同时考虑保证公平对待有关生产者，以及使消费者不致产生误解。根据该条款，如果同名的地理标志不会造成消费者混淆、误认，对每一种标志都应当予以保护。此时，WTO 成员有必要将同时保护的相同标志予以区别。TRIPS 协定并未对区别的条件和标准加以规定，而是授权各成员自行制定标准。但是，TRIPS 协定设置了两个需要考虑的条件，即遵循地理标志保护的利益导向，同时考虑生产者和消费者利益。

TRIPS 协定第 23 条第 4 款规定，为便利葡萄酒地理标志的保护，应在 TRIPS 理事会内通过谈判建立关于葡萄酒地理标志通知和注册的多边制度，使其能在参加该多边制度的成员中获得保护。如前所述，欧共体等主张地理标志"强保护"的谈判方为了达成地理标志保护的实质性条款，放弃了对葡萄酒地理标志通知和注册的多边制度的即时要求，但仍然添加了此谈判要求。欧共体等成员在国际上推行地理标志的"强保护"，采取的是逐步推进的策略。

（六）地理标志保护的例外

地理标志作为一种知识产权，与其他知识产权一样，也存在一些保护的例外。TRIPS 协定第 24 条第 4 至 9 款规定了地理标志保护的例外。

1. 在先连续的平行使用例外

根据 TRIPS 协定第 24 条第 4 款的规定，如果某一葡萄酒和烈酒的一特定地理标志已经在另一 WTO 成员域内被其国民或居民在相同或有关的货物或服务上连续使用，TRIPS 协定的地理标志保护条款并不要求该成员阻止其国民或居民在该货物或服务上继续以类似方式使用此地理标志。

对于在先连续使用的判断标准有二，即在 1994 年 4 月 15 日前已至少使用10年,或者在该日期之前的使用是善意的。在第二个判断标准下,即使是少于10年,只要在1994年4月15日前是连续的善意使用,也符合这一例外。如果使用时间已经超过10年,则不用再考虑善意与否。

这一例外针对的情形是在先的连续使用,并且这种连续使用对于地理标志而言是一种平行使用。其基本原理是:TRIPS协定谈判达成的地理标志保护条款并不是要改变过去或已有事实,而在于规范未来的行为。

2. 善意注册或善意获得权利的例外

TRIPS协定第24条第5款规定,如果一商标的申请或注册在TRIPS协定对WTO成员适用之日前或该地理标志在其起源国获得保护之前是"善意"(good faith)的,或如果一商标的权利是在上述日期前通过善意使用取得的,那么WTO成员不得因一商标与一地理标志相同或类似而损害该商标注册的资格、注册的有效性或商标的使用权。这实际上是一个"祖父条款",可归纳为善意注册或善意获得权利的例外。值得探讨的一个问题是:如何界定善意?如果采用不知道或不应当知道地理标志存在的标准,则过于狭小——厂家对于本领域或相似领域的地理标志很难构成不知情。如果不知道的对象是地理标志的权益,那么"在其起源国获得保护之前"这一条件实际上已经包含这一点。如果在来源国未获得保护,他人当然不知道该权益。一种合理的理解是将善意界定为不存在欺诈和误导的意图,这种理解也契合商业标识法以消费者识别利益保护为中心的基本原理。

中国《商标法》第16条第1款规定:"商标中有商品的地理标志,而该商品并非来源于该标志所标示的地区,误导公众的,不予注册并禁止使用;但是,已经善意取得注册的继续有效。"这一善意注册例外是对TRIPS协定第24条第5款的实施。根据商标注册制和使用制的不同,TRIPS协定有针对性地、完整地规定了善意注册或善意地通过使用获权的例外。中国《商标法》采取注册制,这一例外在中国就变为商标注册包含地理标志的善意例外。

3. 普通名称或惯用名称的例外

TRIPS协定第24条第6款规定,如果任何其他成员关于货物或服务的地理标志与一成员以通用语言的惯用术语作为其领土内此类货物或服务的普通名称相同,则不要求该成员对其他成员的相关标志予以地理标志保护。如果任何其他成员用于葡萄酒产品的地理标志与在《建立WTO协定》生效之日一成员领土内已存在的葡萄品种的惯用名称相同，则TRIPS协定也不要求该成员对其他成员的相关标志适用TRIPS协定的规定。这一例外的原理也在于，TRIPS协定的地理标志条款并不是要去改变已有的事实，而是旨在防范地理标志在未来的退化和通用化。同时，如果葡萄酒产品的地理标志与葡萄品种的惯用名称相同，则相关主体对这一惯用名称进行使用也是合理的。这有点类似于商标法中对商品通用名称的合理使用规则。

4. 请求撤销或宣告商标无效的5年期间限制

TRIPS协定第24条第7款较为复杂，简单来说，就是规定了地理标志的利害关系方请求撤销或宣告商标无效的5年期间限制。此5年期限的计算起点是该受保护标志的非法使用在该WTO成员域内广为人知时。如果商标在一成员域内的注册日期早于上述非法使用在该成员域内广为人知的日期，只要该商标在其注册之日前已公布，则5年期限的起算点是该商标在该成员域内注册之日。TRIPS协定同时规定，上述规定不适用于地理标志被恶意使用或注册的情形。

根据中国《商标法》第45条的规定，已经注册的商标，如果包含地理标志，而该商品并非来源于该标志所标示的地区，误导公众的，自商标注册之日起5年内，在先权利人或者利害关系人可以请求商标评审委员会宣告该注册商标无效。对恶意注册的，驰名商标所有人的请求权不受5年的时间限制。这一规则与TRIPS协定完全一致。

5. 名称权例外

TRIPS协定第24条第8款规定，地理标志保护条款不能损害任何人在贸易过程中使用其姓名或其业务前任的姓名的权利，除非该姓名的使用方式会使公众产生误解。这一例外本质上解释的是地理标志和名称权的冲突问题。在这里，名称权实际上是作为一种在先权利得到保护。如果有人刻意将其名称改为与已广为人知的地理标志相同，则不可适用这一例外，因为这种假想的情况也会使公众产生误解。此处的关键是使公众产生误解，需要从客观上进行判断，而不是去考察行为人的主观意图。这一关键的判断要素也是围绕保护公众利益而设计的。

6. 来源国不保护、已停止保护或已停止使用的例外

TRIPS 协定第 24 条第 9 款规定，各成员无义务保护在来源国不受保护、已停止保护或在该国已停止使用的地理标志。如果一个地理标志在来源国不受保护或停止保护，就说明来源国已经将其释放到公有领域，他国至少无须进行保护；如果一个地理标志在来源国已经停止使用，要求其他成员对该地理标志进行保护自然不合理。

从这一条款也可以看出，地理标志的保护以在来源国受到保护和有效为前提，并且要求利害关系方持续使用。这有点类似于商标法中的连续 3 年不使用撤销规则。但是，TRIPS 协定关于地理标志的“使用”要求并没有明确时间或期间的限制，只是要求在来源国不能停止使用。从解释论角度看，只要能证明在来源国已停止使用，哪怕该停止使用只是一个月甚至一天，其他 WTO 成员就无义务保护此地理标志。

三、欧共体地理标志案

迄今为止，有关 TRIPS 协定第二部分第 3 节项下的争端案件仅有欧共体地理标志案，而且该案裁定违约的主要是非歧视待遇，而非实体保护问题。这表明，WTO 成员的地理标志立法与实践虽各异，却总体“相安无事”，因为该协定允许成员采用不同方式保护，且成员享有较多自行酌定权。

（一）地理标志与在先商标的关系

由于本案当事双方对地理标志分别采取联邦商标注册与地区专门保护的方式，因此地理标志与在先商标的关系成为不得不澄清的一个问题。

针对美国诉称《欧共体地理标志条例》没有保证商标所有人可以制止地理标志使用，而地理标志的使用将引起与在先商标混淆的可能性，专家组认为该条例第 14 条调整的是欧共体法中的地理标志与商标的关系。

该第 14 条第 1 款规定，如果商标的使用将侵犯已根据条例获得登记的地理标志的权利，则拒绝该商标申请。实际上，该条款保证了已登记地理标志优先于在后商标。

该第 14 条第 2 款规定了例外，即使商标的使用会与根据条例获得登记的地理标志被授予的权利发生冲突，在先商标仍可继续使用。该条款明确，地理标志被授予权利的行使，不能对抗特定在先商标的继续使用。

这是欧共体法在原则上对地理标志与商标能够共存的明确认可。该条款旨在执行 TRIPS 协定第 24 条第 5 款关于善意注册或善意获得权利的例外。

该第 14 条第 3 款规定，如果某个商标的名誉、声望以及使用时间的长度致使某个原产地标记或地理标志的登记可能导致消费者误认产品真正的特性，则该原产地标记或地理标志不应获得登记。该条款实质上承认了在先商标优先于在后登记的地理标志。

应该说，这些条款本身均未抵触 TRIPS 协定的地理标志条款。但是，根据 TRIPS 协定第 16 条第 1 款，注册商标不论其名誉、声望以及使用的长度，其所有人均应有权阻止所有的第三方未经其同意在贸易过程中使用与该注册商标相同或相似的标志，包括地理标志。这是在注册商标与地理标志共存的情形下绕不开的棘手问题。《欧共体地理标志条例》第 14 条第 3 款“将实质地限制商标所有人的权利”[①]，专家组首先认定，这是没有太多争议的。然后，专家组对 TRIPS 协定是否要求成员赋予商标所有人对抗上述地理标志使用的权利等问题进行了深入的分析。

其一，专家组认为 TRIPS 协定第 16 条第 1 款规定的权利是专有权。“由于已在措辞‘阻止’使用中提及，所以该权利是排除其他权利的。同时，该条款还指出，该权利是仅属于注册商标所有人的权利，该所有人可以行使该权利阻止任何第三方在未经其许可的情况下使用。该条款最后一句话规定了该权利的例外，即‘不应损害任何在先权利……’该协定第 17 条对第 16 条第 1 款的权利规定了例外。然而，该协定第 16 条第 1 款就成员必须向注册商标所有人提供专有权所作的规定中，并没有针对地理标志的暗示性限制。即该权利的行使可以对抗未经所有人许可的任何第三方，至于该第三方是否按照符合地理标志保护的方式使用该标志，则应遵守所有效力例外。”[②]因此，TRIPS 协定第 16 条第 1 款“要求成员赋予商标所有人对抗某些使用的权利，包括作为地理标志的使用。《欧共体地理标志条例》限制了符合其第 14 条第 2 款的商标所有人权利的效力。TRIPS 协定第 24 条第 5 款不适用，它并未授权限制该权利。”[③]

① EC-Trademarks and Geographical Indications, para. 7.562.

② Ibid., paras. 7.602-7.603.

③ Ibid., para. 7.625.

其二,专家组分析了 TRIPS 协定第 24 条第 3 款关于"一成员应不减少在《建立 WTO 协定》生效前已对地理标志的保护"的规定可否作为欧共体抗辩其条例第 14 条第 3 款的商标保护例外,认定在本案中不存在此类已登记的地理标志,因而不适用该第 24 条第 3 款。

其三,针对欧共体以 TRIPS 协定第 17 条商标权的例外抗辩,专家组着重分析了该商标权例外的"限制性条件"——"考虑商标所有人和第三方的合法权益",认为:"每个商标所有人在保留其特色或维持、执行其商标功能的区分能力等方面都具有合法利益,包括在自己或授权享有的相关产品或服务上使用自己的商标的利益。考虑合法利益将会顾及商标所有人对其标志的名誉或质量而具有的经济价值的利益。"[①]经逐一分析《欧共体地理标志条例》第 14 条第 3 款的立法对商标所有人和第三方的合法权益的兼顾以及仅有的一次适用实例,专家组最终得出结论:"就地理标志与在先商标共存制度而言,该条例与 TRIPS 协定第 16 条第 1 款不一致。但是,根据专家组收集的证据,该制度对 TRIPS 协定第 17 条是适用的。同时,该制度对 TRIPS 协定第 24 条第 3 款、第 24 条第 5 款也不适用。"[②]

由于本案当事双方均未对上述结论提起上诉,因此这是 TRIPS 协定在允许地理标志与商标的保护制度并存的情况下,对于该协定有关条款,特别是第 17 条的商标例外款项,迄今所作的唯一解释判理,具有十分重要的意义。

(二) 有关地理标志保护的非歧视性待遇

前文阐述 TRIPS 协定的非歧视待遇原则时,已对该案的判理作了一定的分析。关于《欧共体地理标志条例》第 12 条第 1 款是否抵触国民待遇原则,专家组基于认定该条款中的等同与互惠条件适用于包括 WTO 成员在内的第三国的地理标志保护这一事实,详细地解释了 TRIPS 协定及《巴黎公约》的国民待遇原则,择要如下:

违反 TRIPS 协定第 3 条第 1 款国民待遇义务,须具备两个因素:(1) 系争措施须适用于知识产权保护;(2) 其他成员国民享有的待遇须

① EC-Trademarks and Geographical Indications, para. 7.664.

② Ibid., para. 7.688.

“低于”该成员自己国民的待遇。根据 TRIPS 协定第 1 条第 2 款关于知识产权的规定和第 3 条第 1 款关于知识产权保护的注脚解释，该条例的地理标志保护属于国民待遇义务范围。在本案中，第一个因素没有引起太多的争议，关键在于第二个因素。TRIPS 协定第 3 条第 1 款第 1 句设定的“低于”待遇标准有一些特定例外，其中一些可在现有知识产权公约中找到。但是，该协定第 3 条第 1 款和第 2 款的例外均与本案无关。以美国商标案上诉报告引用的 GATT 时期美国第 337 节案对 GATT 第 3 条第 4 款的解释作为审查 TRIPS 协定第 3 条第 1 款的适当标准，本案专家组审查并认定：“对于希望根据该条例获得地理标志保护者而言，等同与互惠条件更改了这方面可利用的有效机会平等，乃至对希望获得包括 WTO 成员在内的第三国地理标志保护者造成了损害。这就是较少优惠待遇。因此，就适用于地理标志保护的等同与互惠条件而言，该条例给予其他 WTO 成员国民的待遇低于欧共体自己国民的待遇，与 TRIPS 协定第 3 条第 1 款相抵触。”[①]

在本案中，最惠国待遇争议与国民待遇问题密切相关。专家组提出，违反 TRIPS 协定第 4 条最惠国待遇义务，也须具备两个因素：(1) 系争措施须适用于知识产权保护；(2) 一成员给予任何其他成员国民的任何利益、优惠、特权或豁免没有“立即地、无条件地给予所有其他成员国民”。如前所述，根据系争的《欧共体地理标志条例》，如果地理标志所在的第三国加入某国际协定或符合其条例规定，也许可获得该条例的地理标志保护。但是，如果欧共体根据其条例不承认该第三国可享有互惠（如本案中的美国），则地理区域位于该第三国的地理标志仍然不能获得保护。这就构成欧共体关于知识产权保护所授予的利益、优惠、特权或豁免，只有在遵守对等与互惠条件，或缔结有关国际协定，或同时符合两者时，才能授予，即没有“立即地、无条件地给予所有其他成员国民”。[②]

总之，在对地理标志专门保护与以商标注册方式保护地理标志的双轨制下，虽然涉案的《欧共体地理标志条例》对在先商标权的限制符合 TRIPS 协定的例外规定，但是对于更为严格的非歧视性待遇原则而言，

---

① EC-Trademarks and Geographical Indications, para. 7.213.

② Ibid., DS174/290/R, paras. 7.703-7.704

该条例仍有悖于 TRIPS 协定第 3 条和第 4 条。

第二节　外 观 设 计

一、外观设计与专利、版权的关系

外观设计也可称为“工业品外观设计”或“设计”。前文在论述作为专利的外观设计时已提及，1883 年《巴黎公约》法文本的相关术语是“工业设计或模型”(les dessins ou modéles industriels)，但是 1901 年工业产权保护国际联盟对该文本的法文说明将其表述为“设计及模型”(dessins et modéles)①。该公约 1958 年的里斯本修订文本新增第 5 条之五则规定：“外观设计在本联盟所有国家均应受到保护。”该条款在该公约 1967 年文本中得以保存。② 其用语实际上是“工业设计”(industrial design)。由 WIPO 根据正式英文文本翻译的中文文本则为“外观设计”，但是该条以方括号表示的说明性标题却是“工业品外观设计”。虽然以上这些用语都是同义词，但是“外观设计这一概念受到广泛应用，可以包括根据版权法和外观设计法以及其他补充性规定而可保护的对象”③。

外观设计兼具技术性和艺术性，处于技术和艺术的“交叉路口”，位于专利和版权之间的“模糊地带”。外观设计在很大程度上与实用艺术作品发生交叉，因此有可能获得专利权和版权的交叉保护或重叠保护。1908 年第一次修订的《伯尔尼公约》柏林文本提及对实用艺术作品的保护，该文本第 2 条规定了“应用于工业目的的艺术作品”，要求对这些作品加以保护，只要各成员国的国内法允许。④ 该公约在 1948 年于布鲁塞尔修正之后，“实用艺术作品”被作为第 2 条第 1 款明确规定，成为受版权保护的作品示例之一。此外，1948 年文本第 2 条第 5 款将工业品外观设计和实

---

① 这在英文上大体可翻译为“平面图画以及立体模型”。参见《TRIPS 协定与发展：资料读本》，第 373 页。

② See G. H. C. Bodenhausen, *Guide to the Application of the Paris Convention for the Protection of Industrial Property* (as revised at Stockholm in 1967), BIRPI, 1969, p. 86.

③ 《TRIPS 协定与发展：资料读本》，第 373 页。

④ See Berne Convention for the Protection of Literary and Artistic Works (Berlin Act of 13 November 1908), Article 2. 该文本无官方中译本，系参考英文文本，下同。

用艺术作品并列，并规定："本联盟各国可通过其立法决定其法律适用于实用艺术作品以及工业品平面和立体设计，以及此类作品、平面与立体设计受保护的条件。"该公约 1971 年文本第 2 条第 7 款与此一致。1971 年文本第 7 条第 4 款还规定，作为艺术品加以保护的实用艺术作品的保护期限不应少于自该作品完成之日起 25 年。在《伯尔尼公约》下，成员国通过版权保护实用艺术作品的任择性义务仅限于该作品是艺术作品。一个特定产品的外观或形状是否可被视为版权保护的"作品"，完全由成员国国内立法或法院决定。

TRIPS 协定纳入《巴黎公约》和《伯尔尼公约》关于外观设计和实用艺术作品保护的实体性条款，并以第 25 条和第 26 条专门规定了外观设计保护，进一步明确了保护的标准，同时允许成员选择以专利法、版权法或其他专门法律加以保护。可见，在知识产权保护的国际法框架下，成员有义务保护外观设计和实用艺术作品，同时也有权选择以何种方式对其提供保护，即可采用专利法、版权法或自成一体的专门法进行保护。

可见，对外观设计的保护存在专利法、版权法和专门法保护等不同模式。其原因在于，外观设计兼具实用性和艺术性，与专利和版权都有交叉和联系。专利法旨在保护实用性的创新，尤其是具有实用性的技术方案。具有实用性的美感设计虽然不是技术方案，但同发明一样，具有实用性，并可用于工业领域，这是一些国家采取专利制度保护工业设计的原理所在。版权法（著作权法）旨在保护文化艺术领域的表达，美感设计在外在的表达上属于版权的保护客体，这是一些国家采取版权制度保护外观设计的原理所在。正是由于外观设计具有特殊性，一些国家或地区对外观设计进行单独立法，予以特别保护。比如，德国于 1876 年 1 月 11 日制定《外观设计法》，该法与《专利法》《商标法》为平行的工业产权法。[①]此后经过多次修改，现行《外观设计法》于 2004 年 3 月 12 日实施。[②]考虑到外观设计的特点、各国或地区的立法差异以及《巴黎公约》和《伯尔尼公约》的

---

① Union internationale pour la protection de la propriété industrielle, Paris, A. Pedone, Éditeur, 1901, p. 8.

② Gesetz uber den rechtlichen Schute von Design (Designeseta-DesignG), Ausfertigungsdatum: 12.03.2004，该法先后于 2009 年（BGBI, IS, 2521）和 2014 年（BGBI. IS. 122）部分修改。Vollaitat: Designgesetz in der Fassung der Bekanntmachun vom 24, Februar 2014 (BGBI. I S. 122).

已有规定,TRIPS 协定对外观设计保护采取单独规定的方式,在条约结构安排上(第 25 条至第 26 条)与专利条款(第 27 条至第 34 条)密切相连,因为它毕竟更侧重于工业产权。

专利和版权在权利获取之程序条件、实质条件、权利性质、权利内容、保护对象等方面有诸多区别。在程序上,版权自动取得,专利需申请取得。发明获得专利授权的实质条件为新颖性、创造性和实用性,外观设计获得专利授权的实质条件为新颖性。版权保护的实质条件则为独创性。独创性有别于新颖性,只要求独自创作,非司空见惯,或者说体现了作者的个性,并不要求首创;而新颖性实际上为首创要求。版权中的独创性允许"如有雷同,纯属巧合",由此可进一步推断版权的排他性很弱。专利只能授予最先申请者,且版权制度允许两人以上同时独创,分别享有版权。版权和专利在权利内容上也有明显区别,前者的权利体现在对复制和传播的控制上,后者的权利则体现在对基于生产经营目的的生产、销售、进口专利产品等实施规制上。更为关键的是,专利和版权的保护对象不同。版权旨在保护独创性的表达形式,而不保护其思想;而专利旨在保护一种技术方案或设计方案,方案属于功能或思想范畴。外观设计专利保护的不是美感的表达,而是美学思想,也属于思想范畴。

在原理上,外观设计只要符合版权和专利各自的获权条件,可以取得权利内容和权利性质各异的版权和专利权保护。外观设计的美感表达和美学思想实际上得到双重保护。

获取版权保护的门槛较低,程序成本几乎为零。将外观设计纳入版权保护似乎会导致版权之门向"日常消费的所有产品领域"开放,因为审美考虑影响着很多日常生活中实用物品的设计。[①]但是,将实用物品的美感表达类型化地排除在版权保护之外也过于严格,很难给予正当化解释。因此,为了保证版权制度的逻辑自洽性,具有美感表达的外观设计应当享有版权保护。

就中国法律而言,外观设计在传统上属于专利法的保护对象,但著作权法也不排除对外观设计的外在表达的保护。根据现行《著作权法》,外观设计的美感表达可能作为立体的美术作品获得保护。中国《著作权法》

① See Esquire, Inc. v. Barbara A. Ringer, 591 F.2d 796, 801 (D.C. Cir. 1978).

的第三次修正拟引入“实用艺术作品”这一新的作品类别，进一步明确外观设计的交叉保护、双重保护的可能性。外观设计的专利权保护立足于产品，要求其美感设计必须与产品相结合，是对产品设计方案的创新，在设计美感上具有新颖性。外观设计还要求具有工业应用性。实用艺术作品只有在工业上能批量生产时，才可作为工业品外观设计获得专利保护；若仅能以手工制作，则无法被归入工业品外观设计。反之，一个外观设计可否获得著作权法保护，取决于它是否满足著作权法规定的实质性条件。著作权保护的关键在于产品上体现出来的美感表达，要求作品是作者人格和个性的外化，在美感表达上具有独创性。① 专利权保护和著作权保护在条件上是存在差异的。在交叉保护模式下，外观设计的专利权和著作权交叉保护只存在于其交集之中。

二、TRIPS 协定下外观设计的保护

（一）TRIPS 协定的贡献

TRIPS 协定的外观设计条款虽只有 2 条，但对 WTO 成员们的立法与实践仍具有实质性影响。在 TRIPS 协定之前，关于外观设计保护的规定体现于《巴黎公约》第 5 条之五：“外观设计在本联盟所有国家均应受到保护。”同时，《巴黎公约》第 5 条 B 款规定：“对工业品外观设计的保护，在任何情况下，不得以不实施或者以进口物品与受保护的外观设计相同为理由而使之无效。”这里的“使之无效”包括撤销、宣告无效等，在中国立法语境下，即为“宣告无效”。《巴黎公约》对外观设计保护的规定，高度概括、抽象，既没有对外观设计的概念界定，也没有规定受保护的条件，哪怕是概括性的条件。因此，专利法和反不正当竞争法这两种在性质上完全不同的保护模式均满足《巴黎公约》下的保护义务，其保护的条件和例外完全由国内法进行规定。

相比《巴黎公约》，TRIPS 协定的外观设计条款第一次以多边条约的方式规定 WTO 成员应提供外观设计保护的强制性实体义务，授予外观设计权的一般性实体条件以及纺织品外观设计的特别规定，外观设计的

① 参见吕炳斌：《实用艺术作品交叉保护的证成与潜在风险之化解》，载《法律科学》2016 年第 2 期。

权利范围、例外及期限等。这些都是 TRIPS 协定对于外观设计的国际保护协调所做出的里程碑式贡献。[①]

（二）外观设计保护的一般性实体条件

TRIPS 协定第 25 条第 1 款一般性地规定了外观设计保护的实体条件，可进一步分为一项强制性义务以及两项任择性义务。成员们必须承担的强制性义务是“应为独立创造的、具有新颖性或原创性的外观设计提供保护”。任择性义务为：(1)“成员们可以规定，如外观设计未显著地区别于已知设计或已知设计特征组合，不具有新颖性或原创性”；(2)“成员们可以规定，这种保护不应延及主要基于技术的或功能的考虑而成的设计。”强制性义务是最低义务，而任择性义务则供 WTO 各成员根据自身情况酌定选择以进一步满足最低义务。

TRIPS 协定第 25 条第 1 款第 1 句确立的强制性义务，以其句式的用语顺序，先后规定了外观设计保护的两项实体条件：(1)“独立创造性”(independently created)；(2)“新颖性”(new)或“原创性”(original)。乍一看，这似乎是专利法和版权法各自条件的杂糅。“新颖性”是专利法的特有概念，“原创性”“独创性”主要是版权法的概念。在国际条约中采取如此杂糅式的规定，本质上是乌拉圭回合谈判协调的结果。起初，以美国、瑞士为代表，与欧盟、日本以及发展中国家集团分别使用了相似的“新颖性”这一用语(英文分别是“new”和“novel”)。在 1990 年布鲁塞尔部长会议上，谈判者可能认为两者功能等价，因此未作区分，并选择了前者。[②]接着，欧盟、美国、日本以及发展中国家集团提出另外一个用语“原创性的”(original)。在提案中，对于“新颖性”和“原创性”之间的关系也有不同意见。TRIPS 协定最终确定二者是选择性的关系，只要满足“新颖性”或“原创性”之一即可。“独立创造性”这一要求则是在 TRIPS 协定的谈判行将结束时，即在 1991 年 12 月的邓克尔文本中才加入的。[③] 此举主要是为了与那些主张“新颖性”和“原创性”叠加适用的成员达成妥协，它们认为不具有“新颖性”的外观设计即使有“原创性”，也不应该获得保护。

---

① 参见刘新民：《TRIPS 协定下外观设计保护实体要求研究》，复旦大学 2017 年博士学位论文。

② See *The TRIPS Agreement: Drafting History and Analysis*, 4th edition, p. 411.

③ See *The TRIPS Agreement: Drafting History and Analysis*, 4th edition, p. 441.

由于其他成员倾向于对“新颖性”和“原创性”择一适用，同时也为了安抚它们，TRIPS 协定补充限定了“独立创造性”，排除对他人的复制和仿制，强调外观设计并非抄自或源于他人。这样，在独立创造的前提下，外观设计只要再满足“新颖性”或“原创性”之一，即可获得保护。① 对于此类外观设计应提供保护这一强制性义务是 TRIPS 协定外观设计条款的最重要规定。

TRIPS 协定第 25 条第 1 款第 2 句确立的任择性义务之一是“显著区别性”。对此，可以作以下三点理解：第一，强制性义务中的“独创性”条件更类似于版权法中的条件，需要进行是否体现作者个性等主观方面的考察；而“显著区别性”的比较对象是“已知的设计或已知设计特征的组合”，具有一定的客观性。即“独创性”具有较大的自由裁量空间，而“显著区别性”进行了一定的客观化界定。第二，要求“显著区别”不仅仅是“区别”，这一要求高于专利法中的“新颖性”，低于专利法中的“创造性”。第三，也是更为重要的，“显著区别于已知的设计或已知设计特征的组合”，意味着外观设计欲获得法律保护，必须在申请授权或登记之日具有与现有设计相比的显著区别性。这类似于专利申请与授权所要求的区别于现有技术。

TRIPS 协定第 25 条第 1 款第 3 句确立的任择性义务之二是外观设计保护不延及“功能性特征”。外观设计需要和产品相结合，产品往往具有技术性和功能性特征，而这并非设计者独创。因此，对产品的功能性特征赋予排他性权利不符合知识产权法的激励原理，也将侵蚀公共领域，影响公平竞争。然而，在 TRIPS 协定下，不保护“功能性特征”只是成员的任择性义务，成员仍有空间对“实用性的设计”进行保护。毕竟，对有些产品而言（如汽车零部件设计），外观设计中的“美感表达”和“功能性特征”难以分辨。与其进行艰难的分解和判断，不如直接对这些融合了美感表达和功能性特征的产品设计进行保护，这也是一种制度上的选择方案。

（三）纺织品设计保护的特殊规定

TRIPS 协定第 25 条第 2 款规定了纺织品设计的特别保护。纺织品外观设计的立法保护源于英国 1787 年《白棉布印制者法》（Calico

---

① 参见《TRIPS 协定：理论与实践》，第 79 页。

Printer's Act),该法对“新颖和原创的图案”(new and original patterns)授予两个月的保护期。[①]而后,法国《工业外观设计法》于 1806 年 3 月 18 日诞生。[②]其实,早在 18 世纪初,当时被称为“欧洲丝绸之都”的法国里昂市政府就颁布了一项与外观设计有关的立法(1711 年),规定“所有受雇于丝绸纺织厂的技师、工人、学徒工和其他人,无论性别、年龄,均禁止拿取、偷窃、出售、出借、转移和使用任何直接或间接已被雇主信任用于生产目的之设计。”[③]不过,该法旨在“禁止盗用行为,而非赋予财产权”[④],因此一般并不将其视为现代意义上保护知识产权的外观设计法。然而,这些都表明源于近代第一次工业革命(1770—1870 年)初期的外观设计制度是为保护工业可复制产品(白棉布或丝绸)的图案设计而产生的,目的是为产品的生产者提供法律保护,并最终使产品的使用者受益。这也有助于人们理解外观设计又被称为“工业品外观设计”的缘故,因为从最初平面工业品形式的纺织品,到如今千姿百态的各类立体工业品,无不具有其外观设计。

纺织品设计不同于其他工业品设计,具有更新快、生命周期短和数量多的特点,在法律上需要对其进行快速、有效的保护。纺织品设计从创作到使用的周期很短,如果申请的程序过于复杂和烦琐,将实质性地影响对其保护的效果。此外,尽管从原理上而言,所有的纺织品设计在符合条件的情况下都需要进行保护,但是真正具有商业价值的只是其中的少部分。因此,对纺织品设计而言,专利保护模式可能对其不利。事实上,TRIPS 协定第二部分第 4 节包含的原则也适用于纺织品设计保护。WTO 成员承担“应保证为获得对纺织品设计保护而规定的要求,特别是有关任何费用、审查或公布的要求,不得无理损害寻求和获得此种保护的机会”

---

① See Catherine Seville, *EU Intellectual Property Law and Policy*, Edward Elgar Publishing, 2009, p. 181.

② Union internationale pour la protection de la propriété industrielle, Paris, A. Pedone, Éditeur, 1901, p. 8.

③ Ordnance of the Conculs of Lyons (1711), Approved by the Council of State (1712) and registered in Parliament (1717). Translated from F. Prager, History of Intellectual Property From 1545 to 1787, *Journal of the Patent Office Society*, 26 November 1944, pp. 711-760.

④ Uma Suthersanen, Function, Art and Fashion: Do We Need the EU Design Law? in Christopher Geiger (ed.), *Constructing European Intellectual Property: Achivements and New Perspectives*, Edward Elgar Publishing, 2013, p. 379.

(TRIPS 协定第 25 条第 2 款第 1 句)的义务，本质上是要求对纺织品设计进行及时的保护。[①]然而，进行快速保护，并不意味着要求成员放弃专利保护模式。该协定第 25 条第 1 款第 2 句明确规定，WTO 成员"有权通过工业设计法或版权法履行该项义务"。从一般意义上而言，版权法可能更为适合对纺织品外观设计进行保护，因为它具有便捷、及时和有效的特点。通过版权法对纺织品设计进行保护，本质上是实用艺术作品的版权保护问题。比如，英国现行外观设计立法秉承其最初的外观设计保护传统，实行双轨制，即在提供经注册而获得"准专利"的工业品外观设计专门保护的同时，也赋予类似文学艺术作品那样具有较高原创性的外观设计无须注册，在创作完成之时自动获得较短保护期之版权。[②]

(四) 外观设计的权利内容

根据 TRIPS 协定第 26 条第 1 款，第一，外观设计所有人享有排他权。尽管 TRIPS 协定采用"所有人"(owner)一词，但这并非传统民法意义上的"所有权人"。"所有权"的基本权项是占有，如同其他知识产权，外观设计作为无形财产，无法满足占有的基本要求。因此，外观设计权利人享有的是一种排他权，并非一般民法意义上的"所有权"。外观设计权利人享有的权利包括排他性地生产、销售或进口所载或所含设计是一受保护设计的复制品或实质上是复制品的物品。这些权利的具体实施将依赖于 WTO 成员采取的保护模式。从 TRIPS 协定第 26 条第 1 款的条文看，复制或实质性复制的表述借鉴了版权法的表述。如果 WTO 成员采取专利法保护模式，关于外观设计实质性复制的保护义务也可通过专利法的等同侵权得以实施。

第二，外观设计权利人所享有的权利是一种商业领域的权利。TRIPS 协定第 26 条第 1 款规定，权利人禁止他人从事的生产、销售或进口行为须"为商业目的"，明确了外观设计权的保护仅仅指向商业领域的行为。

(五) 外观设计保护的例外

与前述版权的例外(第 13 条)、商标权的例外(第 17 条)、专利权的例

① See *The TRIPS Agreement: Drafting History and Analysis*, 4th edition, p. 412.

② See UK Copyright, Designs and Patent Act 1988 (988, c. 48).

外(第 30 条)类似,TRIPS 协定第 26 条第 2 款也确立了外观设计保护的“三步检验标准”例外。这三项条件是:(1) 此类例外不会与受保护的外观设计的正常利用发生不合理的抵触;(2) 不会不合理地损害受到保护的外观设计所有人之合法权益;(3) 同时考虑第三方的合法权益。与 TRIPS 协定的争端解决判理所阐述的“三步检验标准”的前身——《伯尔尼公约》第 9 条第 2 款规定的复制权的例外相比,TRIPS 协定的“三步检验标准”进一步要求考虑第三方的合法权益,在具体实施中,要求裁判机构进行更为全面的利益分析和衡量。

(六) 保护的期限

TRIPS 协定第 26 条第 3 款规定,外观设计权利的保护期限至少为 10 年。该条款并未对 10 年的起算期进行规定,其原因主要在于,在专利法保护模式和版权法保护模式下,期限的起算期有所区别。就专利法保护模式而言,保护期限的起算点是申请日还是授权公告日存在灵活性。根据中国《专利法》第 42 条的规定,外观设计专利权的保护期是 10 年,自申请日起计算。外观设计专利权的生效则从授权公告日起。因此,外观设计专利权的真正有效期不满 10 年。这种规定并不违反 TRIPS 协定。

在 TRIPS 协定谈判过程中,在保护期限的问题上,1990 年草案除了规定 10 年的最低期限之外,还曾规定“首期 5 年,之后续展一次或两次(各 5 年)”的规则,但最终未被保留。[①]这应该是因为有的谈判方在国内法中采取了这种保护期的方案。在 TRIPS 协定最后文本第 26 条第 3 款之下,只要满足 10 年的最低保护期要求,WTO 成员也可采取首期 5 年的续展方案。比如,德国《外观设计法》对诸如汽车工业中的零部件外观设计给予特别关注,一旦审查通过,由德国专利商标局以复制品的方式公布。根据该法第 27 条,保护自登记簿上注册之日起生效,保护期为 25 年,自申请日起计算。外观设计权利人应每次支付 5 年的维持费,方可获得下一个 5 年的权利保护。[②]当然,TRIPS 协定第 26 条第 3 款的外观设计保护期“至少为 10 年”只是最低保护义务,WTO 成员可以酌定给予更长保护期,尤其是对于类似版权的外观设计权。比如,根据法国《知识产

---

① See *The TRIPS Agreement: Drafting History and Analysis*, 4th edition, p. 142.

② Gesetz uber den rechtlichen Schute von Design (Designeseta-DesignG), Ausfertigungsdatum: 12. 03. 2004,

权法典》第一篇第二章的规定,外观设计申请人可在法国工业产权局巴黎本部、其他地方分局等提交申请;法国对外观设计的申请仅限于形式审查,只要符合法定的形式和条件,均在登记簿上予以登记,并经官方公报公布。法国的外观设计保护期很长,为注册登记后自申请日起 25 年,且经注册人声明,可再延长 25 年,即最长保护期为 50 年,相当于享有《伯尔尼公约》规定的电影、摄影作品或实用艺术品的版权保护期。①

第三节 集成电路布图设计(拓扑图)

一、集成电路布图设计的特别保护

集成电路(integrated circuits),俗称"芯片",在信息产业的发展中发挥着重要的作用。集成电路中的智力成果因素集中体现在其布图设计上。一般认为,集成电路"布图设计"(layout-designs),又称"拓扑图"(topographies),指的是集成电路中各种元件以及连接这些元件的导线的三维配置。具体而言,就是将电子线路中的各个元件及其连线合理分配在一层或多层平面图形上,然后按一定顺序将多层平面图逐次叠加,并使之互联,从而构成一个三维的图形结构。通俗地说,布图设计就是确定用以制造集成电路的电子元件的一个传导材料中的几何图形排列和连接的布局设计。②

布图设计与版权作品类似,但是它与版权保护的作品又存在很大的区别。二者最大的区别在于,这种三维配置的布图设计不存在任何艺术价值,也不表达任何思想。因此,布图设计难以被直接作为"作品"而受到版权法的保护。同时,布图设计也很难获得专利保护。布图设计中融入了电子工程技术,虽然也可将其归入技术方案,但不同的布图设计之间的差别主要在于各个元件位置的变动和差异,很难满足专利法所要求的创造性要求。

作为一种既具有工业实用性又容易被复制的智力创作成果,很难将布图设计直接纳入版权法或专利法的保护客体。因此,世界上通行的做

① Code de la propriété intellectuaelle (version consolidee au 1er janvier 2014).

② 参见吴汉东主编:《知识产权法》(第五版),法律出版社 2014 年版,第 321 页。

法是对其进行专门保护。保护布图设计的专门立法始见于美国。美国于1984年通过了《半导体芯片保护法》[①]。尽管这部法律被编入《美国法典》第十七编《版权法》第九章，但它是相对自成体系的法律制度。[②]从美国立法的表现形式看，对布图设计的保护更接近于版权法，同时又具有特殊性。因此，在美国对布图设计进行专门立法保护之后，日本和欧洲等国也对布图设计进行了专门立法保护。现在，世界上绝大多数国家都采取了美国式的专门保护模式，但对布图设计的称谓不尽相同。美国将其称为"掩模作品"(mask work)[③]，日本将其称为"电路布局"(circuit layout)，瑞典使用"布图设计"(layout design)，欧共体指令使用"拓扑图"(topography)。[④]由于各国或地区的术语不同，1989年由WIPO主持制定并在华盛顿签署的《集成电路知识产权条约》以及之后的TRIPS协定均使用"集成电路布图设计(拓扑图)"这样的表述。中国是《集成电路知识产权条约》的最初签署国家之一，于2001年颁布实施《集成电路布图设计保护条例》，所采用的表述与该条约和TRIPS协定完全一致。

二、TRIPS协定下集成电路布图设计的保护

(一)《集成电路知识产权条约》核心条款的纳入

虽然《集成电路知识产权条约》至今尚未生效，但是TRIPS协定第二部分第6节已将该条约的核心条款整体纳入，实际上体现了美国《半导体芯片保护法》的精神。[⑤]在TRIPS协定谈判过程中，如同版权和专利领域的"Berne-plus""Paris-plus"方式，集成电路布图设计的保护也采取了类

---

① The Semiconductor Chip Protection Act of 1984 (Pub. L. 98-620, 8 November 1984, 96 Stat. 3347).

② See Chapter 9: Protection of Semiconductor Chip Products, U. S. C. Tille 17-Copyrights. 编入该法典版权部分的法律共有13章，其中第1章至第8章为1976年《版权法》，第9章至第13章分别为"半导体芯片产品保护""数字音频录音设备与媒介""音像录音与音乐视频""版权保护与管理系统""原创设计的保护"。

③ U.S.C 17, § 901(a).

④ 参见郭禾：《中国集成电路布图设计权保护评述》，载《知识产权》2005年第1期，第10页。

⑤ See Carlos M. Correa, Abdulqawi A. Yusuf (eds.), *Intellectual Property and International Trade: The TRIPS Agreement*, Kluwer Law International, 2nd edition, 2008, p. 54.

似的“Washington-plus”方式。在谈判中，成员主要围绕着保护范围、善意侵权、强制许可和保护期限展开，在引入《集成电路知识产权条约》的核心条款之后，在上述四个方面进行了补充规定。

TRIPS 协定第 35 条规定，WTO 成员应当遵守《集成电路知识产权条约》第 2 条至第 7 条（第 6 条第 3 款除外）、第 12 条和第 16 条第 3 款的规定，对集成电路布图设计（拓扑图）提供保护。该条约第 2 条为定义条款，对“集成电路”“布图设计”“权利持有人”“受保护的布图设计”和“缔约方”等术语进行了定义。该条约第 3 条规定了条约的主题，分为两款：一是成员对集成电路布图设计的保护义务，二是集成电路布图设计受到保护的原创性要求。所谓原创性要求，是指该布图设计是其创作者自己的智力劳动成果，并且在创作之时该布图设计在其创作者和集成电路制造者看来不是常规的设计。集成电路布图设计的独创性要求的前半部分，即“该布图设计是其创作者自己的智力劳动成果”，完全借用了版权法中对独创性的表述；而后半部分要求布图设计在创作之时还不是常规设计，则是一种客观的判断，借用了专利法中的“新颖性”概念。该条约第 4 条规定了成员对集成电路布图设计的保护方式，即缔约方可通过专门法律或版权、专利、实用新型、外观设计、不正当竞争的法律或其组合对集成电路布图设计进行保护。该条约第 5 条规定了集成电路布图设计保护的国民待遇，第 6 条规定了集成电路布图设计保护的范围。[①]

《集成电路知识产权条约》第 6 条是一个核心条款，规定了权利人的排他权范围以及集成电路布图设计保护的例外。该第 6 条规定的排他权主要有复制权和商业利用权。就复制权而言，未经权利人许可，复制得到保护的布图设计的全部或其任何部分都构成侵权，以布图设计中的原创性部分为限；如果第三者复制的是不符合原创性要求的布图设计部分，则不构成对复制权的侵害；对复制权的侵害不以将其结合到集成电路中为条件。就商业利用权而言，该第 6 条规定，为商业目的进口、销售或分销受保护的布图设计或含有受保护的布图设计的集成电路，属于权利人的排他性权利。对此，TRIPS 协定第 36 条的规定提供了扩大保护。复制权和商业利用权是集成电路布图设计权利人应当享有的基本权利，成员

---

① 参见《中国知识产权法》第六章第七节关于《集成电路知识产权条约》的评述。

由此可以提供更多的权项和保护。该第 6 条第 2 款规定了集成电路布图设计权利保护的例外，包括个人合理使用、反向工程、独立创作、强制许可、善意买主、权利穷竭等例外。所谓个人使用例外，是指第三者为了个人目的或者单纯为了评价、分析、研究或教学的目的而进行的布图设计复制或商业利用行为。所谓反向工程例外，指的是若第三者在评价或分析受保护的布图设计(第一布图设计)的基础上，创作符合原创性条件的布图设计(第二布图设计)，则该第三者可以在集成电路中采用第二布图设计，或者对第二布图设计进行复制和商业化利用行为，而不被视为侵犯第一布图设计权利持有人的权利。这一规定是为了激励集成电路布图设计的后续创新和设计。如果将这种反向工程行为视为侵权，必然会影响和阻碍集成电路产业的发展。所谓独立创作例外，类似于版权法中的独立创作例外。如果第三者独立创作出等同的布图设计，则第三者的复制和商业化利用不构成侵权。对独立创作例外的判断，可借鉴版权法中的“接触＋实质性相似”标准。该第 6 条第 3 款规定的强制许可例外因对发达国家不利，故被明确排除在 TRIPS 协定纳入条款之外。该第 6 条还规定了善意买主例外，TRIPS 协定对此作了进一步的专门规定，参见下文分析。该第 6 条规定的最后一项例外是权利穷竭。根据权利穷竭规则，对由权利持有人或经其同意投放市场的受保护的布图设计或者采用该布图设计的集成电路，未经权利持有人的许可而进行该款所述的任何行为都是合法的。然而，对于权利穷竭，该第 6 条使用的是成员“可以认为合法”(may consider lawful)，并没有规定强制性的条约义务。

《集成电路知识产权条约》第 7 条规定，成员享有的权利，以实施、登记和披露保护集成电路布图设计为前提。该条约第 12 条规定了对《巴黎公约》和《伯尔尼公约》的不减损义务，即不得影响成员根据《巴黎公约》和《伯尔尼公约》所承担的国际义务。该条约第 16 条第 3 款规定，条约缔约方有权对该条约对缔约方生效时已存在的布图设计不适用，但以不影响该布图设计在该缔约方的领土内根据该条约以外的国际义务或该国的立法所可能享受的保护为限。

被 TRIPS 协定明确排除在外的《集成电路知识产权条约》实质性条款是其第 6 条第 3 款，该条款规定了布图设计的强制许可例外，引起在半导体产业上具有竞争优势的发达国家的反对，这也是该条约未能生效的原因。[①] TRIPS 协定通过排除这一争议条款，实质上使该条约其他核心条款得以生效。在 TRIPS 协定关于布图设计的条款生效后，《集成电路知识产权约》生效与否已无实际意义。

（二）保护的范围

TRIPS 协定扩大了对布图设计的保护范围。该协定第 36 条规定："在遵守第 37 条第 1 款规定的前提下，如从事下列行为未经权利持有人授权，则应视为非法：为商业目的进口、销售或分销受保护的布图设计、含有受保护的布图设计的集成电路或含有此种集成电路的物品，只要该集成电路仍然包含非法复制的布图设计。"《集成电路知识产权条约》第 6 条第 1 款第(a)(2)项规定的未经许可的商业利用行为只针对布图设计或含有受保护的布图设计的集成电路。与其相比，TRIPS 协定将集成电路的保护范围扩大到"含有集成电路的物品"。在 TRIPS 协定谈判中，很多代表担心这一扩大保护将导致包含集成电路的最终产品得到保护，而不仅仅是布图设计。[②]将含有集成电路的物品纳入保护对象，本质上还是保护集成电路本身。只要去除集成电路，该物品就不再是侵权的对象。只不过，在计算赔偿额的时候，裁判者估计很难区分侵权方获利在多大程度上是归于集成电路的。

TRIPS 协定第 36 条使用了"应视为非法"(shall consider unlawful)这一具有一定灵活性的表述，而不是直接规定"是非法的""应当是非法的"。这主要是为了与《集成电路知识产权条约》第 4 条规定的保护方式的灵活性相对应。[③]该条约第 4 条规定："每一缔约方可自由通过布图设计(拓扑图)的专门法律或者通过其关于版权、专利、实用新型、外观设计、不正当竞争的法律，或者通过任何其他法律或者任何上述法律的结合来履行其按照本条约应负的义务。"

（三）保护的例外

TRIPS 协定第 37 条规定了"无须权利持有人授权的行为"，其中包含两种基本情形：一是善意买主例外，二是强制许可例外。

---

① See *Intellectual Property and International Trade: The TRIPS Agreement*, 2nd edition, p. 55.

② See *The TRIPS Agreement: Drafting History and Analysis*, 4th edition, p. 524.

③ Ibid., p. 524.

1. 善意买主例外

所谓善意买主，是指在获得某特定的集成电路或包含集成电路的物品时，不知道且无合理的理由知道其中包含非法复制的布图设计，而将此布图设计或物品投入商业性利用的主体。布图设计是技术性很强的智力成果，没有专门的设备是无法辨认的。即使是具有半导体或集成电路方面专门知识的人也很难辨认自己所购买的集成电路是否包含未经许可复制的侵权布图设计，更不用说普通的购买者或消费者了。因此，为了避免造成市场秩序混乱，影响集成电路产品经销商的积极性，各国法律一般都规定善意买主例外。[①] TRIPS 协定第 37 条对善意买主对集成电路布图设计或包含集成电路布图设计的物品的商业利用行为予以侵权豁免，规定为保护的例外。同时，该条还规定了一项相对应的国际义务，要求 WTO 成员规定“在该主体收到关于该布图设计被非法复制的充分通知后，可对现有的存货和此前的订货从事此类行为，但有责任向权利持有人支付费用，数额相当于根据就此种布图设计自愿达成的许可协议应付的合理使用费。”由于 TRIPS 协定将善意买主情形作为侵权例外，因此善意买主对现有的存货和此前的订货可以继续进行销售等商业行为，但不得重新进货，否则在原理上不符合善意不知情的前提条件。TRIPS 协定同时规定，善意买主仍然需要向权利人支付费用。在此特定情况下，权利人的排他权实际上转变为费用请求权。

2. 强制许可例外

TRIPS 协定第 35 条将《集成电路知识产权条约》规定的强制许可排除出布图设计保护的最低标准范畴，采取重新进行规定的策略。TRIPS 协定第 37 条第 2 款借鉴专利条款中的强制许可，规定 TRIPS 协定有关“未经权利持有人授权的其他使用”(强制许可)适用的“第 31 条(a)项至(k)项所列条件在细节上作必要修改后，应适用于任何有关布图设计的非自愿许可情况或任何未经权利持有人授权而被政府或为政府而使用的情况”。

TRIPS 协定第 31 条(c)项本身对半导体产业领域的强制许可作了专门限制。该项规定，半导体技术的强制许可只能适用于公共非商业性使

---

① 参见吴汉东主编：《知识产权法》(第五版)，第 323 页。

用，或用作经司法或行政程序确定为限制竞争行为的补救措施。半导体技术的强制许可只限于非商业性使用，从一般意义上排除了个人或公共机构出于商业目的的使用，唯一的例外是作为对限制竞争行为的补救措施。对限制竞争行为的补救发生在竞争者之间，具有商业目的。因此，TRIPS 协定下，半导体技术的强制许可只限于非商业性使用或限制竞争的补救性使用，例外范围非常之窄。

TRIPS 协定文本未明确第 31 条(c)项对半导体技术强制许可的限制是否只适用于半导体领域的专利技术，以及是否适用于未注册的半导体集成电路设计。[①]从 TRIPS 协定第 37 条第 2 款使用的"任何有关布图设计的非自愿许可情况"的用语看，上述限制应当适用于任何布图设计。因此，在布图设计领域，对强制许可的限制非常严格，不大可能发生。

（四）保护的期限

与《集成电路知识产权条约》相比，TRIPS 协定的集成电路布图设计保护期限体现了扩大保护的态势。

TRIPS 协定第 38 条区分了注册制和非注册制两种情况。在注册制下，对布图设计的保护不得在自提交注册申请之日起或自世界上任何地方首次进行商业利用之日起计算的 10 年期限届满前终止。在不要求将注册作为保护条件的成员中，布图设计的保护期限不得少于自世界上任何地方首次进行商业利用之日起计算的 10 年。在 TRIPS 协定之前，《集成电路知识产权条约》设定的保护期是"至少 8 年"。TRIPS 协定并未采取"至少 10 年"的表述，而是规定"不得在……10 年期限届满前终止"，这一表述与专利条款中保护期限的规定一致。就注册制而言，保护期限的起算点有两个：提交注册申请之日与世界上任何地方首次进行商业利用之日。两个起算点之间是选择性关系，成员可以选择其一，也可以照搬 TRIPS 协定的文本将两者都予以规定。但是，布图设计的创作之日不能作为起算点。《集成电路知识产权条约》由于没有明确的起算点，创作之日也可以作为保护期限的一种起算点。就不要求注册的情况而言，保护期限的起算点是世界上任何地方首次进行商业利用之日。有的 WTO 成

---

① See *Intellectual Property and International Trade: The TRIPS Agreement*, 2nd edition, p. 60.

员可能参照版权法保护模式，不规定强制性的注册要求，而只提供自愿注册的制度安排。在不要求注册的情况下，布图设计保护期限的起算点是首次商业利用之日，这需要加以证明。相比而言，注册制下以提交申请之日作为保护期限的起算点，可以节省制度运作的成本。

TRIPS 协定第 38 条第 3 款规定，在满足强制性条约义务之外，任何成员仍可规定保护期限在自布图设计创作之日起满 15 年后终止。该第 3 款的用词是“可以”(may)而不是“应”(shall)，并非强制性条约义务。因此，如果一成员规定布图设计的保护期限在自布图设计创作之日起满 13 年后终止，并不违反 TRIPS 协定下的国际义务。

第四节　未披露信息

一、未披露信息保护概述

TRIPS 协定第二部分第 7 节(仅有第 39 条)规定，所谓“未披露信息”(undisclosed information)，包括：(1) 传统的商业秘密，即自然人和法人有可能防止他人不当披露其合法控制的信息，包括技术信息和经营信息；(2) 新增未披露的药品和农化品的试验数据或其他数据。就保护智力成果的知识产权法而言，知识产权法对于未披露信息保护的重点是专有技术(know-how)信息。TRIPS 协定未区分技术信息和经营信息，将两者都作为“未披露信息”予以法律保护。但是，从该协定第 39 条的结构来看，显然区分了传统的商业秘密范畴内的两类未披露信息与新增的药品和农化品的未披露试验数据。

就一项新的技术而言，其保护方案有二：一是通过公开披露获得专利权，二是作为技术秘密或未披露信息予以保护。两者最重要的区别在于：专利制度的本质特点在于公开，并以公开确保私权；商业秘密则与之相反，在非公开的状态下维护发明人对其发明的利益。从保护期限来说，专利的保护期限相对固定，而商业秘密的保护期限则不固定。同时，商业秘密和专利在性质上也有差异，专利权是排他权，而商业秘密保护的任何权利都不是排他的。[①]商业秘密保护尽管不需要支付申请费、律师费等，但是诸如计算机安全措施、员工保密合同、员工离职谈话、加密电子通信、外部审计、影印限制、员工教育项目等保密措施为维持商业秘密增加了成本。[②] 此外，商业秘密保护无法防止反向工程、独立开发、意外泄露。[③]

商业秘密为创新技术保护提供了一种选择方案。一般而言，当技术的反向工程、独立开发的可能性较小时，发明人选择商业秘密保护方案较具优势。此外，有别于专利授权审批的严格条件，商业秘密保护并没有新颖性、创造性等条件的限制。因此，无论技术发明的创造程度高低，都有可能作为未披露信息获得保护。同时，商业秘密或未披露信息的保护无须国家审批，可自动获得。如果一项技术的寿命很短，通过商业秘密对其进行保护在一定程度上可以节省成本。这些都是商业秘密或未披露信息保护的优势。然而，商业秘密或未披露信息保护的缺点也是明显的，即没有绝对意义上的排他性。

有别于专利权、商标权和著作权，主要国家对商业秘密或未披露信息的保护一般并不进行专门立法，而是将其置于反不正当竞争法之下。有日本学者归纳，私法利益尤其是财产性利益的保护模式主要有二：权利化和行为规制。[④]此处的"权利化"指向的是"私法上所说的绝对权、支配权，最为典型的便是所有权"[⑤]。在知识产权保护中，并非全部采取绝对化保护路径。将商标秘密保护置于反不正当竞争法之下，就属于典型的行为规制模式。尽管法律保护商业秘密，但并不存在"商业秘密权"。原因在于，商业秘密不能具备绝对权所必需的权利观，绝对排他的效力就犹如无

---

① See Vincent Chiappetta, Myth, Chameleon or Intellectual Property Olympian? A Normative Framework Supporting Trade Secret Law, *George Mason Law Review*, 1999, vol. 8, No. 1, pp. 151-152.

② See Mimi C. Goller, Is a Padlock Better Than a Patent? Trade Secrets Vs. Patents, *Wisconsin Lawyer*, May 1998, vol. 71, pp. 20-21.

③ See Gustavo Jr. Siller, Jonathan E. Retsky, Patent and Trade Secret Protection of Computer Technology, *Software Law Journal*, 1993, Vol. 6, No. 2, pp. 239,271.

④ 参见〔日〕田村善之：《知识产权法的理论》，李道道译，载《知识产权年刊》(创刊号)，北京大学出版社 2005 年版；〔日〕中山信弘：《多媒体与著作权》，张玉瑞译，专利文献出版社 1997 年版，第 2 页。

⑤ 解亘：《驱逐搅乱著作权法的概念："剽窃"》，载《华东政法大学学报》2012 年第 1 期，第 27 页。

本之木,难以存在。在国际条约中,一般也不使用"商业秘密权"这样的术语。这涉及"未披露信息"的性质,TRIPS 协定的协调也涉及这一类主题的定性。

药品试验数据保护制度起源于美国国内法。1984 年,美国颁布《药品价格竞争和专利期恢复法》,[①]首次将药品上市申请分为新药申请与仿制药申请。之后,美国积极在国际层面推动药品试验数据保护制度的建立与发展,在 NAFTA 中规定药品试验数据保护制度。[②] 美国后又将药品与农化品的试验数据保护加入 TRIPS 协定谈判议题,并最终成功将其纳入 TRIPS 协定义务范围,成为知识产权保护国际义务的组成部分。[③] 不同于传统的商业秘密由其合法持有人负保密义务以免被不当披露,此类试验数据是为申请药品与农化品的市场销售而递交给政府主管机构审查,应由该主管机构负责在一定时期内保密。就 TRIPS 协定而言,两者有着截然不同的保密主体,不可混淆。

二、TRIPS 协定下未披露信息的保护

(一) 未披露信息保护的性质

TRIPS 协定第 39 条第 1 款规定:"在保证根据《巴黎公约》第 10 条之二规定有效保护反不正当竞争的过程中,成员们应按照以下第 2 款、第 3 款,分别保护未披露信息和递交给政府或政府机构的数据。"据此,首先,未披露信息保护属于《巴黎公约》的反不正当竞争范畴;其次,所保护的作为知识产权的未披露信息限于 TRIPS 协定第 39 条第 2 款所界定的商业秘密、第 3 款要求"递交给政府或政府机构"的药品与农化品的未披露试验数据。相对于《巴黎公约》,TRIPS 协定是第一个在反不正当竞争背景下以未披露信息涵盖商业秘密(狭义的未披露信息)和此类试验数据(广义的未披露信息)的国际条约。[④]

TRIPS 协定使用"未披露信息"一词,主要是为了避免使用不同法

---

① See 21 U.S.C. 355(b);21 U.S.C. 355(j).

② See Article 1711.5, NAFTA.

③ 参见褚童:《TRIPS 协定下药品试验数据保护研究》,复旦大学 2014 年博士学位论文。

④ See *The TRIPS Agreement: Drafting History and Analysis*, 4th edition, p.541.

系、不同国家或地区的术语。[1]然而，这一术语可能并不精确，所谓“未披露信息”并不是绝对没有披露。就一般意义上的未披露信息而言，实际上，信息控制主体还是向其所选定的人进行了披露，当然也设置了要求保密的条件。就“提交政府或政府机构的试验数据”而言，这些试验数据已经向政府或政府机构披露，只是政府有义务不向公众披露。因此，这里的“披露”应该理解为“公开”(disclosed publicly)，因为这些信息可能已向内部人员、许可使用人员披露，但并未公开。

对于“信息”一词，要作尽可能宽泛的解释。从 TRIPS 协定的明文规定来看，“信息”包括特定的“数据”。“信息”和“数据”是网络时代法律上尚未明确界定的两个概念。所谓的“信息”，要得到未披露信息持有人或机构的保护，除了满足未曾公开等条件之外，还要具有可识别性，在发生争议之后还要能将信息保护的范围加以确定。

TRIPS 协定第 39 条第 1 款明确规定，WTO 成员应当按照《巴黎公约》第 10 条之二的规定，对未披露信息提供有效的反不正当竞争保护。对此，有两点值得强调：第一，TRIPS 协定纳入《巴黎公约》第 10 条之二的规定。因此，即使是未加入《巴黎公约》的 WTO 成员，仍需遵守《巴黎公约》关于未披露信息保护的基本规定。第二，这一规定明确未披露信息的法律保护并未采取权利化模式，而是沿袭反不正当竞争的行为规制模式。换言之，未披露信息持有人享有的并不是民法意义上的绝对权。TRIPS 协定也没有明文规定类似版权、注册商标专用权、专利权、外观设计权那样的“商业秘密权”或“未披露信息权”，而是规定了此类未披露信息的“合法控制人”(the person lawfully in control)所能获得的保护。合法控制人可“采取合理的步骤以保持”商业秘密或“保护”试验数据，“以防止不正当的商业使用”。可见，该协定强调保密或保护的行为，以防止他人不正当的行为。

(二) 未披露信息(商业秘密)保护的条件

TRIPS 协定第 39 条第 2 款规定了作为商业秘密的未披露信息受保护的条件，可以分为两方面：第一，规定了未披露信息的构成要件；第二，规定了未披露信息的合法控制人享有的保护。其中，该条款规定的未披

---

① See *The TRIPS Agreement: Drafting History and Analysis*, 4th edition, pp. 541-542.

露信息的构成要件有三项：

一是秘密性。根据 TRIPS 协定第 39 条第 2 款，秘密性“即作为一个整体或就其各部分的精确排列和组合而言，该信息尚不为通常处理所涉信息范围内的人所普遍知道，或不易被他们获得”。此处规定的“通常处理所涉信息范围内的人”类似于专利法中的“本领域技术人员”，是一种合理人的主体标准。此外，信息的保密并没有地域范围的限制，应当在全球范围内尚未公开。

二是商业价值性。商业价值源自秘密性。换言之，未披露信息具有竞争优势，第三者企图获取信息的行动可以构成信息具有商业价值的表面证据。同时，商业价值性并不以实际产生为条件，只要竞争者、消费者觉得某信息具有商业价值，且该信息尚处于保密状态，就说明该未披露信息具有竞争优势，具有产生实际商业价值的可能，就满足了商业价值性的要求。

三是信息的合法控制人采取了合理的步骤以保持其秘密性。关于什么是“合理的步骤”或合理的保密措施，有赖于各成员的国内法规定。它的基本要求是，所有获知该信息的人应被明确要求保密，如劳动合同中的保密条款。如前所述，这里没有使用“权利人”的用语，而是采用了信息的“合法控制人”，强调了商业秘密保护的反不正当竞争的行为规制模式。

TRIPS 协定并未要求受保护的未披露信息能够进行产生价值的实际使用。中国《反不正当竞争法》(2017 年)第 9 条第 3 款规定，商业秘密“是指不为公众所知悉、具有商业价值并经权利人采取相应保密措施的技术信息和经营信息。”这一有关商业秘密的构成要件与 TRIPS 协定的规定完全一致。但是，该条款关于未披露信息的合法控制人享有的保护，如前所述，不是一般的财产权保护模式，而是行为规制模式。根据 TRIPS 协定第 39 条第 2 款，未披露信息的合法控制人应“有可能”(have the possibility)防止其合法控制的信息未经许可地被他人以不正当方式得知、获取或使用。在此，TRIPS 协定没有使用“有权”的表述，而是用了“有可能”，实际上体现了未披露信息保护模式的特点。虽然该条款规定的是“有可能”，提示反不正当竞争的行为规制模式，但是在强调对未披露信息的规制模式时不应忽视，根据 TRIPS 协定第 1 条第 2 款，未披露信息属于一类知识产权。因此，对于 WTO 成员而言，仍然负有通过立法保护此类未披露信息的国际义务。中国《反不正当竞争法》第 9 条第 3 款将商业秘密保护纳入反不正当竞争的行为规制，同时明确使用了商业秘密“权利人”的表述。

TRIPS 协定第 39 条第 2 款所规制的行为包括未经许可不正当地“披露”“获取”和“使用”(use)。该协定明确将“使用”作为保护的行为对象，具有一定的意义。披露和获取都有个源头，而使用并不要求去探寻和确定源头。因此，只要有客观的未经许可的使用行为即可，而无须去考察信息的来源。

TRIPS 协定第 39 条第 2 款并不是直接使用“不正当”(unfair)，而是采用了《巴黎公约》第 10 条之二的“违反诚实的商业做法”(contrary to honest commercial practices)，比“不正当”更为具体。TRIPS 协定脚注 10 对“违反诚实的商业做法”进行了说明，指出这至少包括违反合同、泄密和违约引诱，也包括第三人获取明知是未经合法控制人同意的商业秘密，或出于重大过失获取此类商业秘密。至于对“重大过失”的判断，则受到 WTO 成员的国内法影响。“重大过失”是大陆法系和英美法系国家都存在的概念，在传统民法乃至知识产权法内部都存在着判断“重大过失”的一些规则和标准。TRIPS 协定这一脚注只是列举，而何谓以“违反诚实的商业做法”的方式披露、获取或使用，则有赖于成员国内法加以规定。

（三）未披露的药品与农化品试验数据的专门保护

TRIPS 协定第 39 条第 3 款规定了对出于审批目的提交政府或政府机构的试验数据或其他数据的保护。该条款将此类数据限定为“各成员如要求，作为批准销售使用新型化学个体制造的药品或农化物质产品的条件，需要提交通过巨大努力取得的、未披露的试验数据或其他数据”。一切在药品研发过程中进行试验而取得的数据结果，都可以被称为“药品试验数据”(pharmaceutical test data)。根据 TRIPS 协定的要求，受保护的试验数据，是指制药企业在药品申请上市销售之前，为了证明药品安全有效而进行的一系列实验室试验和临床试验所获得的数据。[①]对此类试验数据的保护，也必须满足未公开披露这一关键要求。为论述方便，下文

① 参见褚童：《TRIPS 协定下药品试验数据保护研究》，复旦大学 2014 年博士学位论文，第 10 页。

仅讨论药品试验数据，其保护机制适用于农化品实验数据。

药品试验数据和商业秘密虽都是未披露信息，但在对二者的保护上存在一定的区别。最为明显的区别是，药品试验数据保护的义务主体是一国政府或政府机构。基于公共利益保护的需要，为了人类健康和环境保护的目的，国家药品监督管理机构需要对新药的效益和风险加以评估和审查。[①]制药企业应将药品试验数据按照法律要求提交给有关政府部门，相关政府部门有义务保护试验数据以防止不正当的商业利用。此外，与一般商业秘密保护的无固定期限相比，药品试验数据保护有固定期限，即提交药监部门审批期间。[②]

TRIPS 协定第 39 条第 3 款使用的“新型化学个体”(new chemical entities)一词可能产生歧义，[③]而对这一含义的明确界定关涉该条款规定的保护的适用。从知识产权法内部体系一致性角度而言，这里的“新”应当与专利法中的新颖性大致相当。然而，专利法中的新颖性判断是通过与现有技术进行比较得出结论的，并且这一比较依赖于检索技术。对于是否属于使用了“新型化学个体”的产品的相关数据，其中的“新”很难像专利那样进行检索和判断。作为一个务实的解决方案，只要某种使用了新型化学个体制造的药品或农化品的上市申请未曾向政府机构提出，就应当视为满足新型化学个体的要求。[④]

对受到保护的未披露试验数据的另一个要求是，这些数据应是“通过巨大努力取得的”。就大多数需要大量临床试验和可能试错的药品开发而言，这在理解上并没有太大的问题。

只要试验数据满足了 TRIPS 协定设置的基本条件，根据 TRIPS 协定，WTO 成员即应保护此类未披露的试验数据。至于如何保护，TRIPS 协定采取的也是行为规制模式，即防止不正当的商业使用。典型的情形可能是，其他竞争者通过这些数据走捷径，快速研发和制造出相同或相似药品。此外，WTO 成员需要保护这些数据不被公开，除非属为保护公众

---

① 参见冯洁菡：《TRIPS 协议下对药品试验数据的保护及限制——以国际法和比较法为视角》，载《武大国际法评论》2010 年第 1 期，第 126 页。

② 参见褚童：《TRIPS 协定下药品试验数据保护研究》，复旦大学 2014 年博士学位论文，第 27 页。

③ See *The TRIPS Agreement: Drafting History and Analysis*, 4th edition, p. 544.

④ Ibid., pp. 544-545.

所必需或采取了措施以防止该数据不正当的商业使用。为保护公众所必需的披露应当按照比例原则,限于公共利益所需要的数据。

总之,TRIPS 协定不仅将一般意义上的商业秘密即“未披露信息”纳入知识产权保护范畴,并将保护范围扩展到药品试验数据。TRIPS 协定第 39 条第 3 款规定了未披露信息保护的最低标准,即保护这些数据不被公开以及防止不正当的商业使用。与其他知识产权条款一样,TRIPS 协定关于药品未披露的试验数据的保护是笼统而概括的,为 WTO 成员对该项保护义务的具体实施留下了解释的空间。在 TRIPS 协定实施之后,曾发生两起涉及药品与农化品试验数据保护的争端(DS171、DS196),都是美国诉告阿根廷,双方经磋商和解。

第九章　知识产权实施

TRIPS 协定第三部分共 5 节，分别规定知识产权实施的一般义务、民事和行政程序与救济、临时措施、海关保护知识产权、刑事程序。这些是先前《巴黎公约》和《伯尔尼公约》等国际知识产权条约所没有规定或规定不够的，对于切实保障 WTO 成员在其国家或地区内实施知识产权至关重要。本章将扼要阐述这些实施制度，并对知识产权实施与其他贸易体制的关系作出分析，以便进一步理解知识产权在国际贸易中的重要作用。

第一节　TRIPS 协定的知识产权实施制度

一、知识产权实施的一般义务

TRIPS 协定第三部分第 1 节的标题为"一般义务"（general obligation），也可译为"总义务"或"普遍义务"。这是一种在民事、行政和刑事程序中都普遍适用的义务，因而具有基本原则性，是在 TRIPS 协定基本原则（包括非歧视待遇原则）的基础上作出的规定，应在各种具体执法程序中得到遵守和适用。就 TRIPS 协定第三部分而言，一般义务适用于第 1 节至第 5 节的各项实施程序或制度。

（一）执法程序的有效性

执法程序本身是依据国内法设定和行使的，并不存在强制性的和统一的国际执法程序。但是，TRIPS 协定关于各国或地区执法程序的普遍义务就是强调应当能有效（effective）制止知识产权侵权行为。有效制止侵权行为，首先是指及时纠正侵权行为的措施。侵权者的纠正行为除了停止侵权、赔偿损失之外，还包括将主要用于制作侵权商品的原料和工具排除出商业渠道，以防止再次发生侵权的可能性。此外，程序的有效性还包括对侵权的有效预防和对即发侵权的有效制止，具体包括诉前证据保全、诉前财产保全和诉前禁令等一系列配套制度的建立和运行。

从利益平衡的角度来看，TRIPS 协定第 41 条第 1 款第 1 句，“成员们应根据其法律保证本部分规定之实施程序得以利用，以便可采取有效行动制止任何侵犯本协定所覆盖之知识产权，包括阻止侵权的迅速救济和构成遏制进一步侵权的救济”，更多地考虑知识产权权利人的利益；第 2 句“这些程序的适用方式应防止产生对合法贸易的壁垒，并针对其滥用而提供保障”，则更多地考虑公共利益。[①]第 2 句的表述和 TRIPS 协定序言、第 8 条第 1 款的基本原则一致，都强调不能对代表公共利益的合法贸易造成障碍。

然而，WTO 成员对于“有效”的解释仍有许多空间，很难用单一标准考察有效性，需考虑不同法律制度的特点。这一点也得到 TRIPS 协定序言（“实施与贸易有关的知识产权的有效和合适的方式规定，同时考虑各国法律制度的差异”）的确认和支持。以在边境实施知识产权为例，如果成员规定过境货物的执法程序，就要保证过境执法程序的有效性；过境执法虽然要遵守一般义务和普遍原则，但仍有其自己的特点。在海关制度上，过境货物有所不同，它没有普通货物进出口的申报程序；在进行过境执法制度设计时，选择适合的执法时机、强调依申请执法的标准、侵权货物的处理等都与执法程序的有效性密切相关。[②]

（二）执法程序的公平性

TRIPS 协定第 41 条第 1 款规定执法程序应当有效，但有效的程序不一定是公平合理的。例如，对于任何知识产权侵权行为都处以极重的刑事处罚，可能对于威慑假冒和盗版等侵权行为是非常有效的，但却是非常不公平和不合理的执法程序。因此，要求程序的公平合理，既是一种独立的原则和价值，对程序的有效性也是一种平衡和限制，不能一味追求有效性而忽视公平合理性。对公平合理作出全面、直接的解释是困难的，但至

---

① See UNCTAD-ICTSD, *Resource Book on TRIPS and Development*, Cambridge University Press, 2005, p. 581.

② 参见孙益武：《过境贸易相关知识产权执法研究》，复旦大学 2013 年博士学位论文。

少可以从反面去否定那些明显不公平和不合理的程序，如过于复杂、适用非常烦琐的程序，不能便利快捷地进行执法；或者是执法程序经济成本过高，从投入和产出的经济性来看，如果维权成本高于维权的收益，权利人或执法机关可能会选择放弃维权或执法；从时间角度来看，执法程序应该是及时和快捷的，时间对于权利人和执法机关都是非常宝贵的，如果程序的时效性差或长期拖延，那么执法的效率和结果就会大打折扣。当然，对于复杂性、经济成本和时效性都很难有一个客观的国际标准。例如，一个专利侵权诉讼在美国可能需要几百万美元的经济成本，而在中国可能只需要几万元人民币。因此，成员仍有解释公平合理性的足够空间，同时也容易在不同成员之间引起争端。

TRIPS 协定第 41 条第 1 款第 2 句规定了执法程序应当公平合理的内容，从反面提出成员采取公平合理执法措施的条约义务。换言之，“对合法贸易造成障碍”的程序或者容易被滥用的程序本身就不是公平合理的程序。如前所述，WTO 审理的欧盟及其成员国扣押过境仿制药案涉及对正常过境贸易的限制。[1] 公平合理的执法程序需要考虑可能对公众和公共利益的负面影响，而不能只顾及权利人的利益。公平合理不应该只针对权利人而言，而应当针对所有相关当事人。

（三）执法程序的正当性

在知识产权执法过程中，程序性权利的保障具有重要的工具性价值和目标性价值。程序性权利是相对于实体权利而言的，或者说是实体权利实现的前提，它在本质上是一种自卫权利、基本人权以及公法权利。[2] 在知识产权执法中，对书面文书和送达的要求、当事人司法复审机会等的规定就是通过程序性权利的保障来实现执法的公平合理。

根据 TRIPS 协定，执法过程中涉及决定的文书应当采取书面形式，并应当及时送达当事人；判决作出之前，应当给当事人提供陈述的机会；对于行政终裁，当事人有权提起司法复审。这些都是在行政执法和司法程序中需要遵守的一般原则。书面形式的主要优点在于，它能够以文字凭据确定裁决事项、具体内容以及裁决的法理逻辑和依据的法律规范，当

---

① 即 DS408、DS409，皆因欧盟出台改进措施而停留在磋商阶段。

② 参见丁建军：《公民程序性权利及其价值考量》，载《山东社会科学》2006 年第 9 期。

事人可以清楚地知道自己的权利和义务，既有利于当事人履行该书面判决，也有利于当事人提起司法复审。

在知识产权行政裁定和司法审核中，都应重视对判决依据的质证，一方当事人对另一方出示的证据的合法性、与本案争议事实的关联性、真实性等是否有证明力，是否可以作为本案认定案件事实的根据，都可以进行说明、评价、质疑、辩驳、对质、辩论。知识产权执法中质证制度的意义在于，通过质证程序，使审理和裁决程序更加公开，司法机关能够正确地认定证据，保障当事人的程序权利。TRIPS 协定中确立的司法复审制度包括对行政终裁的复审和司法初审中的法律问题两个方面，制度的确立对于防止执法过程中的错误，准确地保障当事人的权利具有重要的现实意义。

（四）知识产权执法的一体性

TRIPS 协定第 41 条第 5 款规定："本部分不设置任何义务建立与一般法律实施制度不同的知识产权实施司法制度。"知识产权执法的一般性表现为：TRIPS 协定并不要求创设特殊的司法制度，成员们也没有在知识产权执法与一般法律实施之间进行资源配置的义务，特别是财力和物力在执法上的分配。然而，"知识产权执法的一体性"条款并没有出现在 TRIPS 协定谈判时美国和欧盟的草案中，而是根据印度代表团的提议，因理解发展中国家的关切而将其加入 TRIPS 协定中的；发展中国家担心发达国家成员要求发展中国家成员对于知识产权执法提供特别的诉讼制度和程序，包括特殊的执法机关和专门法院等，更害怕需要国家投入特殊资金来支持知识产权执法。[①]知识产权执法的一般性更多地强调，在法律性质上，知识产权执法并没有不同于对国内其他法律的执行；知识产权执法对于执法资源分配的影响是客观存在的，在国家执法资金预算总量有限并且确定的情况下，如果用在知识产权执法上的资金多了，其他执法资金自然就少了，执法人员的配备也是一样。然而，当知识产权执法资源分配确定后，就不能再挪用其他执法资源来为知识产权执法服务。从这个意义上说，知识产权执法不具有特殊性或优越性。

综上，TRIPS 协定所要求的知识产权实施程序应当是有效的、公平

---

① See UNCTAD-ICTSD, *Resource Book on TRIPS and Development*, p. 585.

的、正当的和一体的。这是 WTO 成员考虑履行各项具体实施制度或措施的义务时应遵循的指导性原则。

二、知识产权的民事和行政实施

TRIPS 协定第三部分第 2 节规定了成员们基于个案本身的是非曲直而采取的民事、行政程序和任何相应救济的义务。由于各国和地区民事、行政程序差异较大,TRIPS 协定对知识产权民事、行政程序采用了较多的授权性规定,为各成员保留自由裁量的适用余地。TRIPS 协定所规定的民事程序以公平、公正为基本原则,核心内容是证据规则与救济措施,同时包含防止滥用程序的保障措施。设置行政程序并不是成员义务,但是 TRIPS 协定第 49 条要求,在行政程序中对案件是非曲直的裁决可能导致在任何民事救济的范围内,此种行政程序要适用与民事程序相同的原则。[①]

(一)公平与公正程序

TRIPS 协定第 42 条规定了公平与公正程序的要求:"成员们应使实施本协定覆盖的任何知识产权的民事司法程序为权利持有人所利用。被告应有权获得及时的、足够详细的、包含权利主张之依据的书面通知。应允许独立的法律顾问充当各方当事人的代理人,有关的程序不得强行规定强制当事人本人出庭以增加额外负担。应正式赋予程序中的当事各方证明其权利主张以及出示一切有关证据的权利。该程序应提供措施以便识别和保护秘密信息,除非有关措施与现行宪法的要求相背离。"该条的脚注中进一步说明:本部分之"权利持有人",包括有合法地位主张这类权利的联盟与协会。

TRIPS 协定第 42 条是对第 41 条第 2 款所规定义务的进一步阐释。第 42 条规定成员的基本义务是提供可行的民事程序,这实际上也是美国等西方国家诉讼法中"正当程序"(due process)要求的体现。[②] 此类程序中应包括以下内容:(1) 有权获得书面通知。被告有权获得及时的、内容详细的书面通知,包括权利请求的依据。该规定的目的是让被告有机会

---

① See A *Handbook on the WTO TRIPS Agreement*, p. 140.

② 参见《国际贸易的知识产权法》,第 129 页。

提出抗辩。(2) 允许出庭。应允许当事人由独立的法律顾问代表其出庭;同时,有关程序不得强行规定强制当事人本人出庭以增加额外负担。该条款的措辞表明,可以规定强制当事人本人出庭,但不应对其造成过分的负担。(3) 有权提供证据。所有当事人均有证明其权利主张以及出示一切有关证据的权利。该条款适用于所有类型的民事和行政程序,包括采取临时措施。(4) 提供确认和保护机密信息的方法。该机密信息的范围要大于第39条所指的未披露信息。[①] 如果一成员的宪法性规定禁止保护民事司法程序中的某些秘密,那么确认和保护机密信息的义务在某些情形下将不适用。[②] 需要特别注意的是,该条的脚注对"权利持有人"概念作出界定,并专门指出其包括联盟与协会,目的在于让版权集团管理协会和其他在国内法上被承认具有法律地位的实体能够提起公共诉讼。[③]对于"权利持有人"概念是否包括知识产权所有人以外经合法授权行使该权利的其他当事人,各成员可自行决定。

前述美国商标案涉及TRIPS协定第42条的适用。该案上诉机构认为:"基于美国《综合拨款法》第211节,联邦民事诉讼规则和联邦证据法作为实施程序,不能确立所有权(一项实体法要求),在对其适用之后,法院无法作出裁决支持原告或被告所主张的商标权利,这一结论并不构成违反该协定第42条。第42条的程序义务并没有禁止成员在此种情况下对法院在作出裁决前是否应对所争议的实体法中的每一项要求都予以审查进行规定。美国《综合拨款法》第211节(a)款(2)项并不禁止法院向权利持有人提供公正、公平的民事司法程序,以及提供所有相关证据证明其权利主张的机会。相反,第211节(a)款(2)项只是要求美国法院在适用美国联邦民事诉讼规则和美国联邦证据规则之后,不承认、执行或采取其他方式确认指定国民或经确定的利益继承人所主张的权利。我们已经说过,第211节(a)款(2)项针对的是所有权的实体性方面。因此,我们不认为第211节(a)款(2)项否认了TRIPS协定第42条所保障的程序性权利。"[④]可见,TRIPS协定第42条仅涉及程序正当性,与认定涉案原始商

---

① 参见《TRIPS协定与发展:资料读本》,第679页。

② See *A Handbook on the WTO TRIPS Agreement*, p. 141.

③ 参见《TRIPS协定与发展:资料读本》,第677页。

④ US-Section 211 of Appropriations Act, DS176/AB/R, pp. 227-228.

标所有人的实体法无关。

（二）证据

TRIPS 协定第 43 条第 1 款规定了关于证据的提供要求："如一方当事人已提供足够支持其权利主张并能够合理取得的证据，同时指出了由另一方当事人控制的证明其权利主张的证据，司法机关遵守在适当案件中确保对秘密信息给予保护的条件下，有权责令另一方当事人提供证据。"

证据规则是民事、行政诉讼程序中的核心内容。在知识产权诉讼中，当事人证明自己权利的证据有可能在对方控制之下。对此，依 TRIPS 协定第 43 条第 1 款的规定，司法机关在满足下列条件的情况下，有权强制对方当事人提供相关证据：(1) 请求方已出示可合理获得的、足以证明其权利请求的证据。判断是否为"可合理获得的"证据，属于司法自由裁量权。[①] (2) 请求方已指明与证实其权利请求有关的证据处于对方控制之下。这意味着请求方负有举证责任，证明对方所拥有的具体证据。(3) 请求方还应证明对方控制之下的证据与其权利请求相关。例如，证据中可能包含侵权行为或物品的事实信息，如制造侵权物品的机器、销售协议等。(4) 在适当的情况下，必须保护秘密信息。在商业秘密诉讼中，如果披露信息将对一方当事人产生不必要的损失或者不可恢复的损害，就不宜披露该信息，因为提供此种证据有泄露商业秘密的风险。[②] 需要指出的是，本款规定有利于权利持有人取得被控侵权人所掌握的侵权证据，但是它并未将提供证据的义务限定为权利持有人，因此作为被告的侵权人也有权要求权利持有人提供相关证据。

TRIPS 协定第 43 条第 2 款对不遵守司法机关命令的"举证妨碍行为"作出制裁规定。各成员可授权司法机关在以下三种情形下，根据当事人向其提供的信息作出肯定或否定的初步或最终裁决：(1) 诉讼当事人在合理期限内自行且无正当理由拒绝或以其他方式不提供必要的信息。司法机关应认定这种拒绝是没有正当理由的，并且被拒绝的信息对于司

---

① 这也意味着，在一些国家，要求对方当事人提供其控制下的证据的权利，并不受 TRIPS 协定第 43 条第 1 款所规定条件的约束。参见《TRIPS 协定与发展：资料读本》，第 680 页。

② 与 TRIPS 协定第 42 条的情形不同，本条款对"秘密信息"的保护并不受到关于与宪法一致性的审查，尽管如果出现与宪法不一致的情况，后者在产生冲突时通常会被优先适用。参见《TRIPS 协定与发展：资料读本》，第 681 页。

法机关作出裁决至关重要。(2) 诉讼当事人在合理期限内以“其他方式不提供”必要信息的。需要注意的是，“以其他方式”与“正当理由”的含义不同，意味着即使当事人不提供证据是有“正当理由”的，司法机关仍可作出制裁裁决。(3) 诉讼当事人“严重阻碍”与一实施行动有关的程序。如何认定“严重阻碍”实施程序，应由司法机关裁量决定。鉴于民事法律实施程序中，双方都要受到特定的条件和义务约束，要证明一方诉讼当事人严重阻碍程序是非常困难的。还需要注意的是，该款中“信息”的概念与第 42 条第 1 款中“证据”的概念应有差别，信息并不仅限于证据，还包括司法机关在诉讼中需要的其他必要信息。因此，根据该款的规定，在上述三种情形下，司法机关仍可根据当事人向其提供的信息进行推论，自行作出肯定或否定的裁决。但是，由于这并不是成员的义务，司法机关在裁决前应当向各当事人提供就指控或证据进行听证的机会。

(三) 禁令

TRIPS 协定第 44 条至第 46 条规定，司法机关必须提供的救济包括：禁令、损害赔偿和其他救济。“禁令”(injunctions) 本来是英美法系中的术语和制度，其含义是：司法机关作出的禁止当事人从事特定行为以及要求当事人弥补某些错误行为或损害的命令。没有遵守司法机关禁令的当事人有可能因藐视司法机关遭到民事或刑事惩罚。[①] 考虑到大多数成员对英美法系中的禁令并不熟悉，TRIPS 协定第 44 条对禁令的规定具有较大的灵活性，为成员的司法机关具体适用禁令保留了较大的司法裁量权。[②]

TRIPS 协定第 44 条第 1 款规定，司法机关采取禁令的目的是让当事人停止侵犯知识产权。需要注意的是，禁令与 TRIPS 协定第 50 条临时措施的适用目的不同，前者的目的在于停止已经被认定的侵权行为，后者的目的在于预防侵权行为的发生。该协定第 44 条第 1 款没有规定适用禁令应遵循的一般要求，仅针对进口结关环节适用禁令提出了时间要求，

---

① See *A Handbook on the WTO TRIPS Agreement*, p. 141.

② See Joshua D. Sarnoff, Lessons from the United States in Regard to the Recent, More Flexible Application of Injunctive Relief, at *Research Handbook on the Interpretation and Enforcement of Intellectual Property Under WTO Rules* (edited by Carlos M. Correa), Edward Elgar Publishing, 2010, p. 60.

即在结关后应立即采取禁令,以阻止涉及侵犯任何种类知识产权的进口货物进入商业渠道。与禁令相似,TRIPS 协定第 51 条规定了可以向海关申请采取边境措施,但是该措施仅针对假冒商标和盗版货物,并且只适用于海关对侵权货物放行之前。TRIPS 协定中的这两种涉及结关环节的特别措施恰恰体现了国际贸易环境下知识产权保护的独有问题。①

TRIPS 协定第 44 条第 2 款包含适用禁令的例外的两种情形:一种是第 44 条第 1 款中的善意取得侵权物品。"如果受保护的对象是在一人知道或者有合理根据知道从事该对象的交易会构成侵犯知识产权之前取得或订购的",则成员无义务给予此种授权。这种非强制性的要求说明,TRIPS 协定允许成员保留法律中存在差异性的做法。② 这也意味着,如果行为人对于侵权物品是无过错取得的,则成员有权拒绝给予禁令,并且允许善意取得者对该侵权物品进行使用或作进一步处置。另一种是根据 TRIPS 协定第 44 条第 2 款的规定,明确排除适用禁令的情形。即未经权利持有人授权,政府使用或政府授权的第三方使用专利和集成电路的布图设计,权利持有人不能阻止,其唯一的权利只是根据第 31 条(h)项享有获得报酬权。成员可将救济措施限定于该条款所规定的支付赔偿金。③

需要说明的是,除上述两种被明确规定不适用禁令救济的情况外,根据 TRIPS 协定第 44 条第 2 款,在其他情况下,如果适用该部分的救济与成员法律不一致,成员也可以排除适用禁令,而将救济限定为宣告式判决和充分的补偿。④这种特别规定的目的是为各成员保留自由,从而建立版权、外观设计和未披露信息的强制许可和政府使用。关于如何认定"充分的"(adequate),成员可以自行决定。需要注意的是,该条款规定的补偿金不同于损害赔偿,前者的目的在于为使用特定知识产权支付报酬,后者则是为了弥补给权利持有人造成的损害。若所支付的报酬相当于自由协商所能确定的许可使用费,就属于"充分的"。

---

① See Antony Taubman, *A Practical Guide to Working with TRIPS*, Oxford University Press, 2011, p. 110.

② See *The TRIPS Agreement: Drafting History and Analysis*, p. 299.

③ See *A Handbook on the WTO TRIPS Agreement*, p. 142.

④ 参见《TRIPS 协定与发展:资料读本》,第 684 页。该书在此处将"adequate"翻译为"适当的"有误,应为"充分的"。

（四）损害赔偿

损害赔偿是最为常用的侵权救济措施。但是，在知识产权侵权中，权利受到侵害的权利持有人能否获得损害赔偿以及判决赔偿的数额，因各成员的国内法而异，也取决于知识产权的类型。TRIPS 协定第 45 条将给予损害赔偿救济规定为成员的强制性义务。

TRIPS 协定第 45 条第 1 款规定了侵权行为人赔偿受害人的一般原则：(1) 以过错作为承担侵权责任的要件，即侵权人明知或应知所从事的活动为侵权行为。这也就意味着，如果侵权人不知道或没有合理根据应当知道自己从事的是侵权活动，则无须支付赔偿费用，不论其违法的性质如何。(2) 以补偿性赔偿作为损害赔偿的一般范围，即足以补偿受害人因知识产权被损害而遭受损失的损害赔偿金。关于如何认定“足以补偿”，成员可以自行决定。

由于各国在知识产权损害赔偿的具体范围上差别较大，TRIPS 协定第 45 条第 2 款在第 1 款的基础上进行了灵活的拓展。首先，律师费用。司法机关有权责令侵权人向权利持有人支付有关费用，其中可包括“适当的”律师费。因此，成员可以自行决定损害赔偿是否包括律师费以及如何确定“适当的”律师费用。其次，“在适当的情况下”，成员可以授权司法机关责令退还利润或支付法定损害赔偿金，即使侵权人不知道或没有合理理由知道自己从事了侵权活动。这些规定是否单独或同时适用取决于成员国内法的规定或司法实践。需要注意的是，根据这一条款的措辞，各成员还可以规定除律师费、退还利润以及法定赔偿金之外的损害赔偿。

（五）其他救济

除了禁令和损害赔偿，为了有效遏制侵权，TRIPS 协定第 46 条规定，成员有义务授予司法机关额外的救济措施，在发现侵权货物时有效制止侵权且不给予任何补偿。这具体包括：(1) 将侵权货物清除出商业渠道。但是，如果侵权货物留在商业渠道中不会对权利持有人造成损害，则不宜适用这种清除措施。对于假冒商标的货物，该第 46 条规定，仅仅除去非法加贴的商标并不足以允许放行该货物进入商业渠道，其目的在于防止被放行进入商业渠道的货物再次被非法加贴商标，从而打击专业造假。但是，在“例外情况”下，可以仅除去非法加贴的商标便将货物放行，例外情况的具体界定由各成员自行决定。(2) 销毁侵权货物。该措施打击侵权的效果较为突出，但其适用应受到宪法限制。因为销毁货物本身也是一种经济上的浪费，会造成社会公共利益的损失，所以在一些国家，特别是在发展中国家，不允许采取直接销毁货物的措施，而是将其转给慈善团体或政府。该第 46 条并未将销毁侵权货物规定为强制性义务，因此成员的司法机关可以采取不具有此种破坏性的措施。(3) 将主要用于制造侵权货物的材料和工具清除出商业渠道。如果此类材料和工具主要用于制造侵权货物，并且将其清除对于“将产生进一步侵权的风险减少到最低限度”确为必要时，就应当适用此项措施。

需要注意的是，TRIPS 协定第 46 条也体现了“比例”(proportionality)原则。① 要求司法机关采取其规定的措施时，应当衡量措施与其所要达到目的之间的比例关系。这意味着司法机关可以基于平衡相关各方利益的需要，拒绝采取第 46 条所规定的救济措施。其中，适当保护第三方利益应当是司法机关的重要考量因素。

如前文所分析，中国知识产权案涉及对 TRIPS 协定第 46 条第 4 句的解释。对于该第 4 句“对于冒牌货，除例外情况外，仅仅除去非法加贴的商标并不足以允许放行该货物进入商业渠道”中采用的“仅仅”(simply)一词，专家组认为：“‘仅仅’可以定义为‘不增加任何事’‘未满足、仅此而已’‘只是、纯粹是’。将商标从侵权货物上除去而不采取其他行动，构成‘仅仅除去商标’。因此，涉案措施仅除去侵权特征构成第 59 条所纳入的第 46 条第 4 句的‘仅仅除去商标’。”②该案专家组的这一认定仅注意了除去商标，却忽视了中国海关采取拍卖手段处置被没收的侵权货物，此举在除去侵权商标的同时，以拍卖的特有方式(最高价售出)防止买主再以市场价(通常不可能高于拍卖价)售出，以致流入一般的商业渠

① 比例原则是行政法上的一项重要原则，也是近年来法律上日益兴盛的利益衡量原则的一种体现。该原则通常是指公共机关为公众利益而采取措施时，应当将应实现的目标与所采取的措施进行对比和衡量，避免采取的措施所造成的损害或后果与所获得的公共利益不成比例。换言之，即使为公众利益而采取措施，也不能不择手段，必须使收益远远大于损害。参见孔祥俊等：《WTO 规则与中国知识产权法》，清华大学出版社 2006 年版，第 273 页。

② China-Intellectual Property Rights, para. 7.371.

道。该拍卖措施本身就是“仅仅除去商标”之外的进一步限制措施。[①]由于中国没有就该认定提起上诉，对于该第46条第4句的“例外情况”的进一步解释，尚不得而知。

（六）获得信息权

在一些国家和地区，知识产权侵权往往呈规模化和产业化，许多盗版和假冒商标行为都是跨国、有组织地进行的。为了有效打击盗版和假冒商标行为，有必要获取相关侵权活动上下游的信息。为了帮助权利持有人发现侵权物品的信息，从而采取相应的打击措施，TRIPS协定第47条规定，各成员可酌定其“司法机关有权责令侵权人将生产和分销侵权货物或服务过程中涉及的第三方身份及其分销渠道告知权利持有人”。如侵权人拒绝交代，司法机关对其不合作行为可以给予制裁。需要注意的是，该条款义务属于授权性规定，成员并无义务在国内法中作出此种规定。

TRIPS协定第47条假定侵权行为已经成立，侵权人而非被告有义务告知权利人相关信息，并且同样适用比例原则。通常，仅在严重侵权的情形下，侵权人才承担这种义务。相关信息的内容仅限于：(1) 生产和分销侵权货物或服务过程中涉及的第三方身份信息。侵权人无义务提供第三方的其他信息，比如第三方的业务类型或商业活动、所使用的方法或技术等。(2) 第三方的分销渠道。分销渠道信息可能包括涉及人员、侵权产品保管和销售地点、目的地等方面的信息。

（七）被告保障

为权利持有人提供的知识产权程序与救济措施本身也是柄“双刃剑”。原告为打击竞争对手，有可能滥用某些知识产权实施程序，阻碍合法的市场竞争，被告就有可能因此遭受重大经济损失或被迫退出市场，一般公众也可能会因为被不当剥夺了获得竞争性产品或服务的机会而遭受损害。为限制知识产权权利人滥用知识产权实施措施，TRIPS协定第48条第1款为被告提供了保护措施，目的是在保护知识产权权利人与保护第三方利益之间取得平衡。

---

① 中国口头抗辩与反驳的书面陈述均强调，拍卖是为了确保该货物不再以不合理的低价和重新贴上假冒商标回流到商业渠道中去。See China-Intellectual Property Rights, para. 7.381, footnote 359. 该案专家组不同意中国的抗辩，认为被拍卖的货物依然有可能被再贴上假冒商标和低价销售。

TRIPS 协定第 48 条第 1 款要求各成员授权司法机关责令“滥用”实施程序的原告向“受到错误禁止或限制”的被告“就因此种滥用而受到的损害提供足够的赔偿”。“滥用”(abuse)这一术语在 TRIPS 协定的其他条款中多次被提及。[①]解释该条款的关键是需确定何种情况被视为滥用实施程序。一方当事人在主观上恶意排挤无辜竞争者显然构成滥用,但这并不是可认定滥用的唯一情形。即使原告没有恶意,如果其行为严重背离了对实施程序的合理利用,也有可能构成滥用。因此,证明该条款中滥用的存在,应当根据原告的情况和所能得到的事实,以及其诉讼请求的根据是否合理。[②]对于通过证据证明存在的滥用行为,司法机关应当有权责令申请人向被告赔偿损失,赔偿费用可以包括“适当的律师费”。

TRIPS 协定第 48 条第 2 款规定了公共机构及其官员在知识产权保护和实施中的责任豁免,即只有在善意或意图善意执法的情况下才能免除其赔偿责任。这一规定的实质目的在于确保公共机构及其官员在采取或拟采取的行动是出于恶意的情况下承担责任。鉴于该条款主要针对的是越权行为和恶意行为,因此通常情况下应推定存在善意,特别是在公共机构及其官员采取的行动类似于执法中通常采取的行动的情况下。如果主张相关公共机构及其官员采取或拟采取的行动并非出于善意,则由对不当行动提出指控的当事方承担举证责任。如果当事方能够证明相关公共机构及其官员采取或拟采取的行动不是出于善意,司法机关可以责令其采取适当的救济措施,至于可适用哪些种类的救济措施,则由各成员自行决定。无论是应利益相关方请求而采取的行动,还是依职权而采取的行动,只要此类行动是在实施相关法律的过程中做出的,均适用这一规定。需要指出的是,该条款属于第 48 条“对被告的赔偿”的内容,意在保护被告方,使其能够免受公共机构采取非善意救济措施之害。对被告而言,针对公共机构有过错的救济措施,可以提起行政或刑事诉讼,并获得一定的补偿。

(八) 行政程序

各国普遍通过民事司法程序为知识产权提供保护。但是,在一些国

---

① 例如,TRIPS 协定第 8 条第 2 款、第 40 条第 2 款、第 41 条第 1 款、第 50 条第 3 款、第 53 条第 2 款、第 63 条第 1 款以及第 67 条。

② 参见《WTO 规则与中国知识产权法》,第 274 页。

家，也可以采取行政程序保护知识产权。如在中国，知识产权行政执法就是重要的知识产权保护手段之一。TRIPS 协定第 49 条规定，第 41 条至第 48 条中关于程序和民事救济的规则可扩展适用于“由于行政程序对案件是非曲直作出裁决而导致责令进行任何民事救济”。需要注意的是，在行政程序中适用的这些规则并不被要求与 TRIPS 协定第三部分第 2 节所列原则完全相同，只要“符合与这些原则实质相同的原则”即可。尤其是该条使用“原则”(principles)的措辞而不是“规定”(provisions)，表明成员可以对第 2 节的规定进行适当的灵活适用，以适应行政执法程序自身的特点。

三、临时措施

临时措施旨在限制一当事人实施某一特定行为，一般又称为“初步禁令”(preliminary injunctions)、“中间禁令”(interlocutory injunctions)或“临时禁令”(interim injunctions)。这是制止盗版和假冒行为最为有效的手段之一。[①]临时措施可适用于司法机关案件审结之前，目的在于处理正在进行或预防即将发生的侵权行为。TRIPS 协定第 50 条对临时措施的适用作了具体规定，要求成员提供临时执法措施以有效和快速地打击涉嫌侵权行为。该条规定了采取临时措施程序的最低要求，为成员设定了授权司法机关的义务，也给各成员保留了充分的裁量权。

（一）适用情形

TRIPS 协定第 50 条第 1 款规定，为应对以下两种情形，成员必须采取“迅速和有效”(prompt and effective)的临时措施：(1) 防止侵犯任何知识产权活动的发生，特别是防止侵权货物进入其管辖范围内的分销渠道，包括结关后进入的进口货物，在海关清关以后应立即实施。这一规定仅适用于与成员法域内的商业化有关的行为，而不直接适用于出口的侵权货物。(2) 保存被指控侵权的有关证据。实践中，为证明侵权行为，保全的相关证据可以是侵权产品、侵权工具(如机器设备)、财务账目和其他相关文件(如销售合同)等。在普通法国家，一般为此下达“安东·皮勒命

---

① See Birgitte Egelund Olsen et al., *WTO Law: From a European Perspective*, Kluwer Law International, 2012. p. 389.

令”(Anton Piller order)[①]。

如前所述，临时措施不同于 TRIPS 协定第 44 条所规定的禁令措施，它适用于法院作出侵权判决之前。如果侵权判决不成立，临时措施必然会对被诉侵权人造成不利影响。因此，在一些国家的知识产权纠纷中，申请采取临时措施的难度较大。此外，TRIPS 协定第 50 条规定的措施应当迅速有效地实施。成员在其国内法中规定任何迟延或者条件，都可能会受到 WTO 贸易政策审查机构的审查或引起争端，除非存在 TRIPS 协定第 41 条第 5 款规定的理由。

（二）单方临时措施

对于侵权人故意进行盗版或假冒活动的，如果事先得到通知，侵权人就很有可能转移或销毁证据。对此，TRIPS 协定第 50 条第 2 款规定，在适当的情况下，司法机关可以不预先通知就采取临时措施。如何确定适当的情况，由成员自行决定，但是至少包括以下两种情况：(1) 任何延迟都可能对权利人造成不可补救的损害，其关键要件是可能造成不可补救的损害。例如，侵权人在成员境内不从事任何永久性商业活动，如果不立刻采取临时措施，权利持有人就不可能获得足够的损害赔偿。也就是说，如果只有对权利持有人造成损害的可能性，不足以构成正当理由。(2) 证据显然存在被销毁的风险。如果能够证明存在侵权证据可能被销毁的风险，就可以采取单方面临时措施，但是申请方必须为此提供适当证明。

（三）司法机关能够足够确定

TRIPS 协定第 50 条第 3 款体现了维持权利持有人利益与第三方利益平衡的原则。为防止滥用临时措施，司法机关有权对临时措施的申请人提出要求：(1) 提供任何合理获得的证据，以使司法机关可以足够程度地确信该申请人为权利持有人，且该申请人的权利正在受到侵犯或此种侵犯已经迫近。(2) 提供足以保护被告和防止滥用的保证金或相当的担保。保证金或其他担保的数额由成员国内或境内司法机关决定，它必须不仅足以赔偿被告因此所受到的损害，而且足以防止原告滥用临时措施、

---

① 参见《TRIPS 协定与发展：资料读本》，第 696 页。

破坏正当竞争。但是,该款规定也不支持设置过高的担保要求。[①]

（四）被告不在场时的权利保护

TRIPS 协定第 50 条第 4 款规定体现了平衡原则,针对的是采取单方面临时措施、被告不在场或者不知道的情况下的权利保护。按照该规定,在采取临时措施后,受影响的当事人(如被控侵权人、经销商等)至迟应在执行该措施后立刻接到通知。这也意味着该通知可以在执行临时措施之前发出。但是,需要指出的是,在采取措施过程中发出的通知不应阻碍措施的执行,以及导致相关证据的消失,或者产生妨碍采取措施的其他情况。同时,应被告请求,应当对这些措施进行审查,包括听证等,以便在作出通知后的一段合理期限内,决定这些措施是否应当予以修改、撤销或确认。如果临时措施被撤销,则应适用第 57 条的赔偿规定。此外,第 50 条第 6 款还在第 4 款规定的基础上规定了进一步的保障措施。

（五）其他必要信息的提供

TRIPS 协定第 50 条第 5 款是一项非强制性的规定:"执行临时措施的主管机关可以要求申请人提供确认有关货物的其他必要信息。"根据这一规定,临时措施的执行机关可能并不是命令采取临时措施的司法机关,而有可能是其他执法机关,如警察局、海关等。实施临时措施时,该执行机关可以要求申请人提供准确确认有关货物的其他必要信息,以避免对第三人的货物造成损害。同时,根据第 41 条第 1 款的规定,提供进一步的信息不应当阻碍或者迟延措施的实施。

（六）临时措施的撤销、终止生效及其赔偿责任

TRIPS 协定第 50 条第 6 款是对防止滥用临时措施行为的又一保障性规定。按照该条款的规定,通常情况下,原告申请采取临时措施以后,应当在合理期限内启动案件的诉讼程序,由司法机关最终对是非曲直作出判决;否则,被告可以请求撤销该临时措施或者使其失效。该条款对原告提起诉讼的合理期限作出明文规定,即由责令采取临时措施的司法机关确定该期限;在司法机关没有确定时,按照国内法或者实践,起诉期限为不超过 20 个工作日或 31 天,以时间长者为准。在实践中,如果国内法有明文规定,那么司法机关在责令采取临时措施时,就可以确定推进下一

---

① 参见《WTO 规则与中国知识产权法》,第 278 页。

个程序的期间。

TRIPS 协定第 50 条第 7 款与第 48 条第 1 款的规定较为相近。按照第 50 条第 7 款的规定,各成员应授权司法机关在以下三种情形下,应被告的请求,责令申请人就临时措施造成的任何损害向被告提供适当赔偿:(1)临时措施被撤销。撤销可能在根据 TRIPS 协定第 50 条第 4 款进行审查的情况下发生。(2)临时措施因申请人的任何作为或不作为而失效。(3)事后发现不存在对知识产权的侵权或侵权威胁。需要明确的是,只有被告提出请求时,才可能给予赔偿。同时,因采取临时措施而造成的所有损害都可以获得要求适当的赔偿。

需要指出的是,此处使用的措辞是“适当的”(appropriate)赔偿,而不是像 TRIPS 协定第 44 条第 2 款规定的“充分的”补偿,前者的赔偿范围应该小于后者。言外之意,“适当的”赔偿有可能不包括律师费。无论如何,被告都有权就临时措施所造成的任何损害获得相应的赔偿,至少包括可得利润损失。

(七)行政程序临时措施的实质相当

TRIPS 协定第 50 条第 8 款与第 49 条相对应,针对的都是行政程序。第 50 条第 8 款规定,如果由于行政程序而导致采取任何临时措施,则此类程序应符合与第 50 条其余各款规定“实质等同的原则”。这意味着,在行政程序中采取临时措施不必与适用于司法程序的临时措施的要求完全相同,但需要遵循等同的原则,即实质上而非细节上相同。

四、知识产权的刑事实施

相比于民事、行政措施,由于其严厉的惩罚后果,刑事措施能够对知识产权侵权行为产生显著的威慑与阻遏作用。由于知识产权本质上为私权,适用刑事措施的目的是维护国家利益与公共秩序,通过刑事措施保护知识产权本身会比通过民事、行政措施产生更多争议。在 TRIPS 协定谈判过程中,谈判者对刑事措施的适用范围曾有不同的提议。一些人主张刑事措施应当适用于所有侵权行为,而另一些人则希望将其限制于直接影响公共秩序的故意的商业性侵权。谈判的最后结果是,只有对具有商业规模的故意假冒商标和盗版行为,成员才有义务适用刑事程序和刑罚。

（一）适用范围

TRIPS 协定第 61 条规定的成员适用刑事程序和刑罚的侵犯知识产权的范围比第 51 条规定的海关中止放行的假冒商标与盗版货物更加严格，仅限于商标和版权侵权中的蓄意假冒商标（willful trademark counterfeiting）和盗版（copyright piracy），且构成商业规模（commercial scale）。第 61 条最后一句授权成员可以超出 TRIPS 协定的最低义务要求，对其他侵犯知识产权的案件适用刑事程序和刑罚，特别是对具有商业规模的故意侵权案件。

（二）适用条件

1. 故意侵权

TRIPS 协定第 61 条规定，主观过错程度是构成侵犯知识产权的刑事犯罪的必要条件，过错包括故意与过失两种类型。根据这一规定，最低义务只适用于故意的侵权。换言之，无过错或者过失的侵权不应当受到刑事处罚。这是国际条约第一次对侵犯知识产权的刑事犯罪构成作出明确规定，具有十分重要的意义。

2. 商业规模

TRIPS 协定第 61 条将商业规模作为定罪的门槛标准。与民事侵权相比，刑事犯罪一般具有更大的社会危害性。实践中，侵权数量是评价危害后果的主要依据。根据第 61 条的规定，不能被视为具有商业规模的侵权行为（如孤立的侵权行为，即使它具有营利目的）不应受到刑事处罚。但是，对于商业规模的具体含义和界定标准，第 61 条本身并未明确规定。在前文分析的中国知识产权案中，美国认为中国对盗版和假冒注册商标商品的刑事处罚门槛过高，设定了金额或数量门槛（如 500 件或 3 万元人民币），且忽视了其他足以衡量侵权规模的指标，与 TRIPS 协定第 61 条相抵触。中国则认为“商业规模”指的是具有相当规模的侵权活动，且是一个宽泛的概念，取决于国家的自由裁量权以及国内的情况，美国的解释只关注商业，完全排除了规模。专家组认为，中国的刑事门槛排除了一些侵权行为作为犯罪被追诉，这一事实本身并不构成对 TRIPS 协定第 61 条的违反。专家组虽然并不认同中国规定的门槛标准，但是指出美国出示的证据并不足以说明那些被中国排除刑事责任的案件构成 TRIPS 协定规定的商业规模的侵权。

（三）刑罚措施

TRIPS协定第61条规定，刑事处罚措施的内容应当包括足以起到威慑作用的监禁和(或)罚金。各成员可以自行决定是否同时适用这两种措施以及其他刑事处罚。刑罚措施应当体现罪刑相当，为防止刑罚过轻，具有同等严重性的犯罪所适用的刑罚水准应当一致。第61条还规定，在适当的情况下，成员可使用的救济还包括扣押、没收和销毁侵权货物以及主要用于犯罪活动的任何材料和工具。值得关注的是，销毁货物和侵权工具本身对社会而言也是经济损失。在涉及销毁侵权货物时，TRIPS协定第46条和第59条规定了不得违背现有的宪法要求，而第61条并未规定类似的限制性条件。

值得指出的是，各国对侵犯知识产权案件是否都适用刑事处罚的问题态度不一。在大多数国家，商标、版权侵权都可以适用刑事处罚和严厉的民事救济。对专利侵权问题，许多发展中国家会采取一定的刑事处罚，但很少有发达国家对此作出刑事处罚。发达国家排斥刑事程序介入专利侵权领域的原因主要在于：一方面，针对专利侵权的刑事诉讼的巨大威慑力有时会对创新产生明显的负面影响。① 专利侵权人受到刑事指控甚至刑事处罚，本身就会对企业经营造成很大影响，即使被控侵权人能够证明自己无罪，此后开展商业活动时依然会受到不利影响。另一方面，专利被看作企业间重要的市场竞争手段，专利侵权本身涉及专业的技术与法律问题，在此类诉讼中，对于权利范围的界定、侵权与抗辩等往往需要经历专业、复杂的认定过程。在此种情况下，对专利侵权进行刑事指控本身面临着巨大的挑战，同时还要谨慎处理以防止破坏正当的创新竞争关系。因此，刑事程序不宜主动介入专利侵权领域。

五、知识产权的海关实施

（一）TRIPS协定签署之前的海关实施

1.《巴黎公约》中的知识产权边境执法义务

TRIPS协定所纳入的《巴黎公约》的实体性条款以规定保护各类工

① See Irina D. Manta, The Puzzle of Criminal Sanctions for Intellectual Property Infringement, *Harvard Journal of Law and Technology*, Spring 2011, Vol. 24, No. 2, p. 469.

业产权为主。然而,如果只有保护立法,没有严格的执法,不能为侵权行为提供救济,那么这种保护的实际效果容易受到质疑。

根据《巴黎公约》第 9 条、第 10 条的相关规定,知识产权边境执法所保护的是商标、商号和相关标记。一切非法标有商标、商号的商品以及直接或间接使用虚假的原产地、生产者、制造者或商人的标记的商品,在进口到该商标或商号受到法律保护的联盟国家时,应予以扣押。边境执法的环节是进口环节,不包括出口环节。但是,如果一国法律不允许在进口时扣押,应代之以禁止进口或在国内扣押。如果一国法律既不准许扣押,也不准许禁止进口或在国内扣押,则在法律作出相应修改之前,应代之以该国国民在此种情况下按该国法律可以采取的诉讼和救济手段。由此看来,边境执法并不是强制的条约义务,成员国可以在国内扣押或以其他方式执法。执法行为的启动模式包括依利害关系人的申请,或依检查机关等主管机关的请求,而利害关系人既包括自然人或法人,也包括有利害关系的企业家、生产者、商人的联合会或社团,他们都享有向法院或行政机关控诉的权利。其中,联合会或社团必须具备两个条件:(1) 其存在不违反成员国的法律;(2) 相关起诉权或请求权在请求保护国法律所允许的范围内。执法的法律依据是进口国本国的法律规定,虽然公约没有指明是准据法还是实体法,但从规定的精神来看,应当是进口国的知识产权实体法。

2.《伯尔尼公约》中的知识产权执法义务

《伯尔尼公约》中也有与知识产权执法相关的条款,其第 16 条规定:"在该作品受到法律保护的本联盟各成员国,应该对作品的侵权复制品进行扣押。"但是,该公约并没有规定是在边境环节还是在国内进行执法扣押,具体的扣押行为需要依照成员国法律进行。关于扣押的执法主体,该公约也没有规定,成员国国内法可授权法院或海关执行,也可以规定其他主体有权依法申请扣押。虽然《伯尔尼公约》中的执法条款只有一条,规定也不够详细,但其宗旨十分明确,即对盗版作品的执法。这也是著作权保护的重中之重。在技术发展有限的时代,作者最重要的经济权利是复制权,侵犯复制权的后果是侵权复制品的泛滥。因此,有必要加强对侵权复制品的打击。

1908 年修订《伯尔尼公约》时所补充的第 16 条第 2 款准许对来自不

保护该作品或该作品已进入公有领域的国家的复制品进行扣押，这也体现了著作权的地域性和对作品保护的独立性。对于国际贸易来说，作品合法复制品的流动必然涉及不同国家之间保护的差异，不管复制品在原属国处于何种法律状态，只要这种复制品被进口到对该作品给予保护的成员国，它就是侵权复制品，就应当被扣押。

经比较可发现，缔结时间晚于《巴黎公约》的《伯尔尼公约》中的执法条款反而较少。在19世纪末，与商品和贸易存在密切联系的关于工业产权国际协调的《巴黎公约》相对更加关注执法问题，而当时与版权相关的文化产品的国际贸易相对较少，因此《伯尔尼公约》侧重于保护而非执法。

3.《减少虚假或欺骗性商品来源标志马德里协定》的边境执法规则

1891年《减少虚假或欺骗性商品来源标志马德里协定》(以下简称《马德里协定》)只有7个条文，最重要的实体义务条款是第1条和第2条。其中，该协定第1条规定："成员国如果发现任何商品上标示着涉及某成员国或成员国国内企业或地方的虚假标志或欺骗性标志，无论是间接的还是直接的，都必须禁止该商品进口或在进口时予以扣押，或采取其他制裁措施。"《马德里协定》第1条、第2条表述的内容与《巴黎公约》第9条基本相同，但又有不同之处。

首先，执法对象不一致。《巴黎公约》规定的执法对象是非法标有商标或商号的商品，而《马德里协定》的执法对象是带有虚假或欺骗性标志的商品。从某种意义上说，非法标有商标或商号也可能是一种带有虚假性或欺骗性标志的行为。但是，《马德里协定》的执法对象显然不局限于假冒商标和商号的商品，而是侧重于打击虚假标记原产地的商品。真实产地往往是商品品质的一种保证，虚假的标志必然会对国际贸易产生严重的负面影响，不仅对消费者是一种欺骗行为，而且也会影响相关国家关税的征收，因为成员国对于不同原产地的商品征收的税费差别是很大的。[①]

其次，执法主体规定的差异。《巴黎公约》中没有明确执法机关，只是提及"扣押应依执法人员、任何其他主管机关或任何有关当事人的请求，

---

① 参见厉力:《原产地规则及其在区域贸易安排中适用问题研究》，中国海关出版社2009年版，第8—9页。

按照各国本国法的规定进行”。《马德里协定》则明确指出，执法应当“以海关当局提议而进行”。这是在与知识产权相关的国际条约中“海关”首次作为执法主体出现，后来的国际实践表明海关在知识产权边境执法中扮演着重要的角色。《马德里协定》不仅规定扣押须应海关当局提议进行，而且明确“海关当局应即刻通知有关当事人（自然人或法人），使其可依自己意愿采取适当步骤将扣押作为有效的保护措施”。这种海关与当事人的沟通和通知程序为日后海关备案制度的建立提供了某种制度尝试。除了海关提议的扣押行为之外，检查机关或其他主管机关可以应受害方的请求或自行决定提请扣押，此时依正常扣押程序。综上可知，《马德里协定》有关执法主体和执法程序的规定与《巴黎公约》差异明显。有学者认为，现代知识产权边境执法制度源自美国 1930 年《关税法》第 337 节对“进口贸易中的不公平做法”的规制，但是该节规定的海关执行程序是一种通过行政法官裁定，乃至可能上诉至联邦上诉法院复审，最终实现救济措施的程序，[①]《马德里协定》才是最早直接规定由海关采取知识产权边境执法的国际法渊源。

再次，关于执法环节的规定，《巴黎公约》和《马德里协定》基本一致。两者强调应在货物进口时扣押，这应当是成员国首选的执法环节。如果成员国法律不允许进口时扣押，则应代之以禁止进口。如果成员国法律既不允许进口时扣押，也不禁止进口，不允许在国内扣押，在该国法律作出相应修改之前，则应代之以该国法律在相同情况下给予其国民的诉讼权利和补救手段。《马德里协定》规定的第三种替代措施是该国国民在国内可以寻求的救济手段。但是，这种措施具有临时性，因此《马德里协定》要求成员国的法律作出相应的修改，选择进口时扣押或禁止进口的执法程序。

最后，《马德里协定》第 1 条第 5 款规定：“如果对制止虚假或欺骗性产地标志未设专门的制裁，则应适用有关商标或商号的法律条款规定的制裁。”这一条款表明了《马德里协定》和《巴黎公约》的关系，即加入《马德里协定》的成员国应当是《巴黎公约》成员国。此外，这也表明了两者之间是特别法与一般法的关系。

---

① 参见于洋：《美国 337 条款实施机制研究》，法律出版社 2012 年版，第 186—191 页。

（二）TRIPS 协定下的海关实施

1. 海关实施概述

TRIPS 协定第三部分第 4 节第 52 条至第 60 条有关边境措施的知识产权实施的特殊要求是知识产权边境执法国际协调的重要成果。根据 TRIPS 协定第 52 条，如果权利持有人有正当的理由怀疑进口商品是采用假冒商标的商品或盗版商品，成员应制定程序，使该权利持有人能够向适当的司法部门或行政部门提交书面请求，要求海关中止放行货物，不让侵权货物进入市场自由流通。从该条规定可以看出，对于涉嫌假冒商标或盗版的进口货物，在符合条件的情形下，成员应当采取措施，要求海关中止放行此类货物进入流通领域。关于出口和过境货物，TRIPS 协定仅规定成员可以制定关于海关中止放行自其领土出口的侵权货物的相应程序；对于过境货物，各成员则无义务适用中止放行程序。根据 TRIPS 协定第 52 条，成员有义务赋予权利人申请海关进行知识产权执法的权利；第 58 条则规定，成员可以要求主管机关在已经获得初步证据表明有关商品侵犯知识产权时，主动采取行动，中止放行。但是，海关依职权实施的执法行为并不是该协定强制各成员履行的条约义务。

综上，TRIPS 协定所规定的知识产权海关实施的特点有三：一是在保护形式上，分为依职权的主动保护和依权利人申请的被动保护两种，只有依申请的保护是强制性的条约义务。二是在保护客体上，只强制规定了保护商标和版权两种，对于其他客体是否予以保护则由各成员自行选择。三是在保护环节上，只强制规定了进口环节的知识产权保护，对于出口和过境环节是否予以保护则由各成员自行决定。

中国《知识产权海关保护条例》的边境保护规则完全履行了 TRIPS 协定的条约义务：在保护程序的启动形式上，既规定了依申请保护程序，又规定了依职权保护程序；在保护客体上，完全超越了 TRIPS 协定的条约义务，不仅保护商标专用权、著作权和与著作权有关的权利、专利权，[①]

---

① 《知识产权海关保护条例》第 2 条："本条例所称知识产权海关保护，是指海关对与进出口货物有关并受中华人民共和国法律、行政法规保护的商标专用权、著作权和与著作权有关的权利、专利权（以下统称知识产权）实施的保护。"

还保护奥林匹克标志和世界博览会标志；[①]在保护环节上，规定了货物进出口环节的知识产权执法，对于货物过境环节则没有明确规定，执法实践中通常不包括此环节。

2. 海关实施保护范围和对象

根据 TRIPS 协定第 51 条，适用海关实施执法程序的货物必须至少包括假冒商标货物和盗版货物。

TRIPS 协定第 51 条脚注 14(a)段将"假冒商标货物"定义为："未经许可而载有的商标与此类货物已有效注册的商标相同，或其基本特征不能与此种商标相区分，并因此在进口国法律项下侵犯了所涉商标所有人的权利。"可见，"假冒"在 TRIPS 协定中只适用于商标领域。假冒商标货物是没有经授权而复制有效注册商标的货物。由于假冒商标货物会使人误以为它也是源自真正制造商或贸易商的真品，因此该行为通常被定性为欺诈，即有意混淆真品与实质性相同的复制品。这不同于"普通的"商标侵权，由此产生的问题可能是侵权嫌疑人的标志是否与注册商标足够相近，从而在标志间造成混淆。

TRIPS 协定第 52 条脚注 14(b)段将"盗版货物"定义为："未经权利人本人或权利人在生产国合法授权的人的同意而进行复制的行为，以及直接或间接源自依据进口国法律侵犯版权人或相连权人权利的所生产的货物。"因此，"盗版"这一术语与版权及相关权的侵权有关。盗版并不是一个最近才出现的现象。然而，盗版因作品传播方式的发展(纸质、媒介、声音和视频记录)和技术的进步(计算机和数字技术)而增加，虽然它们促进了版权作品的复制和传播。

各成员可以但并不被要求将边境措施适用于：(1) 其他知识产权的侵权。边境措施扩展适用于侵犯其他类型知识产权的货物是可选的，如，专利、地理标志、外观设计或集成电路布图设计，只要 TRIPS 协定第三部分第 4 节的其他要求得到满足。(2) 出口的侵权货物。(3) 过境货物。TRIPS 协定脚注 13 说明，成员没有义务将边境措施适用于过境货物。(4) 微量进口。这是非商业性质的少量货物的进口，通常是旅客的个人

---

① 《中华人民共和国海关关于〈中华人民共和国知识产权海关保护条例〉的实施办法》第 37 条："海关参照本办法对奥林匹克标志和世界博览会标志实施保护。"

行李或小件托运的货物。海关当局觉得控制这种进口是困难的，并且权利人不倾向于承担此种执法的成本。一些成员选择了“零容忍”政策，就将此种性质的进口也视为侵权，并且在这种情况下，进口人（如旅客）可能会被认定为违法犯罪。(5) 平行进口。成员没有义务将边境措施适用于经权利人同意而投放到另一国市场的进口货物。这是因为，平行进口或灰色市场进口并不是进口未经权利人同意所生产的假冒货物，并且在进口国可能不被视为侵权货物。这些货物是由权利人或经其许可而投放一国市场，但后来进口到另一国的行为未经其同意。如前所述，根据TRIPS 协定第 6 条，WTO 争端解决不涉及任何与权利穷竭有关的平行进口问题。因此，各成员可酌定有关立法与实施。

3. 海关实施程序要求

如同其他执法程序，边境措施也要遵守一定的程序要求，并采取防止滥用的保护措施。其中，海关实施程序的有些方面与 TRIPS 协定第 50 条临时措施的适用要求相似。

(1) 申请，包括证据和货物的描述。根据 TRIPS 协定第 51 条，每一成员必须指定一个权利人可以提出海关行动申请的“主管机关”。它可以是司法机关，如法院；或是行政机关，如海关部门内部的特别服务机构。

申请海关边境措施的权利人必须提供足够证据说服主管机关，以便其根据进口国法律初步认定存在知识产权侵权。这项任务因注册的权利而享有便利，但对那些不是基于注册的权利来说就会比较困难，如版权保护作品。因此，海关还需要培养一些知识产权专家。基于提供详细的描述涉案货物的信息，权利人也能帮助海关当局识别货物。主管机关应该在合理期限内通知申请人，通知内容包括申请的受理和行动所需时间，而后者已经由主管机关统一作出规定。

(2) 中止放行的通知。根据 TRIPS 协定第 54 条，海关中止放行特定的货物，应当及时通知进口商和申请人货物已被扣留。

(3) 中止放行的期限。根据第 TRIPS 协定第 55 条，海关中止放行货物的时间限制如下：如果申请人在接到中止放行通知后的 10 个工作日内没有提起根据个案裁决的诉讼程序，或者合法授权机关没有临时延长中止放行的期限，货物应当被放行。中止放行可以延期 10 天。

一旦提起要求依据个案情况作出司法裁决，被告可以要求对中止放行的命令进行复审，以确定该措施是否可以被修改或撤销，或中止放行命令是否被确认。

当对涉嫌侵权货物的中止放行是根据决定而不是法院裁决或其他独立机关所作出的，并且这些货物涉及外观设计、专利、集成电路布图设计或未披露信息时，应当适用一些特别规则。在这些情况下，如果提起诉讼的时间过期且未获得合法授权机关授予的临时措施，则进口商有权在提供的担保足以保护权利人免受侵权损失的情况下要求放行货物。

(4) 提供担保和支付赔偿。在临时措施中，主管机关可以要求申请人提供担保或等值保证，以保护被告或主管机关并防止滥用权利。然而，这种担保不能不合理地阻碍申请者诉诸这些程序。同时，TRIPS 协定第 56 条规定了一些额外的防止滥用权利的保护措施，对因错误扣留货物和申请人没有及时启动个案裁决程序放行货物而受到负面影响的人提供适当的赔偿。

4. 调查权和知情权

在许多案件中，权利人最适合协助确认侵权货物。因此，根据 TRIPS 协定第 57 条，主管机关可以给权利人和进口商足够的机会来调查海关当局扣留的货物。这意味着，该协定允许权利人证实自己的诉求，同时允许进口商准备抗辩。当根据个案情况裁决货物侵权时，该协定允许成员自行决定权利人是否有权获知分销渠道的其他人，以便权利人采取适当的打击行动。调查权和知情权都要遵守保护商业秘密的要求。

5. 救济

根据 TRIPS 协定第 59 条，主管机关有权依据该协定第 46 条所列原则，决定销毁货物或将货物清理出商业渠道，以免对权利人造成损害。不同于该协定第 46 条的规定(提供一般民事救济)，在边境保护知识产权措施中，没有关于侵权货物生产中使用材料的救济，因为这节涉及进口货物，而生产材料通常是在第三国。另外，该协定第 46 条中关于民事救济的相同原则也适用于边境措施：(1) 需要保证措施的相称性；(2) 无须向被告支付赔偿；(3) 授予的措施要避免给权利人造成损害；(4) 措施不得与宪法要求相违背。

这些救济不得影响权利人享有的其他行动权利，如通过民事诉讼获得赔偿，并且不得损抑被告寻求司法机关复审的权利。对假冒商标货物，该协定第59条明确规定，主管机关不得允许侵权货物在不改变的状态下重新出口，或让侵权货物适用不同的海关程序（如过境），除非是特殊情况。

TRIPS 协定第59条通过援引第46条所列原则（对于假冒商标货物，除例外情况外，仅仅除去非法加贴的商标并不足以允许该货物被放行进入商业渠道），将民事程序引入作为行政程序的海关实施知识产权程序。这也是前述中国知识产权案所涉关键问题之一。但是，对于究竟何谓“例外”，该案专家组没有给出令人信服的解释。

6. 依职权行动的特别规则

依据 TRIPS 协定第58条，海关依职权行动（即未经权利人申请）不是该协定的强制义务。然而，如果成员规定海关也可依职权主动行动，并且有权根据知识产权侵权的表面证据中止放行货物，一些附加规则应当适用：(1) 在任何时候，海关可以要求权利人提供信息，协助主管机关依职权主动行动；(2) 中止放行时，海关应当及时通知进口商和权利人。同时，如果进口商对中止放行提起复议，关于中止放行期限（该协定第55条）的条件应当同等适用。如同该协定第48条第2款的规定，该协定第58条(c)项也规定，如要免除执法者对适当救济措施承担责任，主管机关的行为或意图必须是善意的。

以上所述构成 TRIPS 协定下 WTO 成员海关知识产权保护的最基本要求。

（三）TRIPS 协定下的海关实施与中国实践

1. 中国对 TRIPS 协定海关实施义务的履行

中国《知识产权海关保护条例》自1995年10月1日实施以来，历经入世后2003年和2010年两次修改，各项规则已经日趋成熟和完善，对于中国知识产权保护体系的建立和完善起到重要的作用。中国的知识产权海关保护，是指海关对与进出口货物有关并受中国法律、行政法规保护的商标专用权、著作权和与著作权有关的权利、专利权实施的保护。中国海关通过卓有成效地执行《知识产权海关保护条例》《海关实施办法》等法律规范，有效地维护了公平竞争的对外贸易秩序和国内外知识产权权利人的合法利益。

从表面上看，海关知识产权保护主要是保护知识产权权利人的私权利，特别是外资企业权利人。从知识产权海关备案系统中不难发现，备案主体多为外资企业权利人的商标和外观设计专利。[①] 从深层次来看，知识产权的海关保护能有效地维护和保障社会公共利益。从国际层面来看，国家贸易利益与知识产权海关保护休戚相关：对于出口而言，海关作为知识产权保护的最后一道防线，能够有效地减少侵犯知识产权的产品的出口，维护中国制造的产品形象，确保中国出口企业的整体利益；对于进口而言，海关作为知识产权保护的第一道防线，其作用也不可忽视。对于涉嫌侵权产品的禁止进口，既能维护权利人的利益，又能保护国内消费者不受假冒伪劣产品的侵害，有利于形成良性竞争秩序，鼓励研发与创新。所以，《知识产权海关保护条例》的有效执行对于维护国家形象和竞争秩序都起到至关重要的作用。

2. 中国海关实施知识产权概况

以 2016 年为例，中国海关进一步提升执法效能，持续加大知识产权边境保护力度，全年共采取知识产权保护措施 1.95 万余次，实际扣留进出境侵权嫌疑货物 1.74 万余批，涉及货物 4205.82 万余件。[②]

海关查扣侵权嫌疑货物呈现以下特点：(1) 以海关依职权主动查扣为主。2016 年，海关依职权主动查扣的侵权嫌疑货物批次约占全年扣留批次总数的 99%，涉及货物 3855.78 万余件，约占扣留货物总量的 91.67%；海关依申请扣留侵权嫌疑货物 50 批次，涉及货物 350.04 万余件，约占扣留货物总量的 8.33%。(2) 以侵犯商标专用权货物为主，侵犯专利权货物持续增多。2016 年，海关查扣的货物涉嫌侵犯的知识产权类型包括商标专用权、专利权、著作权等，其中涉嫌侵犯商标权的货物高达 4145.64 万余件，占侵权嫌疑货物总量的 98.56%。但是，涉嫌侵犯专利权的货物批次较 2016 年增长 82.76%，案值同比增长 26.33%。(3) 大多数涉嫌侵权货物在出口环节被查获。2016 年，海关在出口环节扣留侵权嫌疑货物 1.68 万余批，占扣留总批次的 96.20%；扣留的出口侵权嫌

---

① 根据中国《知识产权海关保护条例》的规定，知识产权权利人可以将其与进出口货物有关并受中国法律、行政法规保护的商标专用权、著作权和与著作权有关的权利、专利权向海关总署申请备案。

② 数据来源：《2016 年中国海关知识产权保护状况》，http://www.customs.gov.cn/publish/portal0/tab49564/info846639.htm，2018 年 2 月 22 日访问。

疑商品为4161.67万余件，占全部扣留商品总数的98.95%。(4) 海运和邮递是查获侵权嫌疑商品的主要渠道。2016年，海关在海运渠道查扣侵权嫌疑商品3940.13万余件，占全年扣留商品数量的93.68%；在进出境邮递渠道查扣侵权嫌疑商品1.42万余批，占全年扣留批次的81.33%。(5) 查获的侵权嫌疑商品以消费类为主。2016年，海关扣留的侵权商品以烟草、化妆品、个人护理用品等为主。与2015年相比，海关扣留侵权药品类、食品饮料类商品的数量有较大幅度增长，全年共扣留侵权药品类商品139.24万余件、食品饮料类商品31.67万余件，分别增长近37倍、26倍；扣留的医疗器械、珠宝首饰、手表等侵权嫌疑商品则呈下降趋势，同比分别下降99.79%、89.85%、83.21%。(6) 查扣涉嫌侵犯国内企业自主知识产权商品数量持续增长。全国海关持续加强对境内企业自主知识产权的保护，服务和支持企业"走出去"战略。2016年，海关共查扣涉嫌侵犯境内企业自主知识产权货物757.85万余件，同比增长13.20%。(7) 进口环节查处侵犯知识产权案件呈上升趋势。2016年，海关在进口环节查处侵犯知识产权商品数量较2015年同期增长33.60%，侵权商品价值同比增长536.89%。至此，海关在进口环节查处的侵权违法行为已连续十年呈增长态势。

3. 对中国海关知识产权实施规则的进一步思考

然而，在对《知识产权海关保护条例》及海关执法行动予以肯定的同时，学者们也有很多对《知识产权海关保护条例》的总结和反思，这些反思实际上是对中国知识产权边境执法体系和制度的反思。对于中国知识产权边境执法规则中超出TRIPS协定标准的反思，主要体现在执法保护方式、执法保护客体和执法保护环节三个方面。

首先，在执法保护方式上，国际条约中普遍规定了依职权和依申请两种保护方式，并且没有强调二者之间的主次之分，但在国家实践层面却可能有侧重点。以中国实践为例，依职权保护方式是海关保护知识产权的主要方式。[1] 中国知识产权海关保护环节包括进口和出口两个环节，而实践中查获的侵权货物，其数量和价值绝大多数体现在依职权保护的出

---

① 参见朱秋沅：《知识产权边境保护制度理论与实务》，上海财经大学出版社2006年版，第206—224页。

口案件中。

TRIPS协定序言中明确规定，知识产权是一种私权。为什么作为私权的知识产权在海关保护中受到如此重视？海关不仅要根据权利人的申请进行保护，而且要行使职权主动保护。私权救济应该是权利人的自力救济，主要通过合同方式来保护；而一旦发生侵权行为，权利人则应通过诉讼来主张自己的权利。可见，从权利人的立场和国家贸易形象的角度来看，海关应更多地进行主动执法，以确保执法的效果能够抑制假冒货物的进出口；而从知识产权的私权属性和公共执法资源的针对性、高效率角度来看，依据权利人申请的保护执法则是更理想的选择。

其次，关于知识产权边境执法保护客体，是否要保护专利？《知识产权海关保护条例》是否还应当增加其他知识产权客体？在中国海关知识产权保护实践中，由于权利人希望得到海关的主动保护，于是纷纷向海关总署备案自己的知识产权。尽管专利权备案数量不少，约占商标备案数量的一半，但实际查扣的侵犯专利权案件较少。海关保护本来就应以反假冒商标为重心，不宜过多涉及专利纠纷，而应以著作权和商标权保护为主；奥林匹克标志和世界博览会标志作为可视性标志，可以被纳入商标权保护的范畴。此外，从便于海关执法的角度来说，外观设计专利可以被纳入知识产权边境保护的客体范围。实践中，中国《知识产权海关保护条例》并无减少专利这一保护客体的必要，但是可以考虑，对于专利边境保护需要根据权利人的申请而采取边境执法措施。

最后是执法保护环节。海关等边境主管机关在进行知识产权执法时，判断侵权与否应当依据所在国的法律，这种判断首先涉及知识产权的地域性原则。侵犯知识产权的前提是在成员域内存在相应的合法有效的权利；如果不曾有权利产生或权利已经无效，那么就没有侵权的可能。知识产权不同于有形财产，由于具有时间性、无形性等特点，权利基础比较薄弱；即使是符合法定条件而授予的权利，也有可能不再符合法定条件而无效。例如，在授权后发现权利侵占了公有领域或侵犯了其他在先权利，有可能被提起异议而无效；哪怕是一经创作完成就自动受保护的著作权，也可能因为抄袭等原因而无效。所以，权利是否有效是在侵权判断环节首先要认定的问题。为减少贸易便利化与知识产权海关保护的冲突，理性的方法应当只在进口环节保护知识产权。

近年来,随着中国加大对外开放的力度,中国(上海)自由贸易试验区的设立、WTO《贸易便利化协定》的生效以及"一带一路"倡议的实施,海关特殊监管、加快海关进出口审批流程以及过境贸易中的知识产权保护等新问题也日益突出,都值得深入探讨。[①]

第二节 TRIPS 协定的知识产权实施与其他贸易体制的关系

一、知识产权实施与自由贸易协定的关系

(一) 自由贸易协定知识产权执法措施发展的背景

在 TRIPS 协定为 WTO 成员确定统一的知识产权立法基准之后,国际知识产权保护协调的重点逐渐从立法转向执法领域。这一转变出于多方面的原因:

第一,TRIPS 协定实施后,各成员立法层面上的知识产权保护标准具有一致性,符合 TRIPS 协定的知识产权保护最低义务标准,但在执法领域还存在很多问题,甚至遭到许多发展中国家的抵制,[②]盗版和假冒商标问题依旧突出,发达国家的知识产权利益持续受到侵害。

第二,从国际贸易发展的客观需要来看,随着 WTO 成立,经济全球一体化加深,各国或地区之间贸易增长,过境贸易规模也日趋扩大,各种领土内关境外的保税区等海关特殊监管区域越来越多,于是对过境或海关监管下的涉嫌侵犯知识产权的货物实施中止放行、扣押或没收等边境措施的问题日益突出。尽管 TRIPS 协定未规定成员对此类过境货物采取边境措施的义务,但部分 WTO 发达国家或地区成员早已通过立法或在实践中采取了有关边境措施。因此,加强发展中国家知识产权执法力度成为知识产权执法国际协调的重要目标。[③]

---

① 参见张乃根:《略论贸易便利化下的知识产权海关保护》《略论过境贸易中的知识产权海关保护》《探析中国海关特殊监管区域的知识产权保护》《试探"一带一路"海关知识产权保护》等,均载于张乃根:《国际贸易相关知识产权法》,上海人民出版社 2016 年版,第二部分"国际贸易中的知识产权保护"。

② See Peter K. Yu, Six Secret (and Now Open) Fears ACTA, *Law Review*, 2011, Vol. 64, No. 3, p. 975.

③ 参见张乃根:《试析 TPP 知识产权条款的 TRIPS 追加义务》,载《海关与经贸研究》2016 年第 4 期。

第三，从 TRIPS 协定自身发展来看，对发展中国家而言，该协定的最低标准，尤其是知识产权的实施标准，实际上是相对高水平的标准。但是，在目前 WTO 多边贸易谈判举步维艰之际，美国、欧盟等均认为不可能在 WTO 框架下再提升 TRIPS 协定的最低标准，尤其是美国通过 WTO 的争端解决机制迫使中国提高知识产权实施水准的目的也远未达到。因此，美国、日本、加拿大、澳大利亚、韩国等具有共同利益诉求的贸易伙伴便绕开 WTO 的多边贸易框架，有意回避与新兴国家（如中国、巴西、印度、俄罗斯等）开展谈判，[①]试图自行谈判通过新的自由贸易协定，发展执法规则。

由于 WTO 谈判陷入停滞，难以取得有效成果，美国和欧盟等发达国家和地区试图通过 WTO 体制下允许的区域贸易安排（RTA），出台超越 TRIPS 协定的知识产权国际保护新规则。2011 年，美、欧、日等发达国家和地区推出《反假冒贸易协定》（ACTA）。尽管 ACTA 的谈判方在知识产权利益上具有一致性，但是 ACTA 的出台却受到包括发展中国家政府、学界、民众、工业组织以及网络服务商（ISPs）等的强烈批评和反对。批评意见集中在两个方面：一是认为 ACAT 超越了 TRIPS 协定所作的限制，构建了一个新的执法框架；二是 ACTA 以秘密谈判的方式形成。最终，ACTA 因受到欧盟等一些国家和地区抵制而未生效。美国转而又试图通过 TPP 打造一个比 ACTA 更全面的 TRIPS 协定"升级版"。

TPP 第 18 章关于知识产权的条款以 TRIPS 协定为基础，涵盖了知识产权保护与合作的基本原则和主要知识产权的取得、利用与执法的最新规则，充分体现了全面超越 TRIPS 协定的特点。其中，该章有关知识产权执法措施条款（第 18.71 至 18.80 条），[②]反映了美国试图扩张

① See C. Antons, G. Garcia, Initiatives on IP Enforcement Beyond TRIPS: The Anti-Counterfeiting Trade Agreement and the International Medical Products Anti-Counterfeiting Task Force, in C. Antons (ed.), *The Enforcement of Intellectual Property Rights/Comparative Perspectives from the Asia-Pacific Region*, Kluwer Law International, 2011, p. 125.

② TTP 英文文本来自美国贸易代表办公室网：http://www.ustr.gov/，2016 年 1 月 30 日访问。下文同。

TRIPS 协定中有关知识产权的民事与刑事执法措施。[①]

（二）TPP 执法义务对 TRIPS 协定实施义务的追加

将 TPP 知识产权执法义务与 TRIPS 协定实施义务进行对比，可以看到 TPP 在 TRIPS 协定的基础上，追加了较多的义务内容，具体比较如下：

1. 一般义务

（1）适用于数字环境的知识产权执法措施。根据 TPP 的规定，民事和行政程序及救济、临时措施以及刑事程序和刑罚"应能同等适用于数字环境下的商标侵权行为、版权和相关权利侵权行为"（第 18.71 条第 2 款）。TRIPS 协定没有对数字环境下的知识产权执法措施作出规定。

（2）将比例原则作为基本原则。TPP 规定："缔约方应考虑在知识产权侵权行为的严重与可使用的救济措施与惩罚措施之间相称的要求，并且要考虑第三方利益。"TRIPS 协定第 46 条规定的其他救济措施也涉及比例原则的考虑要求，TPP 实际上是将其上升为一项救济措施中普遍适用的基本原则。

2. 推定

TPP 新增初步证据制度的义务。根据 TPP 第 18.72 条，在涉及版权或相关权、注册商标和专利的司法或行政程序中适用初步证据制度。第 18.72 条第 1 款 a、b 项规定："以通常方式署名的人为作品、表演或录音制品的作者、表演者和制作者；或者，如适用，出版者是该作品、表演或录音制品的指定权利人。版权和相关权利存在于此类客体中。"第 18.72 条第 2 款规定："注册商标已经其主管机关实质性审查，则每一缔约方应规定此商标被视为初步有效。"第 18.72 条第 3 款规定："专利已经其主管机关实质性审查并已被授予专利权，则每一缔约方应规定，专利中的每一项权利要求均被认为初步满足在该缔约方国内适用的可专利性标准。"相比 TRIPS 协定中的证据规定，TPP 的初步证据义务规定更有利于权利持有人完成举证责任。

3. 与知识产权有关的执法实践

（1）强化判决说理义务。TPP 第 18.73 条第 1 款规定，缔约方对于

---

① See Susy Frankel, The Intellectual Property in TPP, in C. L. Lim (ed.), *The Trans-Pacific Partnership: A Quest for a Twenty-first Century Trade Agreement*, Cambridge University Press, 2012.

与知识产权执法有关的最终司法判决和行政裁定要优先采取书面形式，并给出相关事实结论以及所基于的推理和法律依据。TRIPS 协定第 41 条第 3 款则仅要求对案件是非曲直在裁决中说明理由，并未对说理方式作出强制性要求。

(2) 收集与公开执法信息。TPP 第 18.73 条第 2、3 款规定，缔约方认识到收集分析知识产权侵权统计信息以及防止与打击侵权行为最佳实践信息的重要性，应公布有效知识产权民事、行政及刑事执法的相关信息和统计资料。TRIPS 协定则未作出此种规定。TPP 的此种规定实际上是对缔约方提出了提高执法能力的要求。

4. 民事和行政程序及救济措施

根据 TPP 第 18.74 条，各缔约方应加大对侵犯知识产权损害的赔偿力度，包括法定赔偿和额外赔偿。

(1) 故意侵权损害赔偿计算标准。根据 TRIPS 协定第 45 条，故意侵权人应向权利持有人支付足以补偿因其知识产权被侵犯所受损害的赔偿，具体标准由成员自行确定。TPP 对"足以补偿"的标准进行了细化规定。TPP 第 18.74 条第 4 款规定，在民事司法程序中，司法机关应确定故意侵权的赔偿金额，有权考虑权利人提交的任何合理价值评估，包括利润损失、以市场价或建议零售价估算的被侵权的货物或服务的价值。此外，TPP 第 18.74 条第 5 款规定，至少对于版权及相关权和商标侵权而言，缔约方司法机关应有权判令侵权赔偿，赔偿应与损失相当，还应包括侵权者的利润。

(2) 法定损害赔偿和额外赔偿。根据 TPP 第 18.74 条第 6 款，在假冒商标和版权及相关侵权民事司法程序中，缔约方可以分别或同时建立法定损害赔偿制度和额外赔偿制度。前者可以由权利人选择适用，该赔偿数额应足以补偿侵权对权利人造成的所有损失，并达到对未来侵权起威慑作用的程度；后者包括惩戒性与惩罚性赔偿，司法机关适用时，要考虑到所有事项，包括侵权行为的性质以及震慑未来类似侵权行为。TRIPS 协定第 45 条第 2 款规定了成员可授权司法机关采取法定赔偿措施，但并未对法定赔偿标准作出要求，也未明确规定额外赔偿制度。

(3) 合理与适当的专家费用。TPP 第 18.74 条第 11 款规定，如缔约方规定在民事程序中可指定技术专家并要求该程序的当事人承担专家费用，则应保证该费用是合理和适当的，且不得不合理地妨碍此类程序。TRIPS 协定中并未明确规定这一费用。

（4）有限适用民事司法程序中的销毁措施。TPP 第 18.74 条第 12 款规定，在民事司法程序中，依据权利持有人的请求，盗版、假冒商标货物应予以销毁，除非有特殊情况。TPP 对侵权货物原材料生产工具的处理是优先销毁，而 TRIPS 协定规定的则是清除出商业渠道和销毁。

（5）告知信息的强制性义务。TPP 第 18.74 条第 13 款规定，缔约方应当规定，其司法机关有权根据权利人的正当请求，责令侵权人或涉嫌侵权人向权利人或司法机关提供其持有的相关信息，包括侵权或涉嫌侵权行为的任何人信息、生产方式或分销渠道的相关信息。相比 TRIPS 协定第 47 条，TPP 将责令告知信息作为强制性义务，而且不再要求信息的提供应与侵权的严重程度相适应；告知主体增加了涉嫌侵权人，被告知主体增加了司法机关；信息内容更为具体，并增加了生产方式的内容。

（6）违反信息保密命令的制裁。TPP 第 18.74 条第 14 款要求，缔约方应规定，在涉及知识产权事实的民事司法程序中，对违反保护机密信息法庭命令的各类诉讼相关主体应实施制裁。TRIPS 协定第 42 条、第 43 条规定了成员应提供确认和保护信息的方法，在要求当事人提供证据时也以遵守保护机密信息为条件。相比较可见，TPP 列举了保护机密信息的各相关主体，并增加了违反命令应受制裁的规定。

（7）因滥用执法程序而应对被告提供的保护。TPP 第 18.74 条第 14 款与 TRIPS 协定第 48 条都是针对因一方当事人滥用措施而应对被告提供的补偿救济义务。两者的内容基本一致，所不同的是，关于所适用的知识产权执法程序的范围，TPP 具体列举了商标权、地理标志、专利权、版权和相关权利、工业外观设计。

（8）行政程序方面，TPP 第 18.74 条第 15 款与 TRIPS 协定第 49 条的规定基本一致，即与民事程序实质相当。

5. 临时措施方面

（1）不作预先通知的临时措施。TPP 第 18.75 条第 1 款规定，缔约方应依照司法规则，就涉及知识产权的救济请求不作预先通知而快速作出处理。TRIPS 协定第 50 条第 2 款虽然也规定了不作预先通知的临时措施，但规定了两个非常严格的限制条件。[①] TPP 未作同样的限制性规定，而是留由缔约方根据其司法规则确定，给予缔约方极大的执法裁量自由。

（2）保证金或担保。TPP 第 18.75 条第 2 款与 TRIPS 协定第 50 条第 3 款作出了大致相同的规定，即司法机关有权要求申请临时措施的申请人提供合理证据，并提供足以保护被告和防止滥用的保证金或相当的担保。不同的是，TPP 增加了"保证金或相当的担保不得不合理地妨碍此类程序"的规定。

（3）保存被诉为侵权的有关证据。TRIPS 协定第 50 条第 1 款(b)项规定了保存被控侵权的有关证据。与之对应的是 TPP 第 18.75 条第 3 款的规定，即在涉及版权或相关权利侵权和假冒商标的民事司法程序中，司法机关有权责令扣押涉嫌侵权货物、与侵权有关的材料和工具，并且至少在假冒商标的情况下，有权扣押书面证据。TPP 的规定更为详细具体，并将其作为缔约方的强制性义务。

6. 边境措施

（1）保证金形式。TRIPS 协定第 53 条对保证金或同等的担保作出了规定。TPP 第 18.76 条第 3 款继承了 TRIPS 协定的规定，并在此基础上增加规定，缔约方可以规定保证金提供形式，以便在主管机关认定相关货物为非侵权货物时，可使被告免于因中止放行货物而造成的损失或损害。

（2）获得信息权。TPP 第 18.76 条第 4 款规定，对于缔约方主管机关已经扣留或中止放行的涉嫌假冒商标或盗版的货物，缔约方可规定其主管机关有权将发货人、出口商、收货人或进口商及货物的信息无迟延地或在 30 个工作日内通知权利持有人。虽然两者都是授权性规定，但 TRIPS 协定第 57 条规定，各成员可授权主管机关将相关方和货物信息提供给权利持有人。权利持有人获得信息权的前提条件是案件的是非曲直已作出肯定性的决定。相比之下，根据 TPP 相关条款，主管机构可以在尚未对案件作出决定前就通知权利持有人。

---

① TRIPS 协定第 50 条第 2 款规定了司法机关有权采取不作预先通知的临时措施的两种具体情况：一旦有任何迟误则很可能给权利持有人造成不可弥补的损害，或有关证据显然有被销毁的危险。

(3) 对出口或过境的临时措施。相比 TRIPS 协定第 51 条的海关知识产权保护义务仅限于进口环节，TPP 第 18.76 条第 5 款规定，对出口或过境的假冒商标或盗版货物，海关均可依职权采取中止放行的措施。根据 TPP 脚注 121、122 的说明，过境货物包括“正在从缔约方领土内的一个海关转运至另一个海关并将从后一海关出口的嫌疑货物”和“未附有当地收货人并通过其领土转运且以另一缔约方领土为目的地的货物”。只要此类货物被海关控制，即“受一缔约方海关程序约束”，海关均应依职权而采取行动。[①]

(4) 侵权认定与处罚程序。TPP 第 18.76 条第 7 款规定，缔约方应授权采取或维持一程序，主管机关可以在启动边境措施程序后认定涉案货物是否侵犯知识产权，还可以按规定实施行政处罚或制裁。相比于 TRIPS 协定，TPP 规定了授予主管机关认定侵权以及实施行政处罚或制裁的权力。

(5) 救济措施。TPP 第 18.76 条第 7 款规定，缔约方应规定主管机关有权在认定货物侵权后销毁该货物。相比于 TRIPS 协定第 50 条的规定，在适用 TPP 的情况下，主管机关可以不受权利人采取其他诉讼以及被告寻求司法机关权利审查等程序限制，径行销毁货物，并且无须考虑 TRIPS 协定第 46 条的相关原则(即不给予任何补偿、避免对权利持有人造成任何损害以及不违反现有宪法上的要求)。此外，该 TPP 条款还特别要求将侵权货物清除出商业渠道，以避免对权利人造成任何损害。因为对于假冒商标货物，除非是例外情况，仅简单移除非法加贴的商标并不足以允许将该货物放行而使之进入商业渠道。

(6) 微量进口。TPP 第 18.76 条第 9 款规定，本条也适用于小件托运的商业性货物。与其对应的 TRIPS 协定第 60 条并未规定此种义务，而是由成员自行决定。

7. 刑事措施

(1) 降低刑事程序和处罚的门槛义务。在 TRIPS 协定第 61 条规定对具有商业规模的故意假冒商标或盗版案件应适用刑事程序和处罚这一

---

① 参见张乃根:《试析 TPP 知识产权条款的 TRIPS 追加义务》，载《海关与经贸研究》2016 年第 4 期。

基础上，TPP 第 18.77 条第 1 款进一步明确，故意侵犯版权或相关权利“具有商业规模”至少包括：“(a) 出于商业利益或财务收益的目的而实施的行为；(b) 并非出于商业利益或财务收益的目的，但对版权或相关权利持有人在市场利益造成实质损害影响的重大行为。”实际上，TRIPS 协定中“商业规模”这一术语本身具有定量的性质，而 TPP 对它的界定更强调行为的目的性，会导致实际上不具有商业规模的行为也被认定为侵权，[①]从而显著地降低适用刑事程序及处罚的门槛。

(2) 增加了知识产权领域刑事犯罪的行为类型。TRIPS 协定规定，具有商业规模的故意假冒商标或盗版案件适用刑事程序和处罚。TPP 第 18.77 条第 2 至 4 款不仅吸收了 TRIPS 协定的现有规定，还将贸易过程中具有商业规模的进口、在国内使用足以混淆的标签或包装的情况以及未经电影和其他影视作品权利人授权而在公共影视展播中盗录上述作品的行为纳入刑事保护范围。此外，对使用技术手段规避版权保护(TPMs)的规避措施也可以适用刑事程序和处罚。[②]

(3) 增加了共同犯罪认定。针对共同犯罪行为，TPP 第 18.77 条第 5 款要求缔约方确保其法律对知识产权犯罪中提供帮助、教唆行为者一并给予刑事处罚。TRIPS 协定则没有对此进行区分。

(4) 明确了适用刑罚措施的情形。根据 TPP 第 18.77 条第 6 款的规定，对知识产权犯罪行为给予的罚款和监禁应能震慑未来侵权行为发生。该条款还补充规定了量刑情节因素，即司法机关在决定刑罚时，有权考虑情节严重程度，包括对健康或安全造成威胁或影响的情节。同时，对以商业利益和个人营利为目的的侵权犯罪，应施以实刑。在调查的发起方面，司法机关可以依职权对有关侵权犯罪发起调查。TRIPS 协定没有对此作出具体规定。

---

① See P. Roffe, C. Spennemann, J. V. Braun, Intellectual Intellectual Property Rights in Free Trade Agreements: Moving Beyond TRIPS Minimum Standards, in *Research Handbook on the Protection of Intellectual Property Under WTO Rules* (edited by Carlos M. Correa), Edward Elgar Publishing, 2010, p. 277.

② 值得指出的是，版权法上的技术措施有两类，一类是保护版权的技术措施，另一类是保护接触的技术措施。TPP 第 18.68 条第 1 款没有明确规定禁止提供的是用于规避“接触控制”措施的，还是用于规避“复制控制”措施的，这实际上是对两种技术措施都进行保护。参见刘颖：《版权法上技术措施的范围》，载《法学评论》2017 年第 3 期。

8. 强化商业秘密保护义务

在 TRIPS 协定第 39.2 条规定的保护一般商业秘密义务的基础上，TPP 第 18.78 条规定，对窃取计算机系统中的商业秘密或通过计算机系统窃取商业秘密的行为，应适用刑事程序和处罚。同时，TPP 新增对载有加密节目的卫星和有线电视信号的保护义务。TPP 第 18.79 条规定，对制造、利用或销售用于未经授权而解码载有加密节目的卫星信号的行为适用刑事程序和处罚，并为受损害的人提供民事救济。

（三）TPP 知识产权执法措施的基本评价

1. 源于美国国内法的 TRIPS 协定追加义务

TPP 知识产权执法条款主要体现了美国的提议，突出体现了美国国内法特征的 TRIPS 协定追加义务。如知识产权有效性的“初步证据”(prima facie)，是美国国内法诉讼程序中如无相反证据便假定涉案事实成立的制度。[①] 再如，对过境货物的海关知识产权执法，美国海关保护知识产权的范围也包括过境货物。[②] TRIPS 协定规定各成员没有义务将海关执法适用于过境货物，而 TPP 第 18.76 条第 5 款则将该海关执法措施规定为各缔约方应履行的强制性义务。这些均源于美国国内立法与实践，并且远超 TRIPS 协定的追加义务。[③]

2. 打破 TRIPS 协定知识产权执法平衡机制

相比于 TRIPS 协定下的知识产权执法条款，TPP 的规定具有较为明显的进攻性。TPP 规定了诸多强制性的执法措施，而这些在 TRIPS 协定中往往是授权性的义务，为成员保留了较大的裁量权。TPP 规定的执法措施改变了 TRIPS 协定谨慎设计的权利义务平衡机制。一方面，TPP 将

---

① 例如，《美国版权法》第 410 节(c)款规定：“在任何司法程序中，作品首次出版之前或 5 年内的版权登记证书应构成该版权有效及该证书陈述的事实之初步证据。”

② 美国 2008 年《优化知识产权资源及组织法》第 205(h)节规定：“转船及出口——根据本节禁止的交易，任何货物或服务均不应通过美国转船或出口。任何此类转船或出口应作为违反 1946 年 6 月 5 日通过的法案，即美国《商标法》第 42 节的侵权行为。该节规定适用于商业中使用的商标注册、履行一定的国际公约和其他目的。”尽管美国有关法律法规或规范性文件未提及过境货物，但是上述第 205(h)节的“通过美国转船”与 GATT 第 5 条关于“经过一缔约方领土的一段路程，无论有无转船”的“过境运输”方式实质上一致。因此，美国海关保护知识产权的范围也包括过境货物。

③ 参见张乃根：《试析 TPP 知识产权条款的 TRIPS 追加义务》，载《海关与经贸研究》2016 年第 4 期。

保护重心偏向权利持有人,限制第三方接触信息与知识。另一方面,TPP也将保护私权的责任从权利持有人转移给缔约方。其结果是,缔约方特别是发展中国家,将被迫投入更多的执法资源保护知识产权权利持有人的权利,相应地就要减少在公共利益(如公共健康和安全)保护方面的资源投入。

综上,包括知识产权实施在内,TPP 知识产权条款不仅完全是在美国主导下并主要根据其国内有关知识产权的立法和实践而制定的,而且全面超越了 TRIPS 协定的相关规定,反映了当代国际知识产权规则重构的新趋势和美国进一步全面保护其强势知识产权的意图。在 2017 年美国总统特朗普宣布退出 TPP 之后,虽然其他缔约方将其改变为《跨太平洋伙伴全面进展协定》(CPTPP),并可能删除上述部分涉及知识产权的条款,但是我们应该清醒地看到,今后美国还会以不同方式,千方百计地推动这些超越 TRIPS 协定的知识产权实施新规则。

二、知识产权实施与贸易便利协定的关系

(一)《贸易便利化协定》及其条约义务

WTO 成立后达成的首项多边贸易新协定——《贸易便利化协定》(TFA)①已于 2017 年 2 月 22 日正式生效。“该协定旨在使海关程序流程化、简约化和标准化,有助于减少全世界的贸易成本。预计该协定的实施将在全球平均减少 14.3%贸易成本。”②《贸易便利化协定》规定了以下条约义务:

1. 信息公布

每一 WTO 成员均应以非歧视的和容易获取的方式迅速公布以下有关信息,使得政府、贸易商和其他利益相关方能获悉:(1) 进口、出口和过境程序(包括港口、机场和其他入境口岸程序)及需要的表格和单证;(2)

---

① 此即 2013 年 12 月 7 日由 WTO 第九次部长级会议通过的 Treaty Facilitation Agreement(简称“TFA”),其正式名称为 Agreement on Trade Facilitation(无简称),WT/L/931, 15 July 2014, pp. 3-32。

② WTO Press Conference - Entry into Force of Trade Facilitation Agreement, Remarks by DG Azevêdo, 22 February 2017, https://www.wto.org/english/news_e/spra_e/spra157_e.htm.

与进出口相关或适用于进出口的任何关税税率;(3) 政府部门征收或收取的与进口、出口和过境相关的国内税费;(4) 海关产品归类或估价规则;(5) 与原产地规则相关的法规、条例和行政规定;(6) 进口、出口和过境有关限制或禁止性规定;(7) 违反进口、出口或过境手续的惩罚规定;(8) 申诉程序;(9) 与他国缔结的进口、出口或过境相关的条约或条款;(10) 关税配额管理程序。

2. 公众参与(评论机会、生效前信息及磋商)

在与国内法制保持一致的前提下,每一 WTO 成员均应在可行范围内向贸易商和利益相关方提供机会,使其在合理时间对一般适用于货物流动、放行和清关(包括货物过境)相关的拟议或修订的法律和条例进行评论。

每一 WTO 成员均应保证一般适用于货物流动、放行和清关(包括货物过境)的新立或修订的法律和条例在生效前尽早公布或尽早公开相关信息,以便贸易商和其他利益相关方熟知它们。此外,每一成员均应酌情规定边境主管机构与贸易商或其领土范围内的利益相关方定期磋商机制。

3. 预裁定

预裁定是指 WTO 成员在货物进口前向申请人提供的在货物进口时关于货物税则归类及原产地等事项的待遇的书面决定。如果申请人提交的书面请求已经包含所有必要的信息,每一成员均应合理、及时地向申请人签发预裁定。如果成员拒绝签发预裁定,应当立即书面通知申请人,并附相关事实和裁定基础。

4. 上诉或审查程序

每一 WTO 成员均应规定,海关所作行政决定针对的任何人在该成员领土内有权提出:(1) 由更高行政级别机构、独立机构或作出决定的机构进行行政申诉或复议;和(或)(2)提出司法审查。成员可以立法要求在司法审查前进行行政申诉或复议。成员应保证行政复议或司法审查程序以非歧视的方式进行。

5. 增强公正性、非歧视性及透明度的其他措施

WTO 成员为保护其领土内人类、动物或植物的生命健康,可以加强食品、饮料和饲料的边境监管,采纳或维持向相关关切机构签发通知或指

南的制度。如果进口申报货物因海关或其他主管机关检查需要被查扣，海关或其他主管机关应当及时通知承运人或进口商。如果进口申报货物的首次测试结果显示不利，主管机关可以经请求同意二次测试的机会。

6. 征收进出口规费和费用

WTO成员应当及时发布相关规费和费用的信息，此种信息应当包括将要适用的规费和费用、适用此种规费和费用的原因及主管机关以及支付时间和支付方式。每一成员应定期审议其规费和费用，并尽可能地减少数量和种类。

7. 货物清关与放行

WTO成员应采纳或维持允许提交包括舱单在内的进口单证和其他必要信息，以便在货物抵达前开始处理，加快货物到达时的放行。每一成员应在切实可行的范围内采纳或维持允许以电子方式支付海关因进出口征收的关税、国内税、规费和费用。WTO成员应采纳或维持允许在最终确认海关税、国内税、规费和费用之前放行货物的程序。如果其他所有监控要求已经满足，这种确认应在抵达之前、抵达时或抵达后尽可能迅速作出。WTO成员应尽可能设立或维持为海关监管目的的风险管理制度，设计和适用风险管理应避免武断或不合理的歧视，防止构成对国际贸易伪装的限制。

WTO成员应为满足特定标准的经营者（授权经营者）提供与进口、出口、过境形式和程序相关的额外贸易便利化措施。如果成员可以通过普遍适用于所有经营者的海关程序提供这种便利化措施，并不要求提供独立的方案。

8. 边境机构合作

WTO成员应确保其主管机关对其边境控制和程序负责，有权在处理货物进口、处口、过境上与另一个边境机构展开合作，并协调它们的活动以便利贸易。

9. 对进口货物运输的海关控制

如果所有监管要求已经满足，WTO成员应允许拟进口的货物和在境内运输的货物在海关控制下从任一进口关点被运到另一个待放行或清关的关点。

10. 与进口、出口、过境相关的手续

WTO 成员应保证进口、出口、过境手续和单证以货物快速放行和清关为目的，以减少贸易商时间和成本的方式通过，并选择对贸易限制最小的措施。

11. 过境自由

WTO 成员的过境法规不得对过境运输构成变相限制；不得对过境征收费用，但运费、行政费用或服务费用除外；各成员不得对过境采取任何自愿限制；每一成员应给予从其他成员领土过境的货物不低于此类货物不需过境应享受的待遇；鼓励各成员为过境运输提供实际分开的基础设施。

12. 海关合作

WTO 成员应鼓励贸易商自愿守法并对违法实施严厉制裁措施，鼓励各成员分享遵守海关规定的最佳实践信息；鼓励各成员在能力建设的技术指导、援助和支持方面开展合作，以管理守法措施并提高此类措施的有效性。

13. 机构安排

WTO 设立贸易便利化委员会，对所有成员开放，每年至少举行一次会议，以给予成员就有关协定的运用或促进其目标实现的任何事项进行磋商的机会，并与贸易便利化领域中的其他国际组织保持密切联系；每一成员应建立一国家贸易便利化委员会或指定一现有机制以促进国内协调和协定条款的实施。

（二）贸易便利化与知识产权实施的关系

1. 贸易便利与贸易安全

知识产权实施的目的是保护贸易安全。特别是国际贸易知识产权保护，其根本目的是保护国际贸易供应链安全，不让假冒伪劣产品进入市场渠道。贸易便利化的实质是国际贸易程序的简化和协调。贸易便利化措施包括：减少对文档和数据的要求，减少物理检查和测试，以及快速的放行时间等。所以，贸易便利的核心内涵是：降低贸易过程中的复杂性和高成本，保证规则的透明度和可预见性，提高贸易效率。贸易的自由与便利是分不开的，两者相互促进，共同发展。但是，从逻辑上讲，只有相互间存在自由贸易，才谈得上贸易是否便利。因此，贸易自由化是贸易便利的基础，没有国家间的自由贸易，就没有运输和通关便利。贸易便利是贸易自由化的有机组成部分，降低关税等贸易壁垒本身既是为了提高贸易自由化，又是便利贸易的表现。

一直以来，海关执法措施是非关税壁垒的一个重要方面，GATT 第 20 条例外条款把海关措施纳入其中，GATT 第 5 条、第 8 条、第 10 条以及《海关估价协定》《原产地规则协定》《贸易便利化协定》等使通关措施规则更加规范和透明，从而大大削减了海关措施的非关税壁垒，也减少了各国海关当局的自由裁量权。但是，如果过于强调通关便利，放松必要的海关监管，就可能被不法分子利用以逃避海关监管，导致关税的流失，甚至对本土安全构成威胁。[①] 因此，贸易安全和贸易便利之间也存在一定的冲突。安全性和便利性之间的矛盾本身并不是什么新话题，古今中外都有这样的困惑。[②] 例如，海关通关中计算机技术的应用大大提高了工作效率，贸易便利化程度得到提高，同时也带来了计算机病毒和网络黑客引发的安全风险。如果通关工作仍采用手工查验和人工统计，那么通关效率难以满足国际贸易的发展需要。美国“9·11”事件之后，世界海关组织一直倡导的偏重便利的价值主张开始向以安全为重心的方向扭转，[③]先后通过《国际贸易供应链安全与便利决议》和《全球贸易安全与便利标准框架》等一系列决议。

综上所述，在实施贸易便利化的同时，主权国家都不愿牺牲贸易安全。虽然出口导向型和外贸依存度较高的国家更加注重贸易便利化，但是为确保国家利益和人民生命财产安全，必须为贸易安全牺牲一部分贸易便利。所以，国际知识产权海关执法的制度设计将贸易安全置于更加重要的地位，在确保贸易安全的前提下提高贸易便利程度。

2. 中国知识产权实施促进贸易便利化的改革实践

中国对《贸易便利化协定》的实施工作应与口岸现代化改革进程相结合，做好法律法规政策配套、监管体制和机构职能等方面的准备，推动相关领域的改革和制度建设，提高中国口岸部门管理水平和行政效率，营造

---

① 参见何力：《日本海关法原理与制度》，法律出版社 2010 年版，第 142—146 页。

② 参见党英杰：《贸易便利和国家安全》，载《中国海关》2003 年第 7 期。

③ 参见李文健：《海关改革与发展的价值目标——推进贸易便利与维护贸易安全不能顾此失彼》，载《上海海关高等专科学校学报》2006 年第 4 期。

便捷高效的通关环境,使其成为中国外贸竞争新优势。例如,2014 年 8 月,中国(上海)自由贸易试验区 14 项海关监管创新制度陆续在长江经济带海关特殊监管区域、全国海关特殊监管区域以及全国海关范围内复制推广。2015 年 2 月 25 日,《国务院公报》正式刊登《国务院关于印发落实“三互”推进大通关建设改革方案的通知》,指出改革目标是:到 2020 年,形成既符合中国国情又具有国际竞争力的大通关管理体制机制。具体措施包括:强化跨部门、跨区域的内陆沿海沿边通关协作,完善口岸工作机制,实现口岸管理相关部门信息互换、监管互认、执法互助,提高通关效率,确保国门安全。自 2015 年 11 月 1 日起向海关总署申请知识产权保护备案的,海关总署暂停收取备案费。[①]

在知识产权海关保护方面,贸易便利化主要体现为制度规则和海关执法如何降低权利人的维权成本,促进货物快速便捷通关,做到保护权利和贸易便利并重。知识产权海关保护制度的具体改进措施包括:出台立法或司法解释以明确涉外定牌加工、跨境电子商务等相关法律问题,在行政执法和法院审判中统一法律的适用,给予市场主体明确的行为评价和指引,维护公平竞争市场秩序,有效保护知识产权。

中国应建立并完善法院和海关知识产权保护信息沟通共享系统,促进行政程序与司法程序的简便有效对接。由于出口货物商标侵权纠纷案件的较多证据材料系在货物出口报关及被海关查扣时形成的,而且行政查扣措施与司法保全措施之间需要做好时间上的对接,因此应建立法院和海关知识产权保护信息互联互通系统。这样,一方面可以电子化方式调取涉案相关材料;另一方面有利于互相及时了解案件行政程序先期处理情况和司法程序后期处理情况,也有利于对跨境电商知识产权案件的互动研究。

最后,在担保放行制度方面,海关应与法院协同研究加大跨境电商知识产权保护力度和促进贸易自由化的平衡问题,探讨出口货物涉嫌商标侵权案件,由收货人或发货人提供反担保后海关放行货物的可行性及条件并尝试实施。为解决出口货物涉嫌商标侵权案件审理时间长与促进贸

---

① 参见海关总署网站:《关于暂停收取海关知识产权备案费的公告》(海关总署公告 2015 年第 51 号),http://www.customs.gov.cn/publish/portal0/tab49564/info776763.htm,2017 年 6 月 30 日访问。

易便利化相悖的矛盾，海关应重点研究出口环节涉嫌侵犯备案商标案件，借鉴《知识产权海关保护条例》中关于涉嫌侵害专利货物的收货人或发货人可以向海关提供与货物等值的担保金而放行货物的规定，实行收货人或发货人提供反担保后海关放行货物的可行性及适用条件，以促进货物贸易便利化。